公共管理析論
Public Management Analysis

| 林水波　著

自序

維繫與強化公務治理的正當性

公共管理的追求效能，公共管理人的展現能力，不僅是成就合法化政策目標的前提，更是維繫公務治理正當性的要素。而在實踐前述兩項議題的關鍵乃在於：針對公共管理的理論及知識，抱持深度鑽研的急迫意識，以產出引領管理思維的知識，用資解決實務問題的啟發，以及作為行動指引的引信。

臺灣在公共管理領域的研究，業已歷經一段知識探勘的旅程，生產了不少的基礎知識，並逐步轉化於實務的處理上。惟公共事務所面對的課題，所必須要履踐的使命，所須應對的公私介面，由於不斷的翻新，更加的複雜，又涉入多元不同的利害關係人，亟待公共事務的領域從事必要的革命，致使命運共同體的成員，得能共創永續、優質及創新的治理。尤有甚者，當今的社會又處在極端不穩定的狀況下，隨時出現史無前例的議題，致令行政系統疲於奔命，得靠嶄新知識的啟迪，尋找、開創與組構解決公共問題的套案。

「公共管理析論」一書的出現，乃順應史無前例的動盪時代，為了增強公務體系應對問題的處理，可資啟蒙的一項知識資產。一方面補強與延續已有的公共管理知識，另一方面接軌過往知識所出現的研究缺口。是以，全書的論述，竭盡所能呈現出六大特色，或許因此備有強烈的誘因，

相關讀者願意對之青睞。

一、協力治理的重要性：在公共問題的漸進複雜化下，其有效解決之道，並非單憑公務系統自身的能力就能完全克服，猶須標的對象的自主管理，展現自發、自達、自覺、自省及自甘的胸襟，方能以事半功倍的風格完成問題的處理。因之，體系成員對協力的練達，本是刻不容緩的體認。

二、意外管理的期待性：在對未來測不準的時代裡，公務體系會隨時遭遇到事先無法預期的意外發生。職司者每要對之進行妥適的管理，以期意外發生前的準備，發生之際的處置，以及事後的治理，均能達及系統成員的期待，既能彈性回應，又可快速因應，更能先期預防。

三、政治管理的展望性：政治管理逐步成為學術研究的顯學，包含至為多元的研究領域，亟待臺灣學術界及實務界對之減少注意赤字。蓋政治管理蘊藏太多的議題可資探勘，估不論是議題管理、政策倡導、公共領導、政治動員、問責管理及風險管理，其類皆是得以快速開拓的研究市場，以爭取全球在這一方面知識開創的空間與立基。

四、變革管理的連環性：公務系統既然面對隨時變遷的內外在環境，絕不能輕易犯下忽視環境的謬誤，而要進行對應性的變遷管理，察覺系統之困窮，採取對應的變革，造就系統的通達，形塑制度化的持久力，成為環環相扣又接近完美的「變革風暴」。

五、文化形塑的再造性：政府再造是公共管理的核心課題，但思維或文化的更新才是再造結構發揮效應的基要，流程再造展現效率與便利的催化力量。因之，在推動時代性、主流性及關鍵性的政府再造時，組織文化的重新形塑乃是再造的基本動力。

六、對話治理的迫切性：複雜而荊棘難理的問題，本是公務體系責無旁貸必須應付的標的。不過，在複雜而荊棘的制約下，主事者單獨的視框恐不易建構合適的解決方案，本要發揮利害關係人之間對話所產生的「魔

力」，統合不同的視框，發揮協力理性的極致，產出讓不良問題受到治理的「風暴性」方案。

　　這六大特色搭配而成的文章，希望讀者能夠欣賞，並從中獲得知識的啟發及行動方略的指引。惟公共管理的議題至為浩瀚，這九個議題的深耕只是其中的鳳毛麟角而已，作者當繼續挖掘緊要的續階性議題。而在論述的鋪陳雖盡可能至善，但因個人的視界有限，難免會有論述赤字之虞，尚祈學術同好不吝指正。

　　本書之所能以這樣的風格出現，首要感謝的乃學術社群成員的創價性互動，補實部分的視框落差；二要感謝石振國與邱靖鈜學棣耐心的文字輸入；三要感念先父先母在世時的用心教誨；四要感激內子毫無怨言的照顧；五要稱謝臺大政治系長期提供的研究環境。

　　而一門學科的成長與發展，需要各方永續地提供回饋性的意見，以資作者的深度化、細緻化與周全化。職是之故，特別誠心地懇請讀者提出與作者共鳴性與共識性的公共管理見解，共同開創公部門的創新治理。

林水波

謹識於俊邦書屋

2011年6月

目錄

第一章　洞鑒政治管理：領域、課程與嚮往

　　國家文官學院成立之使命在於：全面提升文官培訓效能，增進文官國際視野，塑造文官正確的服務文化，養成文官終生學習態度，打造優秀文官團隊，建構成為國際培訓機構的平台。而這項使命之成就，對學院的職司者而言，本是一項甚鉅的挑戰，更以戒慎恐懼的心情加以迎接，迫切諮商各方宏儒碩學，冀想設計一套完成使命的策略性專案，並在有效管理及致力推動的營為下，展現令人激賞而備受肯定的成績單，而將文官團隊帶向深具全球競爭力的境界，迎戰二十一世紀由四面八方而來的壓力、議題及任務。

　　正當國家文官學院建置的歷史時刻，國內一群公共管理的菁英，感受美國喬治華盛頓大學（George Washington University）所設立的政治管理學院（Graduate School of Political Management），規劃一套科際整合的研習課程，為美國各級政府育成政治管理的專才，讓社會所面臨的議題得到有效管理，政策主張的倡導得以說服相關的利害關係人，養塑領導力降低領導赤字，政治順勢動員足以面對選戰的尖峰對抗，合理訴追職司者的責任，以維護績效勝出的路徑，強化各項政治風險的管理，以降低風險對社會發展的毀損度（http://GSPM.Org/Index.Php）。這套全局性的孕育安排，或許對國家文官學院發展壯大的旅程，有一些可資汲取及學習借鏡之處。因之本文試圖以該院的各項規劃為經，加上作者本身的思維邏輯為緯，建構相對上較為全局性的政治管理領域範圍，各項範圍該強調的課

程，以及完成政治管理的知識旅程後，能為所服務的政治系統或支系統帶來的作用或效能。再者，在國家文官學院開始運轉之際，苦於各方的期許與要求有別於過往的運作模式之時，提供一些規劃的基礎或重要的底盤結構。是以，洞鑒政治管理的內蘊，透徹理會了解它的精質要素，恐是一項規劃學習、經驗引進消化的前提。

第一節　研究領域

喬治華盛頓大學政治管理學院針對每位學生的職業生涯目標，分設不同的領域以供其選擇，而且在與教授諮詢之後，亦可選擇複領域的孕育，以符應各自的未來期望。早期該學院分設三個研究領域：倡導政治、選舉政治及高階的政治技能，用以養塑優質的民意測驗家，各類不同溝通的諮商人員，亦或從事活動、行銷與說服的募款專家。隨後該院為了提升政治運作的本質，一則培養參與式民主所需的政策工具、應用原則及所要追求的價值信念；二則為倫理與有效的倡導者與領導者，準備職業生涯所需具備的知識與策略能力，使其不論在國際、國內及地方均能成功施展，而產出可觀的成效。於是，在追求政治新專業與改進民主品質的催促下，該院又將核心領域重新組構，分由立法事務、策略性公共關係及政治管理擔綱，並分別安排11-12門核心課程，以取得各領域的碩士學位，進而進入相關行業從事政治提升的工程。

台灣雖在2003年出版《政治管理》一書（朱鎮明，2003），對政治管理的基本論點、基本過程及各項議題的管理，有了初步的著墨，但這個領域的研究發展並未擴散開來，猶停留在作者單獨奮鬥的階段。惟在考試院「文官制度」季刊出現後，相關人士深感「政治管理」這個被台灣忽略的

研究領域，有必要以更全局的視野探究其範圍與指涉，乃先以研討會的方式糾集知識社群，共同研發這個殊值得開發的園地，進而預定在該季刊分享讀者，用以引領這個方面的研究。

　　而在構思台灣在地化的政治管理知識之餘，除了關注喬治華盛頓大學政治管理學院的中心研究領域外，乃加入了這項管理不得忽略的時境知識，而含括議題管理、政策倡導、公共領導、政治動員、問責管理及風險管理等六大領域，使其兼顧統整性、全局性及完備性。茲介紹每項領域的指涉。

一、議題管理

　　每一個社會均會遭遇各色各樣的議題，而為了開發未來遠景的源頭，政治體系的職司者每要就其管轄的任務，所隨勢隨境出垷的議題，進行有效而善治的管理，一方面圍堵影響面的擴大，衝擊標的對象的擴散；另一方面化解相關利害關係人對議題界定、與其他議題之間的關連性分析、議題範圍的建構，以及議題專屬職司的爭議或衝突（Praddle, 2006）。尤有甚者，這項管理更著重在檢視：不同社會如何決定公共政策的方向與內容，標的對象、公私組織如何在政策形成過程中，影響或左右議題涵涉的範圍、政策工具的組合，以及執行的策略。歸結言之，這項管理的浸淫具有兩個重大的目標：了解不同公共政策中，可資選擇的方案，究竟參與者憑著哪些基準作成最終的選擇；個人和組織又如何發揮締結多數聯盟的力量，影響公共政策多元而不同的選擇。

　　在政治系統無法對各項議題完全免疫之際，其各個部門為了達及善治的境界，在議題滋生的時候，每要針對社會不同的力量，在議題的倡導上產生哪些作為，從事哪些議題動員遊戲的關注，並試圖控管衝突範圍的擴

大，解決方案共識的凝聚，以免因政策遲延而帶來不利的衝擊，波及關鍵產業的發展（林水波，2009）。換言之，爲了政治系統的未來健全發展，競逐到有利的生存空間，找到突破的關鍵面向，相關職司者要做好議題管理的工程，認定、分析及定序議題情境的演化，並透由議題行動設計處理爲人注目的議題，俾便取得標的對象的政治支持（Chase, 1984）。

二、政策倡導

政策主張向有三種類型：描述性、評估性及倡導性（Dunn, 2008），惟後二者之能具有說服力，本身除了以事實判斷做基礎外，又須提出價值判斷、設定可欲的願景，俾以爭取利害關係人的接受、認同與承諾，獲致外在民意的支持力量，更要與有權合法化的機關進行有效的溝通互動，運用合理性的多元論證，引領立法者的青睞、肯認與支持，適時通過亟待彌縫空窗的政策或法律，抑或取得立法支持的委任立法。換言之，處當今民意高漲、立法權揚升的歷史時刻，行政霸權已不符時代趨勢。是以，欲求與爭取行政、立法與主權者三贏的契機，修習優質政策倡導的策略此正其時矣！

而在政策倡導的過程，極易發生利害關係人的視框、價值及想望方案的衝突，甚或出現機關管轄權之爭，所根據的遊戲規則發生適用不同的看法，以及該管的權威層次有異，亦即產生各類不同的政策衝突，有的利害關係人甚想將爭議圍堵在可控制的範圍內，有的則盡量擴大政策衝突的面向，引發更多的議題爭議，擴大爭議涉及的界線，藉機取得政治利益（Pralle, 2006）。是以，相關的涉入者應進行有效的溝通，從事確實的橫向聯繫或協調，作好縱向的政治磨合，以建構共識的政策或制度架構，畢竟最終的政策安排本要彼此協議，以共同的觀點加以鋪排才不致於衝突連

連（Koppenjan, Kars & vander Voort, 2009）。何況，廣泛的、嚴重的政策分裂，每每加深社會不安的氣氛，促成各類的利益團體，為各自利益的不當動員，造成有害的社會對立（May, Sapotichne & Workman, 2009），於是在政策倡導之餘，也要細心處理時境發展而引發的政策衝突。

三、公共領導

時下已走入公共治理的歷史時刻，組織的主事者本要構思各類政治行動及良善治理的藍圖，履行一切公共事務有效、妥當及回應的管理，並吸納各種利害關係人的協力，誠願扮演達成施政目標的合夥人，以完成主權者想望的任務（Apreda, 2007）。而這項任務的成就，他或她就要責無旁貸地負起公共領導的責任，絕無扮演政治宅男的空間，更不能在公共事務的推展上站在第二線的位置，只靜觀事態的演化。蓋任由公共事務的自然演展，每易被牽引至不當的方向，而滋生更多荊棘難理的問題。

公共領導本在創造公共事務經營團隊的能量，以及每位成員的工作熱誠，隨時在適當時機與標的公民形塑豐厚的社會資本，敦促公共事務與組織的向前推進，不致在動態的內外在環境下，採取累擱（lag）的作為，不能與時境推移的行動（Broussine, 2009）。尤有甚者，公共領導者為創造公共價值，迫切需要從事適時適刻的組織重構及活化的工程，注入組織所必要的理想及先見，以想像較好將來的各項可能性，絕對不可讓組織停滯或怠惰。換言之，在各方面講究競爭力的氛圍或氣候下，組織的領導者非但要扮演思維啟蒙的角色，更要進行價值領導，創造協力文化，推動並肩的作為，為完成各方協力的合超效應，帶領鋪設卓越績效的路徑（Cohan, 2003; Zenger, Folkman & Edinges, 2009）。

四、政治動員

政治管理本是應用政治學（applied politics），其核心使命在於重構或重訂公共領域（de Gruyter, 1984），而在進行這項艱鉅的任務，關心公共領域健全的發展者，不願看到公共領域上產生行政獨斷、立法霸權、公民疏離及選舉失靈的現象，有必要動員支持的力量，進行參與式民主的護衛工程，引領民主社會的正常發展，堅守主政者為民效勞的作為。

而在政治動員上，至需足夠的經費以備各項運動的開展，因此優質的募款管理，使其不致造成政商連結的溫床，更強化公民願意在政治的優質上貢獻一份力量，共同產出足以代表民意的政治代理人，促使具遠景性的政策得以勝出，不致產出過度偏袒某一類標的團體的政策（Sargeant & Jay, 2010）。

此外，選舉的競爭為民主社會高度政治動員的遊戲，各黨或無黨籍人士如何施展動員選民的策略，誘引他或她的政治獻金，支應選舉所必須的各項開銷，而構築勝選的孫山指數，得到充分的政治支持，本是政治管理研究領域不可或缺的一環（Johnson, 2009）。是以，關注選舉的經營、選民的投票動機或投票行為，以及對選舉的投入；候選人的政治誘導、選民的互動，與文宣的政治說服，均是不能漠視的研究題材。

再者，在政策形成的動員上，強化公民的政策參與，藉機掌握標的對象的想望，排除其對政策不滿的情緒，就要講究商議民主所常用的各項公民參與機制，適時化解妨礙政策發展的破壞性衝突（Gastil & Levine, 2005）。換言之，政策之能順時順勢形成，加入公民的參與，或可協助決策者發現政策問題的本質，教育公民不當的政策認知，衡量民意的歸趨或偏好的政策方向，說服公民認同被推薦的方案，與適時合法化政策，備妥付諸執行的前提，產出成效的條件（Walters, Aydelotte & Miller, 2000）。

是以，在公投尚未被社會完全接納的時候，商議民主的應用或可增強政策的正當性及落實度。

五、問責管理

　　民主政治的妥適運行，被代理人適度針對代理人的績效進行問責的管理，本是當代社會防止政治腐化的重要機制，維護權力階層不時對所做之事向主權者述職，一則向主權者進行合理的交代，合理化各項預算的開支，導正政府的行動，符應民主運作的授權環節；二則預防或揭露公權力被濫用的情形，事先防範公共利益與價值受到不當的侵犯；三則提供權力使用者學習的機會，得知其是否正信守承諾，從事妥當的公務作為，而有機會讓各項公務的推展運行在正軌上，不致增加主權者的負擔（Bovens, Schillemans & 'T Hart, 2008）。是以，適時、適當及適切的問責管理，本是政治管理的核心領域之一。

　　不過，相關機關或人民在進行問責管理時，要奉行問責均衡的原則，絕不可發生問責超載，抑或問責赤字的問題。蓋前者極易發生目標錯置的現象，公務的職司者恐會轉以應付問責為職志，而忽略重大業務的推展，更侵犯原有的裁量自主權；後者則未盡到問責的責任，任令職司機關的自主作為，而遭致濫權或權力誤用的情勢，甚至造成公益受到損害的地步。是以，擁有問責的所有權者，在運用的時刻，要以敬謹的態度射準合理的分寸，不能有任何驕縱的作為，慎防問責弔詭情勢的發生。

　　再者，績效的展現本是責任交代最有力的利器，更是引領標的對象順服與支持的工具，相關職司如何以激勵提供、能力養塑及機會供給機制，來開拓績效勝出的管道，本是一項組織運作的課題。由是觀之，職司者平日做好策略性的績效管理工作，是迫切的使命與追求較佳績效的工具，更

是充分達成問責使命的處方（de Waal, 2007）。凡是組織的負責人，均要
洞穿這層問責管理的核心道理。

六、風險管理

　　當今是一個風險、危機與災難頻傳的社會，主事者若未能事前加以防
範，事中加以處理與事後加以反省，進而研擬一套周全的事前準備對策；
建置資訊快速流通的通路，以便主事者隨時提出緊急因應措施；覺察受難
者的需求，並儘速加以回應減少民怨；強化府際關係，做好橫向聯繫協調
及垂直縱向的溝通，並以協力的方式，有效的網絡治理，進行優質而有效
的應變行為；再由過往災難處理的經驗，學習到必須興革的作為，為未
來可能的災難預先做好萬全的準備，而且在咎責的過程中應避免塞責的情
勢，展現承擔的氣度，才不致加深苦主的反感，抑或滋生社會不良的觀感
（Rodvanovsky & McDougall, 2010; Schneider, 1995）。

　　再者，在全球化的時代，政經社文關係至為密切，一個國家的政府行
動，不論是強化與他國關係，限制或提供投資誘引，對應反對勢力，經貿
政策的鬆綁，因應社會的不穩定，改變國際議定書等等，其類皆會引發一
定程度的不確定性，連帶連結到其他議題的衝擊或影響，甚至潛藏多元不
同的政治風險，是以政府在採取跨域行動前，勢必要評估或計算政治風險
的面向，預擬妥適因應措施，進行風險的最佳管控，減少其對政府的殺傷
力，以及主權者對政治系統的認同度（Althaus, 2008; Howell, 2001）。換
言之，政策利害關係人極可能因各級或他國政府所做的決定，或因社會情
境的演化，而出現損失或獲利的情勢，茲為減少損失擴大效益，得由政府
之職司者做好政治風險管理，提供有益的資訊，以供他或她的決定衡酌，
避免可能的損失。

　　六項研究領域的鋪陳，或可提供識者洞鑒：政治管理究竟涵涉哪些領域，進而從中發掘或探勘出序位甚高的研究議題，再著手產出有用的知識，做為實際問題解決的準據，不致但憑主觀判斷或價值判斷決定政策作為的走向。而在講究高品質公共服務的當下，這些知識本可將之運用，或為循證管理的先鋒，免掉因欠缺較為周延的設想，所導致的後遺症。

第二節　研究課程

　　六大領域之嫻熟，相關人士得能得心應手的運用其知識，一則生產更為細緻的知識，創造更多的研究議題；二則充分應用各類領域的資訊，協助實際議題的解決，促成組織的卓越管理，產出令服務標的激賞的績效，引領他們對組織的認同，誠願成為組織有力的合夥人，協力創造出彰明較著的合超效應，不致顯現理盲濫權的情勢，實有必要在各領域內修習核心課程，再配合實際狀況及個案分析掌握政治管理的眉角，得到各方利害關係人的信服。茲以每個領域三個課程作為引介的基礎，並期日後知識社群運用腦力激盪的方式，共同建構較為貼切而有全局關照性的課程。

一、議題管理

　　議題管理既然寄望於政治系統的理想未來，有了開創性的源頭，有效的認定、分析及處理定序相關的發展趨勢或問題情況，有志者或可研習底下三類課程：

1. **議題分析**：每個社會在不同的發展階段，抑或歷經政治、經濟、社會科

技環境、法律結構的變遷時，每會發生不同的議題，必須對之進行全局性的分析，解構其成因、本質、涉及的標的對象，以及已演變的程度，諸如嚴重性、發生率、貼近標的對象的情形、新鮮性、是否會形成危機，以及有無可接受和可負擔的解決方案，以便提供相關人士政策設計的參考，提升政策設計的理據性、套案性及優質順序性。

2. 差異管理：政策利害關係人對於議題的理解、處理的迫切性、可資採行的方案，以及方案的成本效益，每有不同的看法，甚至引發重大的公共爭議，產生不同的議題認知劇本，有必要經由多元不同的機制加以調解、整合，以建立共識，進而圍堵政策遲延的現象，得以最快速度產出填補政策真空的情境，降低議題的衝擊性（Forester, 2009）。

3. 政策衝突：相關職司在政策形成過程中，有的想要盡量圍堵政策爭論的擴大，縮短對應產出的時程，乃想方設法提供交流對話的平台，藉之相互學習與是框反省，快速化解衝突，以免影響其他可能連結議題的處理困難；有的則想利用議題擴大的機會，從中擴大衝突的面向，延長衝突的時間，以換取價值高昂的政治利益。是以，政策衝突的有效管理或化解，或可避免政治系統不當政治代價的負擔。

二、政策倡導

利害關係人每有自己偏好的政策主張，而為使其受到有權決策者的青睞、支持及合法化，有必要進行一些政策行銷或說服的工程，爭取到多數聯盟的建立，取得產出政策績效的前提。是以，三項知識他或她非加以浸淫不可。

1. 政策論證：行銷政策主張的有利作為本是主事者提出合理的立論理由，

並對相反主張者之立論提出有效的反駁，指出其立論的謬誤或盲點，得到有權者的認同，進而據之合法化所提出的政策主張。論證本身已有多元不同的類型，識者要深諳其內蘊而加以有效的運用。

2. **遊說研究**：正常遊說本是影響政治的重要環節，更是一項新興的倡導產業（Andres, 2008），其以建設性的方式運行，對重大立法有一定程度的幫助，一則進行政治溝通，彌補法案設計上的盲點；二則以備妥的替代方案和站得住腳的立論理由，化解立法過程上的障礙或杯葛，用以提高立法效率（Hall & Deardorff, 2006）。不過，其若被有識者濫用、誤用或不當使用，恐會演變成干涉政治，所以要有透明化的機制加以規範，使其在規範的軌道上運作。

3. **溝通管理**：政策作成本要立法與行政機關的協力，才會產出較為貼近情境的政策或法律，任何一方的霸權均會造成政策僵局，抑或作出有違公共利益的決定，所以決策的開放，以及有效的溝通對話，並從中達致對話理性的境界，或可營造出協力優勢，產出回應民意的決策。

三、公共領導

領導本具有聚焦社會認為需為之事，並組構經營團隊，激勵創造績效的高度意願，養塑處理任務的能力，以及提供表現才華的機會，進而適時地完成時代的使命。尤有甚者，領導者更要與對組織擁有貢獻能力者，彼此協力創造組織受人尊重、同仁相互認同、行為公正廉潔，及卓越績效的價值，並以重視人際關係、組構經營團隊、經由實驗取值、盡力完成承諾、突破自滿障礙、運用多元處方、充分回饋社群等七大原則，進行價值領導，增強價值商數，以利組織的願景成就（Cohan, 2003）。至於其三個核心課程分別為：

1. **公務專案管理**：公部門爲了迎接內外在環境演化所出現的挑戰，達成組織利害關係人所想盼的成果，先決條件在於：周詳規劃每一公部門年度所要致力推動的專案，並責成各專案負責人，建構矩陣式組織團隊，發揮領導統合的能力，進行協力領導的技巧，按時在效能、效率及經濟的方式下完成專案（Wirick, 2009）。

2. **價值領導管理**：爲激發公部門充滿活力的生命力，擺脫常規守舊的作風，進入創新並與時俱移的運作，時時推動無痛變革，捉住環境變動與人力結構的更調，二十一世紀的公部門非要進行價值領導與管理的訓練不可，以之養塑創造價值的驅力，體認追求價值所要配合推動的行爲。

3. **知識延續管理**：公部門員工本有一定程度的流動性，並於服務公職的經驗上社會化不少的默繪性知識，相當有助於公務的順利推展。不過，這些珍視的知識每隨人員的流動而消失，對組織的運作傳承有所傷害，是以組織的主事者要不斷推展延續管理的工程，一則妥善儲藏知識檔案，得以隨時叫出參考；二則設立交流平台，致使離職人員有資提供知識或經驗的機會，避免知識枯竭或用盡的危機。

四、政治動員

政策的制定抑或公務的推動，每每無法疏離民意，否則施政就較乏活路，因缺乏民意的支持，總會遇到多元不同的政策阻礙，無法取得專業方案得以施行的政治支持。尤有甚者，任何政黨或有聲望的無黨籍人士得以取得任公職的機會，每要於競選期間推出各項誘引或感動選民的政見允諾，動員選民的支持，進而得到充分的政治委付，而於法定期間施展政治抱負，鞏固治理的正當性。基於上述兩方面的課題，政治管理在這方面要提供底下課程。

1. **商議民主**：既然時下講究公民的政策參與，行政或立法霸權的空間日趨縮小，為求政策形成的順遂，減少政策衝突的震盪期，政治管理者或可修習有關商議民主的各項機制，諸如公民會議、公民陪審團、願景工作坊、線上公民諮商或學習圈，以納入公民的意見與偏好，排除抵制或杯葛的延宕行為。

2. **選舉學**：選舉動員是一項高深的學問，任何政治團體為開拓自行的政治生存空間，不管在黨內的提名，抑或黨際之間的競爭，均要講究贏的眉角，所以選戰經理人務必要研習因地、因時、因事及因人制宜的動員策略，築造孫山指數的門檻。同時，選區的經營學，更是以政治作為志業者無法逃避的鑽研標的，其必須詳細嚴密掌控即將離去的選民，堅決反對的選民及尚未開發的選民，進而設法與之接近，說服他或她的支持。

3. **募款學**：經費本是政治動員之母，所以政治管理者為了豐碩動員的財政基礎，必須對可能捐獻的人員或團體進行分析，規劃接近及說服的策略，再擇時擇地加以實踐，以收到廣泛的獻金。尤其在資訊科技及網路發達的時代，如何運用新的電子通路，獲得小額的捐款，進而與之進行後續動員的聯絡，打下致勝的多數聯盟。

五、問責管理

　　當代的政治系統每設有不同的機關，職掌一定範圍的核心任務，並對之設定問責的機制，冀望產出輝煌的績效，達致善治的境界，爭取主權者的支持，以取得其再度授權執政的機會，抑或得到他們的肯認與支持。是以，問責本是管理的工具，更是監督管控的運作，以避免擴權、越權、濫權的現象，或是滋生職務怠惰、政策遲延的情勢。尤有甚者，其也是反省過去、激勵未來的作法，一種省知習進行政策變遷的動力。至於，有志這

項管理的人士，或可修習下列三種課程。

1. 府會關係：行政機關本負責公共事務的推行，以向主權者交心得其政治支持或經濟支助的回饋，但其必要組織的設立、所需的經費預算，所要用的人力資源，本要由立法機關的合法化，是以兩際之間的協力，抑或扮演步調一致的合夥人，方可產出合超的績效，於是行政機關在政策形成之際，加強立法機關的政策參與，減少合法化過程的摩擦，縮短政策生效的時間，增強主權者的政策滿意。尤有甚者，兩造之間任何一造的霸權行為，均會妨礙合法化的效益，破壞協力的氛圍，非要講究權力分享的原則不可。

2. 績效管理：政治系統的各個運作機關，向以卓越的績效來鞏固其生存空間，所以要施展各項作為用來引領員工對組織的向心力，願意貢獻所能與同仁共同完成組織使命，以向其服務的對象述職，做到負責任的治理，奠定政府正當性、穩定、信任及政聲的基礎，於是職司政府事務者就有義務展現負責任的行動，並盡可能規避不負責任的行為，且以績效來回饋主權者的支持與資源的投入（Koven, 2008）。

3. 網絡治理：公共事務的推展已愈來愈仰賴非營利組織、市場機制或行政法人的方式來經營。換言之，當今公部門業已出現嶄新型態的治理，必須形塑關係密切的網絡治理，部署有效而兼顧民主的網絡關係，架設網絡運作的架構以取得任務協調與目標連結，進行網絡管理以提供充分資源、避免破壞性緊張及鼓舞創新，以及推動網絡參與及維持永續性的合作、展示互信的作風並將運作過程制度化（Goldsmith & Eggers, 2004; Sorensen & Torfing, 2009）。因之，處在二十一世紀的公共服務提供者必須培育網絡治理的知識。

六、風險管理

在全球化及氣候異常變遷的歷史時刻，任何政治系統均會受到上述巨大現象的影響，於是在政經、社會、科技、環境、法律上均會出現一些風險、變動與危機，有待主事者的立即處理，以減少其滋生重大衝擊，迅速回復政治系統的正常運作，降低主權者的政治不滿，抑或對政府的疏離。至於應付政治動態的知識，可由三個核心方向學習。

1. 政策影響評估：任何政策的擬定或變遷，均會對不同產業或環境，以及各類政策利害關係人產生影響，非事先做好衝擊性、影響性的評估，不易產生政策的說服力，而順利取得其支持。是以，在民智已開的社會，不能片面採取專家的意見，更重要地要理會平民的想法及意見。尤有甚者，主事者絕不可以單方的優勢及機會，試圖完成政策合法化，必須同時交代劣勢與威脅，並在嚴格篩選之後才作成雖不滿意但猶可接受的決定。

2. 組織危機管理：任何組織在人的因素影響下，均會出現大小不一的危機或問題，主事者就必須限時加以管理，以防事態的惡化或嚴重。是以，他或她平日就要關注不同類型的危機，斷不能出現注意赤字的現象，漠視危機的醞釀，而產生對組織不利的影響，影響組織的利基（Lewis, 2006）。事實上，工作組織亦如社會環境一般，經常在複雜的人際或組際互動下，產生衝突的狀況，非對之加以適時處置不可。

3. 風險個案分析：全球各地已發生不少的災難事件，其處理過程、經驗與反省，均留下不少的資訊，如稍加以鑽研及資料探勘，定可得出彌足珍貴的教訓，足供未來處置類似災難的學習，讓職司者儘速進入處理狀況，統合各方面的環節，並由各方集體的力量，並肩回應各項問題，協力運用資源，讓受難苦主極早回復常態生活。

　　尤有甚者，在分析個案之時，更要釐清那些社會族群較具弱勢或存有社會脆弱性，易受任何類型的災難所衝擊，再研擬對應策略，可由事先的準備防範其可能受害的幅度，不致釀成其對政治系統的疏離，不斷滋生巨大的民怨，流失不少的政治支持（Phillips, Thomas, Forthergill & Blinn-Pike, 2010）。

　　以上由六個政治管理研究領域衍生出各個核心知識，雖有個人主觀的建構，但也有參照政治管理學院的設計內容，一則做爲將來發展的基礎，二則提供思維擴廣的依據，三則供給知識啓蒙的座標。至期，在這方面有興趣者加入腦力激盪的行列，大家協力將其精緻化、在地化及周延化。

　　而爲了未來的健全發展，知識社群的壯大，就有賴各方人士的知識參與，共同投入這方面的研發，協力生產符應在地化需要的知識，進而改善公共服務的品質，增強政治管理的有效性、妥當性及回應性，即對議題的有效處理、政策行爲的倡導或推展兼顧立基假定，及追求目標的妥當性，更在各項管理的回應上得以回應標的對象的需求，滿足他們的想望。

第三節　研究嚮往

　　政治管理在研究領域界定疆界範圍有所澄清，各個領域的研究課程有了初步的方向，更號召知識社群的投入，努力耕耘各項重要的題材，當有豐碩的知識啓蒙及實際應用的功效。而令人嚮往或期待的研究成果可由六個面向突破、發展與經營。

一、建立知識結構

任何研究領域均需要有心人士的投入，經由討論、對話，設定想望的研究主題，進而產出引領後續研究的知識，接續不斷的知識產出工程。在經由各項可以為學子或實務界接近的通路，傳遞或擴散知識的流傳，一則奠定他們的知識儲藏，並與其他知識的碰撞，激發出更深度的思維而產出更多的新知識；二則增加他們可用的知識，有益於實際問題的解決，形成具研究價值的個案，抑或推廣轉移他地或不同政府層級的使用。換言之，政治管理的知識，在經過學術界的關注鑽研，而生產不少這類的知識，並對之以不同承載的通路加以擴散，再為接受者加以轉化使用，形成知識生產、擴散與使用三位一體的結構，連結而成為創造性的知識社群。

二、彰顯民主價值

公共事務的處理抑或價值權威性分配，向來不能規避民主的規範，不僅要求公共組織在從事治理的工程上，要講究行政理性，即在組織作成決策之際，勢必要注入專業知識及相關的資訊，以達循證的境界，千萬不可閉門造車但憑決策者的主觀判斷；更要與受政策影響的人，展開開誠布公的對話，回答他們的問題，解開他們的疑慮，注入他們有遠見的見解，進而重整政策的方向與作為，充分顯現接受合理問責的誠意；而在最終的政策形成上，不只參與決策者具有多元不同的代表性，而且代表人員在方案的選擇上或組構上更能回應主權者的需求，以增強政策抉擇的正當性，提高公民對於政治系統的滿意度（Hult & Walcott, 1990）。而理性、問責及代表性向是政治管理所追求的標的，更是彰顯民主的過程價值，可望證成研究的重要性。

三、提升政府效能

政治管理的研究領域及核心課程，有一項致力追求的焦點，即在於研發改進治理的策略，試圖由運作的透明化、廉政的推動，公民需求的回應，以及合理使用權威形塑政策及提供服務，來促進治理的品質，達成受主權者肯認的效能。大凡由政治管理所研究生產的知識，略都可提供議題管理的處方，解決政策衝突的良策，分析公共領導引領同仁共同生產之道，架構有效動員策略以爭取更多生存空間，部署問責對話的機制以求決策品質與回應能力，防止對應風險的建置，減少流失治理正當性的民怨，產出讓主權者感到滿意的效能。

四、築造處事能力

在全球化的時代，政府之職司者不斷遭遇到與過往時境不同的議題，其複雜性遠甚於過去，相關連結的議題錯綜，更沒有單一方案可資處置，何況所牽連的標的對象又那麼多元不同，於是至須科際整合的知識，對話審議的機制，也要納入利害關係人的期盼，專業的看法，以及一般常民性的經驗智慧，才可產出較具回應性與代表性的套案，接近議題的核心，化解其中的戈旬難結，政治管理知識的浸淫與吸納，正好可以模塑這方面的能力，深化各項決策要備的知識力量，可以之轉化成較爲對應議題的處方。這在當今的歷史時代，各方均關注政策的形成之際，主事者要儘速加以築造，減少妨礙政治發展的政策衝突。

五、強化政策問責

　　政治管理相當重視程序價值的追求，講究程序正義的信守，所以特別強調互動管理的機制，盡可提供透明化的運作，注入政策參與的平台，安排與利害關係人對話的機會，不但解說政策擬定的根據與立論的理由，而且允准他們的眾聲喧嘩，妥適納入其建設性的見解，藉之發現原本的政策盲點，而將政策衝突化解於無形。蓋政策之主事者並無政策自戀的權力，為求執行的合夥力，事先吸納影響執行者的意見，使其誠願參與政策效能或成就政策目標的共同生產者。換言之，今天政府必須與人民協力，才有機會產出合超的政策果效。是以，接受人民的質疑與有遠見的看法，才是問責型政府的當然作為，更是體認政策形成本身的外控性與他賴性，而非全然可以內控的作為或不作為行為。

六、提升政府聲望

　　政府的主政者本有輪替的風險，為求擁有較大的執政期間，用以施展遠大的政策抱負，非賴讓人民感受到的績效，與享有受尊重的情懷，以之作為政治動員的利器。換言之，執政者必須養塑政聲，不能以空洞的政見允諾作為持續執政的依靠。是以，他或她若能認識到政治管理知識的深厚力量，以之凝聚政策制定的共同信念，達成政策套案的共識或協議，透由意見交流、正化理由的辯證導出較為合理的政策結構，俾以取得執政的正當性，排除執行抵制的障礙，讓政策產出巨幅的績效，累積政治聲望，而以事半功倍的方式作為選舉動員，鞏固執政的政治食物鏈。

　　政治管理的鑽研，不僅在知識的生產上有鉅大的推動力量，而且在知識應用上得以轉化出有利的議題管理、有說服力的政策倡導、有引領作用

的公共領導、有效的政治動員、有益的問責管理及有備無患的風險管理。因之，有志之士或可投入這方面的耕耘，成立富生產力的知識社群，共同開創對應時境的研究課題，生產應用的政治知識。

結 論

政治管理開始以學院的方式經營知識生產，以及人才培育，雖有二十四年的歷史，但並未擴散至全世界，以同樣的方式進行紮根的工程，相關的研究還是分散到政治學、公共政策與公共事務管理領域的各自經營。基於台灣的特殊政經社文屬性，從事統整性的探討，或可對應這段發展時期，政治衝突尤其嚴重的時刻，黨際競爭殊為激烈的階段，藉之求取政策共識，以因應經濟區域整合的趨勢、兩岸互惠發展的需要。是以，前述研究領域、研究課程及研究嚮往的解析，或可提供六項重要的思維啟發。

一、關注的必要性

在兩岸頻繁互動的過程，以及加入東亞經濟聯盟的迫切需求下，一定會產生牽涉到政治的議題，必須對之加以客觀的關注與研析，方有機會趨同政策信念，達致共識的政策結構。反之，如果主事者只是單方方案的自戀，未能理會他人的政策疑惑或見解，同時吸納具建設性的政治言談，當會將議題的爭議擴大，延宕政策的成熟而無法掌握政策窗的開啟。

二、宏觀的前景性

六大領域及核心課程的投入鑽研，方能對政治系統的善治，持有較具宏觀而全局的透視，並以系統的方式對應投入、轉化、產出及反省的過程，並兼顧內外在環境的演化，理出較為前景性的政策作為，不致陷入狹隘的觀點，引起社會爭論的不安氣氛。尤有甚者，理盲濫權的作為只會增加政治系統的沉澱成本與政策形成的交易成本。

三、參與的價值性

任何人均有注意赤字，無法全盤釐清問題所涉的各個層次，更不易排除政策的偏誤或盲點，洞穿各方面的政經衝擊。因之，政策形成之際提供完整的商議平台，從互動交流中，一則聆聽他人不同的政策見解，二則以之反省原本的政策視框，三則調整原本不甚妥當的構思。蓋政治系統已無任何任意定策的空間，更負擔不起嚴重的政經代價，所以藉著政策參與的運營，進行建設性對話，理出政策設計上正當性赤字歸零的境界。

四、衝突的無痛性

政策形成演化的過程，總有不同團體提出政策倡導，因而會產生政策衝突的情況，斯時就有賴政策企業家進行磨合的工程，扮演溝通歧異、處理不同政策劇本的角色，而導入無痛性政策變遷的旅程。換言之，破壞性的政治衝突已無法得到主權者的認同，所以黨際不能一直停留在全然對立的狀況，應有互動的機制，共同協商相互回應的協議，讓原本的政策衝突導入建設性的磨合，並以複眼思考開發一致的政策內容。

五、議題的豐富性

六大領域可以探討的議題至為多元與不同，並隨著時境的演化滋生嶄新的議題，有待政治管理的知識社群協力加以分析，以提供決策的理據，作為說服他人調整視框的依據，藉以邁向循證政策之途。尤其在兩岸政治互動頻繁之際，不斷簽訂協議之時，為顧全台灣主權的無損，議題的審慎探勘，事先構築損害控管的防火牆，非賴充分的議題研析不可。

六、協力的前提性

政治管理不論在知識的生產，射準相關議題的探究上，抑或知識應用加以解決公部門的問題，均賴團隊的經營，以協力的方式來達及終極的目標。而各類的團隊就要由全局型的領袖來領導，用以創造攻克的使命及承諾，指引團隊的行為及績效的勝出；鼓勵每位團隊形塑共同追求的目標，以為致力實現的標竿；協助團隊的成員了解互賴的情境，不可出現個人本位主義的作風；為自己的團隊建立清晰明確的決策過程，不致產生專斷或杯葛的行為；全力指導個人和團隊確實認清整體的挑戰，產出知識創造及問題解決的績效（Weiss, Molinaro & Davey, 2007）。

歷經研究領域的釐清，研究課程的歸類，以及研究嚮往的設定，有關政治管理的輪廓或構造（topography），諒已清楚，續階的工程或緊要的作為，乃成立知識社群，一則擔綱知識的生產，二則訓練公部門的員工使其具有能力應用習得知識解決公共事務問題，三則蒐集實際個案，解讀各項環節，並探勘公部門所推出的專案，其致勝或失敗的因素，用以未來學習與勘誤，而邁向成功的旅程。

台灣在民主化的歷程上，由於政黨的有效互動未臻成熟，行政與立法

的協力關係經常出現問題，公民參與也未能制度化，甚至忽視公民的能力與知識，又有密室作業的轉化過程，導致政策的回應性受到挑戰，權威性的價值分配不具權威，正義的感受不夠堅固，亟待政治管理知識的浸淫與吸納，以提升民主化的深度、公民的政策滿意度、多元協力的效度，及他國引進學習的影響度。

參考書目

一、中文部分

朱鎮民（2003）政治管理。台北：聯經。

林水波（2009）政策遲延。文官制度季刊，第1卷第2期，頁1-20。

二、英文部分

Althaus, C. (2008). *Calculating Political Risk*. Sterling, VA: Earthscan.

Andres, G. J. (2008). *Lobbying Reconsidered: Under the Influence*. NY: Pearson Longman.

Apreda, R. (2007). *Public Governance: A Blueprint for Political Action and Better Government*. NY: Nova science Publishers, Inc.

Bovens, M. ,T. Schillemans & P. T'Hart (2008). "Does Public Accountability Work? An Assessment Tool," *Public Administration* 86 (1):225-242.

Broussine, M. (2009). "Public Leadership," in T. Bovaird & E. Löffler (eds.) *Public Management and Governance (*261-277). NY: Routledge.

Chase, W. H. (1984). *Issue Management: Origins of the Future*. Stamford, CT: IAP.

Cohan, P. S. (2003). *Value Leadership: The Seven Principles that Drive Corporate Value In Any Economy*. San Francisco: Jossey-Bass.

de Gruyter, W. (1984). *Political Management : Redifing the Public Sphere*. NY: W De G..

de Waal A. (2007). *Strategic Performance Management*. NY: Palgrave.

Dunn, W. N. (2008). *Public Policy Analysis*. Upper Saddle River, NJ.: Prentice Hall.

Forester, J. (2009). *Dealing with Differences: Dramas of Mediating Public Disputes*. NY: Oxford Univ. Press.

Gastil, J.& P. Levine (eds.) (2005). *The Deliberative Democracy Handbook*. San Francisco: Jossey-Bass.

Goldsmith, S. & W. D. Eggers (2004). *Governing by Network*. Washington, D. C.: Brookings Institution Press.

Hall, R. L. & A. V. Deardorff (2006). "Lobbying as Legislative Subsidy," *American

Political Science Review 100 (1):69-84.

Howell, L. D. (ed.) (2001). *Political Risk Assessment: Concept, Method, and Management*. East Syracuse, NY: The PRS Group, Inc.

Hult, K. M. & C. Walcott (1990). *Governing Public Organizations*. Pacific Grove, CA.: Brooks/Cole Publishing Co.

Johnson, D. W. (ed.) (2009). *Routledge Handbook of Political Management*. NY: Routledge.

Koppenjan, J., M. Kass & van der Voort (2009). "Vertical Politics in Horizontal Policy Networks: Framework Setting as Coupling Arrangement ," *Policy Studies Journal* 37 (4):769-792.

Koven, S. G. (2008). *Responsible Governance*. Armonk, NY: M. E. Sharpe.

Lewis, G. (2006). *Organizational Crisis Management*. NY: Auerbach Publications.

May, P. J., J. Sapotichne & S. Workman (2009). "Widespread Policy Disruption and Interest Mobilization," *Policy Studies Journal* 37 (4):793-815.

Phillips, B. D., D. S. K. Thomas, A. Fothergill & L. Belinn-Pike (eds.) (2010). *Soial Vulnerability to Disasters*. NY: CRC Press.

Praddle, S. (2006). *Branching Out, Digging In*. Washington, D.C.: Georgetown Univ. Press.

Rodvanovsky, R. & A. McDougall (2010). *Critical Infrastructure: Homeland Security and Emergency Preparedness*. NY: CRC Press.

Sargeant, A. & E. Jay (2010). *Fundraising Management*. NY: Routledge.

Schneider, S. A. (1995). *Flirting with Disaster*. Armonk, NY: M. E. Sharpe.

Sorensen, E. & J. Jorfing (2009). "Making Governance Networks Effective and Democratic Through Metagoverance," *Public Administration* 87 (2):234-258.

Walters, L. C., J. Aydelotte & J. Miller (2000). "Putting More Public in Policy Analysis," *Public Administration Review* 60 (4):349-359.

Weiss, D. S., V. Molinaro & L. Davey (2007). *Leadership Solutions*. Canada: John Wiley & Sons.

Wirick, D. W. (2009). *Public-Sector Project Management*. NY: John Wiley & Sons, Inc.

Zenger, J. H., J. R. Folkman & S. K. Edinger (2009). *The Inspiring Leader*. NY: McGraw Hill.

第二章　意外管理

　　當今政治系統的核心使命在於：創建一套高度可靠的運作治理結構，一則因應正常公共事務的處理，滿足多元不同利害關係人的想望與冀求；二則對應非常態事件的發生，引發系統脆弱的各項緊急問題，藉以快速回復系統成員的穩定作息。這本是政治系統本身取得、維持及修復治理正當性所責無旁貸的課題。不過，由於政治系統對自身所處的內外在環境，均面臨幅度不一的外控性，不易隨時掌握環境的變化，督促契約型政府的優質運作又有一定程度的注意赤字，再加上偏頗的協力治理也有困難與障礙的當頭，且對環境的劇烈演化，更屢遭測不準的侵襲，導致系統因應環境的能力，不能達致主權者期待的門檻，進而衝擊到政治系統對正當性的有效管理。

　　正當政治系統未能順勢轉型之際，內外在環境極端不穩定的情境下，各種不同的意外，就輕易地找到罅隙且經常在突然或無預期的狀況下發生，藉以考驗或驗證政治系統的意外處理能力，並以這項能力的檢驗，形塑系統成員對系統的形象認定，甚至以之作為再度授權治理的基礎。換言之，在意外頻繁發生的當下歷史時刻，治理者設未能鞏固意外管理的能力，得能於意外發生之前未雨綢繆加以圍堵，在事發之時高效地加以處理，以降低意外的損害度，在事後糾集各方結構迅速復原，以回歸人民的正當運作，恐高度面臨治理授權中斷的風險。

　　臺灣由於所處地理位置的特性；加上全球氣候出現巨幅變遷之際；又要與中國這個政治系統進行非傳統國際法所能規範的互動關係，藉以拓展臺灣對外的經貿關係，永續維護自身的生存空間，不致在國際上被政治孤

立，乃要時刻關注多元不同的意外隨勢發生，並以對應情勢的意外管理策略，對之加以處理、攻克與消弭；認清意外管理的核心本質，以射準不同意外週期所要對應的管理措施；尤有甚者，每當意外出現之後，究責之聲四起，系統的主政職司者就要面臨續階性的另類意外管理，即究責的適當定位與責任歸屬的妥適釐清，避免不當責任的加諸，引發影響社會穩定和諧的質素。

第一節　基本屬性

　　意外本在一個特殊的時段，針對特殊的群體，而於特殊地方發生事故致使那個標的團體受到身體、生命及財產的傷害，連帶影響到其他人、事、物的正常運營，而須透由職司的機關，夥同另一些協力夥伴，進行及時、可靠及有效率的管理，藉以回歸原本常態的運行狀況（Beck & Holzer, 2007）。不過，有的學者逕稱：非人類預期而發生的事故為意外，其意指由於政治系統或支系統，本處在極端測不準的內外在情境之制約下，隨時均會遭遇突然、事先預想不到，甚至在無任何預警的情況下，發生多元不同的意外，有必要做好發生前、發生中及發生後的管理，以減少損失，回歸系統在不確定時代的正常運行，產出富有活力的績效，以之作為回應利害關係人問責的交代（Weick & Sutcliffe, 2007）。是以，意外管理的經營作為，乃是當下系統所要承擔的職責，更是必須扮演的角色與職能。至於，當今意外管理所涵蓋或指涉的基本屬性若何，本是一項首先要攻克的課題，以為提出管理策略的基礎或章本。茲由六個向度縷析本項管理的屬性。

一、預防性

當下任何複雜的系統，均易受悲劇性的意外，人為的誤失及惡劣的環境變遷所苦或影響；而這些情況一旦發生，不論是意外、誤失或變遷均會有如指數般地毀損系統成員的生命與財產，傷及系統的形象與聲譽，破壞先前好不容易累積下來的社會資本，是以系統的優先職責，抑或奉為圭桌的作為，乃於任何類別的意外發生之前，以多元、有效、對應及彈性的管理作為，適時適地加以預防，使其找不到縫隙發生，抑或意外發生在人力猶無法完全避免之際，由於事先的準備措施，導致將各項傷害或毀損圍堵在可接受或合理的範圍之內，不致引發利害關係人的民怨、批評與詆毀（Mitroff & Anagnos, 2001）。

2010年在東京影展所引發臺、中電影演員無法走星光大道的意外風波，引起臺灣人民的政治不滿，甚至延緩兩個政治系統有效互動的旅程。這項意外本可以不必發生，蓋兩造如事先洞悉過往的運作慣例，在私領域或民間事務上並無政治化運作的事情，且謹慎依照先例進行，就可化解不必要或雙方破壞性衝突的事件，毀損雙方過往築造的信任資本，加深未來雙方持續互動的障礙。是以，為了預防未來類似事件的重複出現，可能要透由海基、海協兩會的誠摯溝通，立下信守的規範，將無益的互動衝突事先加以防止，以免影響後續的交流。蓋誠如西諺所云：一盎司的預防本優於一鎊的治療。

二、知識性

意外管理發揮成效的前提之一在於：相關主事職司者，一則根據過往的管理經驗，設下意外發生時處置的標準作業規範，以為即時的運作，

不致發生合理處置的延宕，釀成更大、更廣與更重的災害；二則引進先進國家的意外管理經驗，再加上因時、因地及因事件制宜，設計出對應意外情況的管理措施；三則蒐集各項有關意外的重要資訊，姑不論係屬預警、自救及通報等方面的議題，因其類皆有益於意外管理的決定與施為，比如有關預警的詳實資訊，可以管制人員及相關車輛進入有發生風險之虞的地區，避免不必要的人員傷亡及財務損失，甚或事後可能苦主的家庭維護問題；受困於意外的苦主，如何在有效領導之下，展現不慌不亂、相互協力與團隊合作共同營生，是以政府、社區及民間團體，對那些較易發生意外的地區，主動提供或築造相關自救的基本常識，均可避免或消減悲劇的發生；而預警或自救的知識，相當倚賴於傳輸系統的健全化、互通化及分享化，才有機會產生防災、救災的效應，所以務必消除通報相互流通的藩籬，抑或各自使用資訊的本位作風。

　　尤有甚者，在科學知識有其防止意外、減輕意外損害的啟蒙作用，抑或作為採取實際行動的基礎之時，意外當地的常民知識或管理經驗，往往是最切實用，所以以地方常民的知識為主軸管理行動的依據，兼以科學知識作為輔助性之用，方能激盪較適行動的推出。由是觀之，兩類知識的互動與互補，方能激盪出意外管理的對策，減輕或延緩意外的毀損力，甚至藉此提升系統治理生態的能力，預防意外的出現，乃至降低意外的殺傷力。

三、應變性

　　意外管理除了於意外突然或在無預期的情況發生之前，蓄積各項應變的準備力，配置救急所需的各項裝備，培訓救難所需的人力資源，連結得以協力應急的社會網絡，以備意外發生之際得能迅速動員參與管理的事工

之外，一個優質的意外管理，恐在於意外發生之後，各個行政轄區擺脫組織化卸責（organized irresponsibility）（Beck & Holzer, 2007）的窘境及障礙，共同負責意外管理的工程。

首先，專責專司的機關一定要把握救援的黃金時間，才能有機會拯救待援的苦主，使其免於遭受生命之威脅，不致連帶影響往後的家庭，增加政治系統的負擔。蓋意外傷害的減輕，時間因素最具關鍵，稍有延宕就會成為盜取時間稀少資源之賊，增加人命的損失，導致意外損害的人為因素，成為被批評的標的。

再者，應變處置的機關要能去除各自本位的視框，不可各行其事、權責難分，而要能有效統合，指揮調度得宜，將資源應用到救災救急之上。尤有甚者，應變救急之各項決定，最得依賴的就是相關意外資訊，不能僅有單一機關擁有之，否則就會欠缺無資訊機關的救援力量，甚或失去地理接近的便利，延宕管理的時間。

三者，應變效能之極大化在於全局治理的啟動，即意外發生之際，就全面關照各個出事地點，顧及各個問題點的全體面向，綜合掃視各個出事的場域，不可就單一定點的搜尋，以免失去救援的時間。換言之，主事職司機關要有跨域或跨界的思維，以立體的、動態的應變治理，消弭單點治理的盲點，增強同一時間廣泛應變治理的機會（Perri 6, 1997）。

四、復原性

意外管理在緊急應變救援之後，主事職司機關並沒有休養生息的餘裕，中斷防止意外發生的權力，而是要投入更多資源、心思及努力，於意外發生之後的復原工作，一則優質化道路建設的品質，減少關鍵基礎建設的脆弱性，備妥緊急應變的準備工程（Radvanosky & McDougall,

2010）；二則鞏固自然生態，不致使其任意遭受嚴重的人為破壞，促發另次意外的元兇；三則深化安全管理的裝置，快速取得相關的災害資訊，以為緊急應變措施，禁止人車通行；提高行政效能與效率，以完成各項圍堵意外發生的工程，使其再度發生的可能性降低；四則處理苦主的後續事宜，一方面使其家庭得到合理的補償，並設法安頓回復過正常的生活，另一方面處理相關的涉外事件，減少國際衝突。

　　總之，任何意外的發生，均無不涉及人的因素，是以在復原階段，各個可扮演社會化功能的機構，恐要更為積極地扮演防災救災的認知、投入與認同，形塑全民的防救災意識，養成於怎樣的天候條件之下，始有必要出門，不致輕易前往可能可受意外之苦的地區。是以，平日的公共教育，孕育每個人的防救災常識，備妥意外免疫的努力，減少意外發生的頻率，增強職司機關投入管理意外發生之後的處置能力。換言之，減少意外的人禍因素，實為意外管理重點中的重點。

五、問責性

　　職司者在意外發生之後，首要動員相關的人力、物力資源，以及應用即時的資訊，進行緊急意外事件的處置，解決由意外衍生的問題，推動操作層次的作業，直接反應一項重大的意外，期使該項意外可以得到相當程度的處理，藉以回應涉及意外的利害關係人的需求，不致增加更多的民怨，衝擊治理的底盤結構。再者，經由意外引起的管理優劣，會對相關系統造成挑戰，職司者必須對之密切關注。

　　這項挑戰乃是意外事件在相關媒體的暴露各項訊息，引起各方的對話與討論，提出各項檢討反省，以及處理系統的互動經驗抑或隨勢引起的顯性及隱性衝突，過往未決問題或未改善的作為，也可能於意外發生後再度

吸引各方的關注，再度要求或施壓政治系統必須直視原本未決的問題，快速將其列入決策議程，完成該有的改善工程，避免再度發生類似系統成員無法忍受的傷害或意外。換言之，政務及事務人員在意外事件發生之後，除了作業層次的處置需要因應外，更被要求關注由意外導引出的制度、政治與社會議題，這原本是意外之後勢必引起的治理挑戰，一則利害關係人渴望這項意外促成期待已久的變遷，二則現職者憂心意外藉由不同通路快速被炒作成政治議題，進而威脅到平日的運作方式、現行政策的支撐基礎，以及系統治理的正當性（Boin, McConnell & 'T Hart, 2008）。

在要求變遷與感受威脅之際，職司者恐要優先履行問責的事工，提供相關的事證或紀錄顯示：他或她於意外發生之前與之後所做的作為，投入的預算，以及各項動員，民間社會的參與，達到全局述職的任務。而這項行動的證明，歷經對話、討論及商議，得到最終的裁定，並獎懲相關的人員。隨即要求變遷的議程就會以壓力的方式出現，治理系統恐要以負責的態度立下合理的政策承諾，立下「死亡線」（deadline）的時程，儘速加以完成。

六、學習性

意外管理為了增進未來的正面效應，主事職司者乃要針對管理本身的評估、反省與檢討，理出哪些層面猶待強化、改善或增補，哪些協力的縫隙尚待彌補，哪些機具裝備可以填置，何類預防訓練或公共教育需要擴散，那些國外經驗值得吸納引進，斷不可一再繳納學費，猶未能妥當地建構有效又有彈性的意外防護網。

尤有甚者，主事者更要對攸關意外防治的制度、政策及運行措施，進

行整合性的評估，發現或理出未顧及的面向，業已過時的工具安排，失去內外在環境鑲嵌的機制內容，執行機關和人員在互動治理上的障礙，再糾集各類利害關係人商議出適宜的制度安排、政策設計及措施結構，以強化面對將來意外的挑戰。換言之，制度、政策與措施的時境脫臼或落伍，均非講究反省性治理時代，追求永續發展所不能允許的現象（VoB & Kemp, 2006），是以為了取得永續發展的先見之明或對之深謀遠慮，職司者要為將來的意外管理著想，為了改善意外管理結構及安排的績效，認真學習每次意外管理的經驗，從中汲取重大的教訓。

　　歸結言之，當今職司意外管理的支系統，要將自身形塑成學習型組織，以每次的意外經歷，學習謬誤的發現與矯正，導正各項資訊通報的藩籬，調整組織本位主義的作風，強化預警的機制安排以防利害關係人的冒險倖進，視而有見經由緩慢而來的致命性威脅，排除行動惰性以免任令具潛在危險的情境之存在，避免不當且未見合理的指責，促使組織在未來應付意外的能力更加強健，更有顯著績效（Mitroff, 2005; Senge, 2006）。

　　意外管理關注預防、知識、應變、復原、問責及學習六大屬性。而預防的旨趣在於事先圍堵意外發生的路徑；知識的作用在於奠定管理施為的思維來源、邏輯推理的基礎與採取行動的依據；應變的功能在於緊急回應意外的發生，希祈防止意外範圍的擴大，傷亡損害的減少；復原的角色在於限制恢復常態的時程，縮短系統成員不便的時間，鞏固關鍵的基礎建設；問責在於要求相關職司提供意外管理前後的各項行動紀錄，以資證明職司者的努力作為；學習射準未來管理能力的築造，以強健各項因應意外的措施，尤其強調反省與吸納的細緻化。

第二節　管理策略

　　意外既然不斷找尋發生的路徑、出口與機會，人類的預測能力又欠缺精準的極致，時也受到其他事務的排擠，每每出現注意赤字，無法控制議程加速反應防止意外的各項決定，再加上環境變化的測不準性或快速變化性，過往學習的間斷性抑或不切實性，以致未能破除行事慣性，凡此均是滋生多元不同意外的趨力。是以，相關職司針對意外進行管理的工程，冀能防止意外於事前，加速處理意外於事中，有效復原意外於事後。現就已相關的文獻擬定一些足供參據的管理策略。

一、降低風險胃口

　　每一個人根據過往的學習歷程，在面對某一種情境下，均對自己設定，其準備接受風險的幅度，即一般所謂的風險胃口（Drennan & McConnell, 2007）。有的人胃口較強，有的人則不太願意承擔高度的風險，甚至試圖規避任何風險。因之，風險胃口滿高者，可能為了滿足自己的旅程慾望，忽視惡劣的環境，堅持非按照排定的行程不可，當然增加面對意外的風險。

　　臺、中自開啓三通以來，中國來台旅客日益增加，其往往堅持長久嚮往的風景區，不顧外在的風雨交加，路況的可能中斷毀損，要求導遊冒險帶客前往。比如中國觀光客曾於莫拉克颱風時對臺灣導遊說：「我們不是來逛百貨公司的，颱風在廣東我們也見過，希望能按既定時程，上我們日夜魂牽夢繫的阿里山，就算路斷了，也要親眼看到路斷，回頭才甘心」（張金樹，2010）。由此可知，遠地來訪的中國觀光客，諒多擴大風險的胃口，而增加冒險的機會，提高發生意外的機率。

　　茲為了降低因風險胃口過高而發生意外的可能性，除了相關管轄職司即時提供警示路段訊息之外，個人的自律，順應警示路段的訊息，方能維繫自己生存空間，以待他日再嘗願望的機會。是以，為了追求凡事的安全可靠性，永恆的關注各項演化過程，個人自強不息地維繫警覺意識，以及形塑凡事警戒之心態，才能拓展生存契約的空間。須知，在控管意外發生的頻率，以及發生之後的損害幅度，管轄機關本有一定程度的外控性，無法完全掌握上該兩者，唯有倚賴個人的共同生產，既順服相關的警示訊息，更聽候安全的資訊再進行續接的行程，方能避免無謂的犧牲，失去往後猶有的機會，是以兩造的留心互動，才不致促成失靈之發生，損害之繼起（Roberts & Bea, 2001）。

二、去除防衛機制

　　系統每每於發展演化的不同週期中，形塑一套並不健康的防衛機制，用以否認其對意外、危機或風險所存在的脆弱性，以致平日疏於對意外的防範，未能思及不可思議的情勢，進行潛在意外的分析與掌握，掌握相關威脅的評估，思及或盤算減輕的多元不同策略，以致增加意外的發生率，擴大意外的影響範圍，傷及更多的苦主，帶來不少的負擔。向來增加意外的防制機制有八，其乃構成主事職司者所刻不容緩要去除的標的。

1. 拒絕承認：意外只會發生在別人或其他的系統，蓋吾人已練就一套「神功」，並不易遭到任何意外的侵襲，即明示拒絕認識到一項正在形成中，或已出現對系統威脅的事實或狀況；

2. 否認衝擊：就算承認或認知到意外的發生，抑或威脅的存在，但猶故意降低它的重要性，主觀盤算其對系統及成員的衝擊是微乎其微，不必大張旗鼓地加以因應；

3. 加以美化：自認自身的系統，業已在平日的修為中日益優質化，並築造一道意外威脅的防火牆，可以抵擋或圍堵任何意外或威脅於系統之外，是以系統並未重視意外管理的事前預防與準備；

4. 自大自是：自認系統之發展龐大，又擁有無限的力量，維護自身的安全，抵擋意外或危機的發生，致使系統免於意外或危機的肆虐；

5. 有人承擔：意外如若不幸發生，總是有人、有組織出面承擔，亦可簡化以金錢抵銷苦主的怨懟，甚至透由時間的流逝沖淡他或她的記憶，是以每以意外發生之後，每在眾聲喧嘩下進行責任分配之後就勉強落幕，再等待另一次的意外發生；

6. 以理搪塞：任何系統不必過於憂慮意外的發生，蓋任何意外發生的或然率，本至為微小，何況又可以一些看似合理的理由來認定意外發生之因，甚或以一套特殊架構來說明系統本身不必負責任的憑恃；

7. 投射外因：意外發生的原因本至為複雜，非能以單一因素認定之，亦可將意外發生之因投射於系統所不能掌控的因素，甚至是其他系統的不良作為所致；

8. 切割分化：意外並不可能影響到全體的系統，因為組織或系統的各個要素，其彼此之間是各自獨立的，並非相互依存，所以主事職司者可以找到藉口抵制責任的承擔（林水波，1999；Mitroff & Anagnos, 2001; Pauchant & Mitroff, 1992）。

上述這些防衛機制一旦啓動，意外或意外的威脅就不易受到應有的注意，而有任令其蔓延的可能性，造成系統的沉重負擔。職是之故，在社會變遷面對各種意外的脆弱之際，至為至關緊要的使命，乃在於去除上述有礙於應付意外的防衛機制，用心構思管理意外的準備與因應工程，並將意外或危機視為機會的所在，視問題是創造權力的機會窗。

三、降低無益效應

　　防止或處理意外，如若職司治理系統總被一些無益，甚至有害的效應所圍堵，則顯著防救績效的產出口就時被抑住，甚至造成事倍功半的治理窘境。是以，於預防或準備意外管理的週期，相關轄區盡可能想方設法加以歸零，抑或將其壓縮在不致產生影響的範圍（Drennan & McConnell, 2007）。至於哪些效應足以限制意外的有效管理，非加以適度降低不可呢？

1. 恐龍效應：政治系統雖設有中央、縣市及地方等三級的意外防救體系，但總是以中央擁有龐大資源及其配置權，形成類似恐龍般頭大尾小的格局，以致出意外的地方因受制於人力、物力經費的控制，無法發揮即時的管理效應，減少意外的幅度（張平吾，2010）；

2. 排擠效應：由於整體資源的稀少性，但政治系統所要治理的公共事務何其龐雜，在相互排擠之下，設定處理的優先順序在位序較低的情況下，每受到幅度不小的排擠，因而意外管理所能運用的資源相對較少，以致每有管理的延宕情勢，甚至對環境長久失修；

3. 臨時效應：意外管理常見的情形，乃是「平時不燒香，臨時抱佛腳」的現象，這樣豈能防患意外發生於未然，蓋意外管理的前置作業，抑或預防準備的事工，早就要啟動，最好因此杜絕意外的發生，如等到意外發生之後才急就章的採取救援行動，均無法防止損害的造成，所以主事者本要以永續的方式投入管理意外的工程，不因時段不同而有差異；

4. 敷衍效應：意外管理的各項施為，不能不切實際，只求敷衍了事而搪塞責任，因為管理績效每易受到檢驗，無法逃避追究的風險；

5. 衝突效應：意外管理的果效，有時取決於中央、縣市及地方三級防救體系的協力度而定，以及領導公益團體的防救參與，如若各級機關抱持各

自本位的心態，未能採取步調一致的防救行動，甚至持有不同的意外認
知觀，當然影響總體的合超效應；

6. 外控效應：意外發生的管轄系統，如在資源、資訊的擁有與取得上，相
當程度仰賴其他系統的支援，每每失去系統的自主性，難免無法發揮最
佳化的管理效果，是以管轄機關應於平時經營社會資本，蒐集意外管理
的資源，方能擺脫外控的困境。

　　前述六項效應類皆無益於高效度、高可靠性的意外管理，是以相關的
管轄機關恐要研擬策略對之加以降低，使其不致在防救過程上，任意滋生
掣肘效應，不僅延緩防救最佳時機，甚至加深防救的損害。

四、建構可靠系統

　　諸多時候天然的意外管理原本並不致太嚴重，但因受到人為災難的
發生，二者形成共伴效應，加深事態的演變與惡化，延緩救援的時間，增
加意外的損害。針對這樣的管理態勢或演化，K. E. Weick和K. M. Sutcliffe
（2007）就倡導建立高度可靠的系統，類如醫院的急診室、機場的飛航管
制室或消防救火單位一般，各項設備周全，訊息隨時掌握，行動即時開
啟，資源配置充足，一旦遇有狀況就可一步到位，迅速處理任何意外的發
生。不過，這類系統平時就要盡力築造六項能力，以備應急之需。

1. 敏感力：任何意外的發生，事前總有一些訊號、指標或徵候，管轄系統
要適時敏感並偵測到其存在，並分析其可能引發的事件，隨時準備處理
的動能；

2. 警覺力：即將發生意外的情況，時時變化或動盪不定，斯時不但要警覺
到情況的存在，還要警戒其可能帶來的風險，事先備妥因應工具，隨時

可加以動員，不允許有任何注意赤字的現象，抑或從事與職務無關的行為；

3. 認同力：系統的任何管理制度時有過時的風險，在未完成制度變革之前，意外管理的能力依然得以催化發揮，必須倚賴成員的熱情及由熱情養塑的認同來替代，一則自動產生警覺心，二則建構前瞻性的視野，以應意外管理的迫切所需；

4. 審慎力：由於意外的狀況瞬息萬變，管理任務又絲毫不能有誤的空間，所以系統成員就須審慎掌控一切的變化，破譯出或理解出意外狀況所展現的內涵、代表的意義，究竟要採取哪些必要且充分的作為，才能預防意外的發生，減輕意外的毀損；

5. 協力力：意外管理不僅要求管轄機關的各部門成員對系統的高度認同，更要驅使其與其他職司任務雷同的系統，進行意外資訊的溝通，架構相互支援的行動安排，調度救援所需的機具，而以相互協力的方式對應意外的管理，不可出現政黨政治盤算的情況，抵銷救援的集體力量，增加原本可避免的損害；

6. 反省力：意外管理過後，主事系統不能認為任務已就，而是要開啟另一階段的管理循環，及啟動後顧性的檢討、反省及評估的工程，思索本次管理所未能達及的目標，發覺哪些議題的管理未臻周全的水準，哪些層面未能全局關注，哪些問題衍生自關注不及之處，以為另次管理的參酌，避免下次再犯。

可靠系統的建構之旨趣在於：減少人為傷害所生的共伴效應，得以盡全力應付未生或已生的意外（張世杰，2010）。不過，這類系統要有前述六大能力來支撐，才能將每一次意外的損害減至最低程度。因之，這類系統平日就要積極養塑各項能力，不僅擁有耐心及毅力，探勘各項隱微的訊

息，理出意外的地點及損害的程度，提醒可能的苦主注意；警覺重大意外的可能到來，事先安排就緒各項處置計畫，研擬權變因應劇本；平時提供各項誘因，吸引成員對系統的認同，以對任何意外展現深具公民意識的行為，警戒任何意外可能發生；在意外演化的任何階段，成員均能維持審慎的心態，適時做出對應性的意外回應；講究和諧感通的協力夥伴關係，化除勉強性的關係連結，合作處事的不情願情勢；反省過往，希望理出可再學習之處，以強健未來的意外管理能力，不致一直繳納昂貴的學費，意外事件的毀損依然嚴重。

五、轉型透視視框

人類對意外的透視，可能經由不同的視框，解釋出對意外的看法。不過，有的視框無助於意外的管理，勢必要加以轉型，才有助於優質化意外的管理。茲首先分析負面的視框，再論及正面的視框，以為轉型的基礎。

1. 命定主義觀：有的人認為任何意外的瀕臨，並非人的能力所能抵抗或抵擋，這本是抱持失敗主義的想法，完全受外力所控制，必須仰賴外力的恩待，祈求意外的轉向，威脅的遠離（Ney, 2009）；

2. 各自本位觀：有的治理系統自信自己的能力足、資源豐、人力夠與部署得宜，而不願其他系統參與意外管理的工程，深恐業績與人分享，形象被人搶奪，系統聲譽為其他系統所獲致；不過，有的系統擁有地利之便、快速之利，如切割它的參與，可能在時間上的延宕，損害上的加重，苦主抱怨的升高；

3. 階層主導觀：有的上位意外管理機關，試圖主導一切的管理事宜，抑或對意外的苦主抱持不平等的待遇，優先處置一類的苦主，而延緩處置另一類的苦主，導致無謂的衝突，加重防救的困難；

4. **政治歸咎觀**：意外的發生與事先的預防，本是管轄機關所必須面對的課題，接受監督機關的問責，也是常態的系統運作，但是如將歸咎的遊戲予以政治化，甚至出現不平等的對待，抑或操作兩套標準，只有深化政治的對立，對系統的運作並沒有正面的效益。

上述四個視框絕對無益於優質的意外管理，持續抱持只有傷及意外管理的果效，主事者恐要有懇切的急迫感，加以改弦更張，而邁向較為強健的意外管理視框。

1. **平衡對待觀**：經濟發展與生態保護絕對是可以同時並存的價值，主事者斷不可加以偏廢，過度傾斜哪項價值的追求，均會破壞雙方的和平共存，是以在講究經濟發展的同時，兼顧生態理性的關係，才能維護生態的永續發展（Dryzek, 1987）；

2. **迫切意識觀**：意外管理本是一件與時間賽跑的遊戲，稍一遲延就犯了危機管理的十誡之一：不可拖延，以免增加問題，造成管理的困難（黃丙喜、馮志能與劉遠忠，2009），是以要隨時保持迫切意識，隨時啟動意外管理；

3. **鑑賞領導觀**：意外管理系統的負責人要以鑑賞的風格領導系統成員，開創一個應變的組織，趨使群策群力以產出卓越的績效，誘引員工的組織認同，不認為自己是外人，而願為其效勞（Whiteney, Trosten-Bloom & Rader, 2010）。

上述三觀的快速形塑，對意外時時與組織相伴的當下時刻，或可找到管理的對應之策，不致發生雜亂無章、停滯不前、政治算計、試圖隱瞞與輕易放棄的情勢，進而造成意外的更荊棘難理。

第三節　歸咎管理

　　意外管理非但重視事前的管控準備，以趨及事先防止意外之發生，甚至減少意外發生之後的損害程度，而且也強調意外發生之後的有效因應，進行各項救援行動，使其得能於黃金時間內搶救受困的標的對象，儘速恢復原本的正常運作狀況，減少因交通不便所帶來的衍生性損失，降低利害關係人於意外發生之後連帶而來的不利效應。不過，意外之後妥當的歸咎管理，可能是邁向優質治理的重要一環，藉由意外焦點事件的發生，啓動主權者認爲急迫而久已等待的議程，決定他們所盼望已久的決定，從事各項必要的政策反應，推展迫切性的政策變遷（Birkland, 2006; Boin, McConnell & 't Hart, 2008）。

　　何況，當今爲徹底落實反省性的治理，以追求治理系統的永續發展，如若任何系統未能依據過往的領航作爲，進行透徹而全盤性的反省、檢討與回顧，則在形塑系統發展的路向上，可能會有所迷失，有時恐會持續陷入謬誤的政策走向，遲延相關政策變遷的時間，不能提升領航的能力，只因思維與行動並未聚焦於過往的領航作爲上（VoB & Kemp, 2006）。是以，治理系統在對應性議程設定和反省性治理的雙重壓力下，於意外事後的管理上，恐要集中注意力於歸咎管理的事工。至於這項管理要鎖定的焦點，或可由六個向度著手之：

一、展望化的永續

　　意外的發生本是發現問題，設定決策議程的觸媒，蓋經由意外所造成的人力、物力及經濟的損失，讓核心利害關係人再也不能容忍原本渴望的議程再度受到忽視，至爲關鍵的需求希冀治理系統儘速加以滿足，平等

的公民待遇盼望得到實現，而集結力量對系統施壓。系統在面對強大的壓力下，為避免正當性漸進流失，掌控的政策資源逐步減少，乃會加速決策的腳步，完成政策行動的合法化過程（Knoepfel, Larrue, Varone & Hill, 2001）。換言之，意外催促主權者對政策展望的迫切意識，提出根本性解決問題的識見，而推動政策的轉型，甚或中斷政策的惰性，以追求永續發展的路徑；尤有甚者，意外本是政策行動者與標的團體共同學習的機制，以發現未來的展望，達成永續發展的另一條常用的路徑，更是快速引起兩造共鳴的捷徑（VoB, Truffer & Knorad, 2006）。

蘇花公路受到梅姬颱風所帶來的豐沛雨量之侵蝕，造成嚴重的山坡崩塌，毀損多地路段，犧牲二十五條人命，更引發花蓮缺乏一條安全平安回家的道路之痛，在等待相關救援工作一段時間之後，乃藉著這次是世界囑目的災難事件，突顯永續發展所需的公路之重要性、急迫性及關鍵性，動員鄉親向系統的相關部門施壓，論述政策已無延宕的空間，區域平衡發展的期待性，在地人卑微的訴求，生存所繫的重大基礎建設。這個案例可說藉著重大災難意外事件，推出永續展望（sustainability foresight）的安全議題，而快速作成蘇花改的興建工程，回應居民要求一條活路回家的眾聲喧嘩。而推動成功的潛在因素，五都選舉的逼近或許扮演乘數效應的角色。

二、政治化的避免

政治支系統的主政者，每每以政治作為終身的志業，至祈在處裡任何轄區內的意外事件，不會受到嚴厲的指責，以免競選公職之路遭到中斷。因為，有些回顧型選民的投票基礎，仍有負面偏差（negativity bias）的傾向，向以參選者於過往有無犯下卸責的情事，抑或於意外救援時段有所失職的行為，作為投票歸屬的依據（Weaver, 1986）。就在這種選舉現象始

終存在於歷史時刻，少數政治人物及其團隊就偏好於選舉關鍵時段，訴求意外處理之際，職司者有虧職守的質疑，以吸引更多選民的支持，或挽救支持式微的氣氛。不過，這項政治化的意外歸咎的行為，如出現雙重標準，抑或不一致的情景，甚至並未以循證為基礎的訴求，恐有傷主張負面歸咎的政治團體。

由是觀之，在意外緊急應變處理之後，如以負面的歸咎行為，同時出現不為社會規範或價值所認同的行為，恐會傷及政治人物的政治生存空間，亦會致使進行調查機關的組織聲譽或形象受到一定程度的磨損。這種對政治人物或職司機關所具的潛在威脅，或許上該二者再啟動這項政策決定之際，所要審慎思量的標的（Sulitzeanu-kenan, 2010）。不過，主事者若試圖這項歸咎的冒險，公平的評估，提出說服人的論證，確實釐清意外的原因，破除相關人士的質疑與不同的看法，作出權威性的結論，或可避免政治的風險。

三、循證化的講究

在歸咎意外管理的各項責任之時，透明化是決定成功與否的一項因素，如職司歸咎的機關盡在黑箱作業，並以主觀認定的主張作為究責的依據，恐只會增加政治衝突，對於釐清意外管理的實象於事無補，反而損及自身存在的正當性。是以，歸咎的機關首要蒐集各項足以證明負責意外管理的機關，於何時、何地及何事出現有失職的情事，並且提出事證，方能引領受意外衝擊的苦主加入歸咎的力量，形成巨幅的政治壓力，使其受到合理對應的法律或政治責任。

再者，職司歸咎者也要設有對話的平台，以供另一造針對意外事件提出解釋，說明意外發生的關鍵因素，由意外引起損害的程度，計畫如何加

以適時的補償，未來所要即時推動的預防工程。是以，互動性的對話，提供釋疑的機會，釐清意外的事實真相，方能對未來供給學習的訊息，爲未雨綢繆的準備帶來嶄新的契機。

尤有甚者，被歸咎的對象針對關鍵的時刻，提供時間系列的行程，證明如何在關切意外的形成、發展與處理，證明自己不斷在關注事態的演化，隨時容納利害關係人的優先序位需求，並盡力設法加以滿足。換言之，被歸咎者的管理意外行程之透明化，並於意外之後迅速動員資源恢復民間社會的常態運作，而以有效率的績效，提供爲自己辯護的事證。因之，以意外管理的結果作爲問責的依據，方是邁向健全化、建設化的歸咎制度（Bertelsmann Foundation, 2002），更是導向協力合作的基礎。

四、對應化的射準

職司意外管理的機關及人員，歷經循證化的正當過程，發現其確有失職或延宕之事，也未能提出可藉之迴避問責的事證，對其作出對應的懲處或警告，以利於未來強化意外管理的教訓，不致發生惡化意外的傷害。不過，這項對應化的懲處，最好遵循熱爐原則，以收正面效果（鄧東濱，1993）。首先強調事前警示，即主管必須向職司者宣示哪些是不能觸犯的管理禁忌，以及一旦觸犯之，將會受到哪種程度的處分。

第二即時處分，意外疏於管理，抑或管理失當，職司監督的機關就要講究時間臨近性的原則，以增強受懲者的矯正效果，不致心存僥倖。第三遵循一致性的作風，蓋每次意外，可能有不同的行政轄區受到波及，歸咎者就不能只追究一個轄區，而放任另外的轄區，引發不公平或另有政治盤算的質疑，而有所顧及提出適時的處分；第四信守對事不對人的原則，追究責任乃針對意外管理是否有失職而來，而不考量人的政黨屬性。

　　由是觀之，負責歸咎者不能政治化處理意外管理的行為，而要射準事前管理、事後回應的不當或失職之處，抑或應作為、可作為，但並沒有作為的行為，採取懲治的措施，以為未來意外管理的警惕。是以，職司處分者要探尋事實的真相，要聽進另一造的辯解，要舉述事證避免另一造不明就裡就受到處分。

五、社會化的強調

　　設若大型意外的發生，出自於「上帝」的行為（Bovens, t' Hart, Dekker & Verheuvel, 1999），即如於短暫時間下超級大豪雨，再加上平時土地已吸納了不少的水量，釀成巨大的天然洪災，本是極具自然之後，非有限的人力所能輕易克服，災民忍受災難之苦，畢竟不能避免。在這種情況下，與其浪費有限而稀少的時間，爭論水災責任的歸屬，還不如迅速推動再社會化的工程，針對不同地區的災害脆弱性，進行快速鞏固補強工程，檢討哪些人為措施的盲點，與其負責的機關人員進行誠摯性的溝通，爭取其認同採取必要作為於下次災害即將來臨之際，由事前的強健準備化解強大的災難。

　　再者，過往以時雨量的紀錄做為緊急封路的準據，現今氣候大變遷的重要時刻，這項準據恐不足以保全人車行路的安全，或可改為「十分鐘雨量」的刻度，把防災偵測與執行由大區域、長時段精準化到較小區域與短時段，進而控管防災時機，減少可能災難的損失。這種作為的再社會化，需要地方政府扮演繁雜的角色，承擔較為關鍵的任務，所以需要相當的時間準備與學習，根本沒有時間虛擲於政治口舌之辯。

　　尤有甚者，組織的健全境界既然是人類的幻想，所以主事者及相關利害關係人就不必要心懷組織健全、完美的理想，（LaPorte & Consalini,

1991）而要迎接經由意外所引發的各項治理挑戰，儘速學習異於往習的治理作為，引進更新更有效意外預防與處置的思維與工具。換言之，除了那些頭痛醫頭、腳痛醫腳的做法之外，更重要的是反省過程不甚合理、一廂情願及想當然耳的假定，再構思務實的、合理的及可篩選的假定，並以之為基礎進行意外防及處理的設計，從中推出針對性的方案，減少可避免的驚奇或意外，即不再盲目的推出變遷計畫，而先認定出各項計畫所根據的假定，再進行合理性的評估，才推出根基較為穩定的意外管理計畫（Dewar, 2002）。

六、換軌化的轉型

　　過去在意外規模不大的意外，主事機關猶能對之應付裕如，不會受到社會較大的責難，以致形成平日並不怎麼樣關切意外的潛在，深信意外一旦發生，再予以因應就是夠加以化解；組織的員工對職司的任務均至為敬業，可對之加以信任，擁有強健能力足以抵擋意外的侵襲；認為每一種意外均具獨特性，人類不可能以其管理的經驗，用以準備多元不同屬性的意外（Pauchant & Mitroff, 1992）。凡此對意外的想法，在意外以嶄新面貌出現的時日，規模無比龐大的狀況下，可能是醞釀嚴重毀損的超級意外。是以，現今的意外管理機關，最緊要的課題並不是提供空間，俾讓意外坐大的恐龍，而是迫切需要轉型、換軌與更調原本的意外管理思維，形塑不同的意外認知、評價及情感取向。

　　由於意外發生的無常化，變幻莫測化，以及範圍的廣泛化，主事機關非快速轉型為時時準備應付意外的機關不可。在策略上組織不時挑戰對應意外的假定，以理出符應環境變遷、又有合理假定支撐的管理策略；擴大利害關係人的參與，使其在地化的管理觀點，得能注入新策略的規劃；設

計回應型、前瞻型及互動型的策略（Ibid）。在結構上，建構高度可靠的組織，築造各項管理能力，使其得能於任何內外在環境發生變化之際，作出最快速、有效及對應的決定，管理已發生的各類意外。在文化上，盡量排除消極又有誤的、過時的合理化思維，透視時勢所趨的想法，學習新的管理措施，進化轉向積極自信的視框，不斷與人互動，並於理想的言談環境下，激發出前瞻、後顧與內省的新管理風格。在心理上，開放心胸，不受狹隘的思維宰制；密切關注於相關意外問題的解決；抱持對意外發生的焦慮，不能認同坐視意外的發生，極思預防、預警及預示的安排；展現自信的情懷，積極備妥對應意外的策（Ibid.）。

總之，在意外隨時乘隙發生的當下，組織的定性就要徹底的改弦更張，從事大轉型、大換軌的工程。主事者也勢必要改造組織思維的基因，從意外誘發導向的思維，邁向隨時準備從事意外管理的心態，不再受到傳統消極自大的想法，而改採積極動員的未雨綢繆作風，或可發揮意外管理的卓越績效。

而在反省型治理逼近的時代，歸咎管理恐要進行大翻轉的作為，不必全只鎖定在相關責任的訴追上，而要跳過這樣的思維藩離，一則展現永續化的展望作風，從意外事件的歷經過程，築造永續發展的重大基礎建設；二則不要將歸咎的過程陷入黨際之間的政治角力，而失去永續發展的經營；三則循證化的歸咎作風才能避免並不營養的政治口水戰，消磨以未來為導向的意外管理的設計時間；四則對應化、適時化、一致化、對事化、警示化的處分，方有致於謬誤或失職行為的導正；五則在社會化的管理學習，才較有機會排除管理的惰性，養塑對應時趨的管理風格；六則意外蓄積的組織文化，已到非換軌不可的地步，主事者恐要於平日就發揮準備力，做好各項準備應付危機意外的到來，得能於短暫時段化解意外的破壞。

結　論

　　事前的務實準備，事中的快速反應，事後的教訓吸取，向為意外管理的三大關鍵支柱，且任何一柱均不能加以疏忽，否則就不易達及利害關係人可接受，甚至是滿足的門檻。是以，意外發生之前，職司的管轄機關就要盡全力預防裝備，適時養塑對抗意外能力，部署協力的組織體系，得能於意外發生之際就定位，全力展開救援的運作；而在反應之時，負責者快速調度人力，運送受災者所需資源，動員軍方力量協助復原的工程，而於反應告一段落之後，反省檢討過去、綢繆未來，並充實救援所發現的不足之處，持續裝備組織能力，教育人民針對資訊展現適宜的自律行為，俾以減輕救援的負擔，集中力量救援已出事的標的。

　　意外管理是當今反省型治理時代，治理系統為了自身的永續發展所要養塑的迫切性能力，以便適應、對付及控管內外在環境巨幅變遷所衍生的各項意外問題，更是主政者取得、維護及修護正當性所要處置的標的。歷經前述各個向度的解析，吾人或可參透出六項知識啟蒙。

一、意外的頻繁性

　　由於治理系統所面對的內外在環境變化極大，又不易全然正確的偵測或事先的測準，以致意外不難找到發生的空隙。因此，在意外無法歸零的當下，主事者為了永續發展的使命，在過往的意外管理經驗，以及推出的處置經驗中，要不斷的反省，以形塑往後更佳的處理策略，減少損害。

二、預防的創價性

諸多意外的發生，事先原本皆可加以防止的，蓋如果資訊充分，又迅速輸送到相關的利害關係人，協助其作出效益極大化的決定。再者，職司機關事先爲了安全，管制人員或車輛進入潛在危險的地區，均可創造極高的價值。是以，平日養成警戒的習性，隨時警覺潛在的危險，或可避免無謂的損失。是以，適度地降低對風險的胃口，本是意外管理的緊要關鍵。

三、對應的即時性

意外管理本是與時間賽跑的一種昂貴遊戲，職司者因資訊的不足而稍一延宕，就會損及管理的績效。是以，這項管理最忌諱機關本位主義，不能在相互協力的情況下，發揮合超效應的價值。尤有甚者，時間的延宕，恐增加任何救援的困難，失去救援的價值追求。

四、前瞻的倚重性

意外管理不可鑽進過往的批判陷阱，而要抱持追求永續發展的視野，探勘、追尋及調研展望的作爲，而以展望調整與精緻意外管理的質素與安排，使其在三大支柱上均有突破性的進展，與時境共同演化嶄新的管理策略。

五、政治的破壞性

意外管理一旦演變成政治力的爭鬥，就會排擠學習、調研及吸取的時

間，滋生議題錯置的現象，圍堵議程的設定，進而破壞意外管理的突破性發展，以致下次意外發生之際，猶被舊思維、舊作風、舊問題所牽絆，無能擺脫巢臼的制約，以致管理績效的未佳化。

六、知識的觸媒性

　　意外管理本存在程度不一的外控性，需賴相關知識、國內外經驗的啓發，才有較爲創新的作法，對應不同類型意外之管理。是以，知識社群應賦予更高的關注，生產出適合本土應用的知識。尤有甚者，社群的成員也該鑽研重大意外的個案，理出其經緯，管理上的盲點，以供管轄機關的反思之用，形塑未來更爲卓越的管理作爲，減少欠缺知識觸媒的不當管理。

　　六項知識啓蒙之旨趣在於：引領治理系統，聚焦現行意外管理策略的反省，再續階由反省中創造管理發展的卓越策略，不再受困於過時的管理風格，擺脫政治爭鬥的困境，進而邁向意外免疫的終極目標。蓋在資源稀少的環境，治理系統若能以養塑的能力，預防意外的發生，降低意外的損害，或可將資源進行更佳的配置，解決系統面對的其他多元問題。

　　再者，意外管理由於極需進行演化發展，才能脫離原本的路徑依賴，所以深度學習於意外管理之後，才有機會找到更適合的策略。因之，轉移事後的政治較勁，專注於省思與學習的工程，才能進行路徑轉換的事工，排除過時失效的路徑限制。換言之，屢屢出現同樣失誤的管理作爲，不易取得系統成員的持續支持，甚至快速收回原本的政治信任，導致政治的輪替。

參考書目

一、中文部分

林水波，1999。「防衛機制與空難預防」，收於氏著《公共政策論衡》，頁283~285。

張平吾，2010。「防災體系　地方打頭陣」，中國時報時論廣場10月27日。

張世杰，2010。「災難學習與咎責政治」，T&D飛訊，第95期，頁1-21。

張金樹，2010。「警示路段訊息、應即時給導遊」，聯合報民意論壇10月29日。

黃丙喜、馮志能與劉遠忠，2009。《動態危機管理》。臺北市：商周。

鄧東濱，1993。《人力管理》。臺北市：長河。

二、英文部分

Beck, U. & B. Holzer 2007. "Organizations in Risk Society," in M. Pearson, C. Roux-Dufort & J. A. Clair (eds.) *International Handbook of Organizational Crisis Management*. Los Angeles: Sage. p3-24.

Bertelsman Foundation (ed.) 2002 . *Transparency: A Basis for Responsibility and Cooperation*. Bertelsmann Foundation Publishers.

Birkland, T. A. 2006. *Lessons of Disaster: Policy Change after Catastrophic Events*. Washington, D. C.: Georgetown Univ. Press.

Boin, A., A. McConell & P., 't Hart 2008. "Governing After Crisis," in A. Boin, A. McConnell & P. 'tHart (eds.) *Governing After Crisis: The Politics of Investigation, Accountability and Learning*. Cambridge: Cambridge Univ. Press: 3-30.

Boven, M., P. 't Hart, S. Dekk & G. Verheuvel 1999. "The Politics of Blame Avoidance: Defensive Tactics in a Dutch Crime-Fighting Fiasco," in H. K. Anheier (ed.) *When Things Go Wrong: Organizational Failures and Breakdowns*. Thousand Oaks: Sage:123-147.

Dewar, J.A. 2002. *Assumption-Based Planning: A Tool for Reducing Avoidable Surprises.* Cambridge: Cambridge Univ. Press.

Drennan, L. T. & A. McConnell 2007. *Risk and Crisis Management in the Public Sector.* London: Routledge.

Dryzek, J. S. 1989. *Rational Ecology: Environment and Political Economy.* Cambridge, MA.: Blackwell.

Knoepfel, P., C. Larrue, F. Varone & M. Hill 2007. *Public Policy Analysis.* Bristol, Uk: The Policy Press.

LaPorte, T. R. & P. M. Consolini 1991. "Working in Practice But Not in Theory: Theoretical Challenges of "High-Reliability Organizations," *Journal of Public Administration Research and Theory* 1/1:19-47.

Mitroff, I. I. 2005. *Why Some Companies Emerge Stronger and Better From a Crisis.* NY: American Management Association.

Mitroff, I. I. & G. Anagnos 2001. *Managing Crisis Before They Happen.* NY: American Management Association.

Ney, S. 2009. *Resolving Messy Policy Problems.* London: Earthscon.

Pauchant, T. C. & I. I. Mitroff 1992. *Transforming the Crisis-Prone Organization.* San Francisco: Jossey-Bass.

Perri 6 1997. *Holistic Government.* London: Demos.

Radvanousky, R. & A. McDougall 2010. *Critical Infrastructure: Homeland Security and Emergency Preparedness.* Boca Raton, London: CRC Press.

Roberts, K. H. & R. G. Bea 2001. "When Systems Fail, " *Organizational Dynamics* 29/3:179-191.

Senge, P. M. 2006. *The Fifth Discipline.* NY: Doubleday Currency.

Sulitzeanu-Kenan, R. 2010. "Reflection in the Shadow of Blame: When Do Politicians Appoint Commissions of Inquiry," *British Journal of Political   Science* 40/3:613-634.

VoB, J. & R. Kemp 2006. "Sustainability and Reflexive Governance: Introduction, " in J. VoB, D. Bauknecht & R. Kemp (eds.) *Reflexive Governance for Sustainable Development.* Cheltenham, U K: Edwar Elgar:3-28.

VoB, J., B. Truffer & K. Konard 2006. "Sustainability Foresight: Reflexive Governance in the Transformation of Utility System, " in J. VoB, D. Bauknecht & R. Kemp (eds.) *Reflexive Governance for Sustainable Development.* Cheltenham, U k: Edwar Elgar.

Weaver, R. K. 1986. "The Politics of Blame Avoidance," *Journal of Public Policy* 6/4:

371-398.

Weick, K. E. & K. M. Sutcliffe 2007. *Managing the Expected: Resilient Performance in an Age of Uncertainty*. NY: John Wiley & Sons.

Whitney, D., Trosten-Bloom & K. Rader 2010. *Appreciative Leadership*. NY: McGraw Hill.

第三章　協力治理

當代公共治理背負著重大的治理使命，非但在作爲上要能不斷反映主政者的政治意志，用以維護憲法設定追求的公共價值之實現，而且不時不刻得須處理各類複雜、衝突與難理的問題，成就政策目標，以滿足主權者的需求。尤有甚者，其爲了鞏固治理的正當性，更要提供令人青睞的公共服務，吸引各方才華及有力人士的支持，共同克服治理過程中所碰觸到的瓶頸。凡此這些重大使命及課題，皆非在能力出現赤字的情境下，盡由公部門單獨負起全部的責任，尤其在資源稀少的時代，公部門恐必須在自主性及資源需要上取得適度的平衡；而爲了突破立法及行政的僵局，設法運用公民及公民領袖的力量，或可擴大延伸民選公職人員的權力，以推動公共事務的成就。由上觀之，公部門雖自己確擁有執行的優勢，但因無法逃避弱勢及權力依賴的制約，似乎已到無法但憑自身的力量，藉以解決公共問題滿足大眾需求的歷史時刻，而在思維及行動上勢必要有所調整，以協力的方式並在發揮各協力者的優勢，儘量縮小或克服弱勢的情況下，得到冀欲的治理成果，不僅產出深具回應性政策，連結有效的政策工具與面對的問題情境，並透過標的對象的執行參與，擺脫不利或脫軌的執行遊戲，而得到設定政策目標的實現。因之，有識之士在面對能力赤字、資源稀少及權力依賴的歷史時刻，以及各級政府執行力未能完全展現的當下（Light, 2008），要定推動以有效的協力治理，來發展及管理公共政策，獲致主權者賞味的政策成果（Mandell, 2001），進行資訊、見解、想法、資源、活動、權力及能力的相互分享，共同達成各自無法自行成就的治理（Bryson & Crosby, 2008）；甚至大聲呼求政治系統的主事者，隨時要掌

握內外在情境的變化,發現公民力量的所在及影響力,致力於提升民主境界的投資,引入公民參與協力治理的工程,成為協力的夥伴,共同締結大家想望的將來,一則擺脫單純顧客角色的扮演,二則肩負環境演化對政治系統所帶來的挑戰,三則政府要將個別公民及利害關係人授權充能,使其挺身而出從事政策優質的工程(Sirianni, 2009)。

　　本文鑑於公部門與公民協力的必要性,公共服務式微的潛在性,政府在推動政務上所流露的不健全性,以及權力、資訊及能力分享的時代迫切性,導致治理變遷的緊要性,乃要對協力治理的成因或背景,擁有的實質特性以為推動的標竿,具體作為所要信守的核心原則,以免推動時的偏差,降低本身得能勝出的公共價值,進行精實的分析以為引領國內各界的關注,重視公民參與協力治理的價值性,縮小兩造之間的意向落差,俾讓公民持有理由支持或順服政府作為,藉之形塑出合法正當的公共政策或行動,而非只在為少數人士謀利益。

第一節　原　因

　　在今日複雜治理的情境系絡裡,負責治理的機關和人員,為了追求治理的永續發展,每要以彰明較著的績效來說服被治者的認同,取得持續授權的許可證。治理者在這樣的強大壓力下,非但須進行必要的革命(Senge, 2008),結合個人與組織共同致力於績效的開創,更要發動責任的革命,而於未來的發展歷程上,取得競爭優勢進而鞏固自身的生存空間(Hollender & Breen, 2010)。而在這雙重革命的呼求,治理者就要省思自身的處境,擇定未來要走的路徑,設定引領成就的正北方,以供未來的公務革命之演展,於是協力治理就成為治理者的選項之一,試圖以之補足自

身的制約。至於其較爲具體而須採取作爲行爲的原因，可由六個方面加以論述。

一、追求民主價值

公共管理向來追求三項重大的民主價值：決策的正當性、資源分配的正義性及政策執行的有效性（Fung, 2006）。決策之能取得正當性，乃在決策本身提供公民優質的理由，用以贏得他們支持或順服的回饋。而這項正當性的管理最便捷之道，恐是過程的開放性與參與性，盡可能涉入決策衝擊對象的政策見解，彌縫兩造之間的見解罅隙，消除意見之間的失聯，杜絕不支持或順服的缺口。

公民在政治的不平等乃是分配和程序欠缺正義的源頭，蓋有些團體沒有機會影響政治議程、影響各項決策，抑或取得評估政策方案對其利益衝擊的相關資訊，每因由於他們未被揀選納入決策過程，並來形構成組織化的團體，更是本身力量的不足，而造成在法律上和政策上未受到公平的對待，而易滋生民怨與不滿，政府如若開放公民參與的機會、抑或體認：當今的政府本身有賴於，也需求於公民的獻替與關懷，則這項不正義的現象，或可透由參與而加以排除（Fung, 2006; Hamilton, 2009）。尤有甚者，公民更應深刻理解當代的政治系統並非可以自行有效運轉，爲了生存其必須仰賴公民的投入。

公共政策的決定雖然擁有正當性和正義性，但其對社會問題的解決，猶賴執行機關的執行轉化過程，落實政策工具的遞送方能產生政策效能。不過，執行機關如若缺乏資訊、訣竅或必要資源，亦無法完成已設定的政策目標。因之，在性質特殊的政策領域上，如若引入公民參與合產的行列，每有助於巨幅提供公共服務的品質。

　　公共治理的推展無法忽視民主價值的追求，因其是支持治理遵行的基礎及支柱。而基礎和支柱的穩固，公民加入治理的行列，或爲共治的合夥人，共同規劃政策，發展公共行動的多元策略，由政策或策略的回應力提升，而強化治理的質地。

二、檢驗假定效度

　　政策主張的採納，每取決於支撐主張的多元假定，其合理性或效度高低而定。如若假定的效度愈高，並未乖違當下的時空環境，其在執行轉化的過程上，遭受到標的團體消極不合作的抵制機率就愈低，也就有更多的機會成就政策目標，緩和問題情境的嚴重程度。不過，在單眼思考抑或單造主持政策形成的場域，由於政策主張缺乏相互主體性的驗證或交流，提供政策視框反省的機會，極有可能造成政策的盲點。而在政策主張所立基的假定上出現偏差，或一廂情願的情形，盡以正面效應的論述呈現，而忽視策本身的陰晴面。

　　何況，政策所面對的內外在環境系絡不斷在演化之中，原本的政策假定效度亦隨之出現在改變之中，而降低環境與政策鑲嵌的幅度，這正顯示原本的假定正開始走上失靈之途，立基其上的政策，其妥當性正在式微之中，漸進出現系統未能負荷的負作用，有待職司當局的重新思考與布局，洞鑒假定的動搖情形。不過，鑑於單眼思考的局限性，缺乏互動交流的罅隙性，運用各項參與機制，走向民主行政的境界，或可藉由多元參與者之間，在理想的言談情境下，以貢獻的導向爲依歸，進行深具反思性及經驗性的討論，從中解脫出單眼思考的可能誤解和錯認，而爲公共治理的效能開創產出的渠道。蓋認清問題情境的實況，每有求於他人的眼睛，由共同思考得出較爲周全的政策全貌（Senge, 2008）。是以，主事職司者遇到不

同問題情境之際，或可暫時擱置自己的假定，再傾聽他人的論述，據以對照自己的看法，從而整合較具妥當性的假定，推出較爲合理的政策主張。

三、政策他賴本質

諸多領域的政策，並無法在執行機關及人員推動之後就有立即而明顯的效應，因爲效應之產生猶有賴於策的標的團體，感受政策對自身的重要性、效益性及提升性，而採取必要的行動對應政策的需求，或徹底翻轉過往不良的行爲習慣，接受政策的勸服，參與政策提供的能力養塑學習，練就應付環境挑戰的技能，而免於失業的困難。

就算具強制力的政策工具，亦有賴標的團體的主動順服方能產出違背行爲的圍堵作用。尤有甚者，這類政策工具雖有懲罰制裁的規定，但總賴於標的對象自身的克制力，方能發揮震懾的果效。而在系統轉變的政策工具運行上，更有依恃強烈的誘因，才能引發營利或非營利組織加入政策運營的工程。總之，任何政策績效的勝出，政策威信的建立，治理支持的爭取，莫不賴於標的對象的參與，由他們的加入，才有機會創造出不同的局面，是以爲了成就冀欲的成果，政策的各造之間，不得不以共同承擔責任、分享權威的方式來推動政策的落實，展現單獨一造無法成就的事功（Chrislip & Larson, 1994）。

四、政府形象提升

政府透過各項政策的安排，政策工具的設計與配套，其終極關懷總鎖定在：具體績效的產出，改變標的對象的福祉，進而贏得他們的支持，提升治理的形象而持續取得治理的正當性。而在協力的運用上，標的對

象從參與過程中，得以養塑政策功效意識感，得以感受自身的影響力。尤有甚者，透由政策設計的協力安排，爲其政策對象展現出作爲公民的價值所在，再經由這樣的體認影響：公民對政府及自身政策參與的取向（Campbell, 2003）。換言之，政策的協力經驗不僅形塑政府處理問題的形象，更對標的團體建設正確的自我形象，使其體認到，並非完全的依賴人口，而對重大政策的推展，亦可扮演得力角色，可與政府工作在一起，建立彼此互利的關係，各自滿足自己的需求。

政府的優質形象本是公民願意政治授權、治理委付的前提，而優質形象的管理，最快的捷徑乃經由顯著的政策績效而爭取，只是績效之勝出，單靠一方之力有其窘境，恐要由具有互賴的利害關係人，以建設性的方式處理彼此之間的差異，共同分享各項執行決定之權，承擔各自分內的職責，才能開關績效源源勝出的泉頭（O'Leary, Gazley, McGruire & Bingham, 2009）。是以，在講究域際行政的當今社會，爲了提升政府的有效施政形象，協力的運營恐是一項可資選擇的方案（Henry, 2010）。

五、防止注意赤字

當今政治系統所面對的問題不僅複雜混沌，而且荊棘難理，但賴治理者一方的透視或解析，恐難達到全局關注的要求，甚至產生有所忽略的縫隙，必須歷經另一輪迴的決策過程，朝野政黨另一次的政治衝突攻防始能解決的情勢。這樣一來，政治系統的治理者就要長期陷入惡性問題的解決紛擾之中。

而在注意赤字的現象制約下，治理者對問題的誤解，牽涉因素的認知就難免有失誤的情況，斯時統治者如隨時啓動民主治理的機制，由利害關係人進行對話與討論，雙方徹底發揮同理性的傾聽，俾讓對話與討論發

揮轉型的魔術力量，產出更具反思性、全局關照性及循證導向性的政策抉擇，以免政策的動盪性，提供政策變遷的空間。是以，為了減輕注意赤字的不良後果，加入各方利害關係人對問題情境的透視，相互吸納互補的見解，彌補各自的忽略之處，以利一次決策解決問題的渴望。

　　這種防止注意赤字的協力，在政治係系統決定採取重大政策變遷之際，尤其是不可逆轉性的決策，職司者斷不可以單方的意思表示就逕自做成決定，而須納入不同的觀點，反思自己思維的盲點，再細思周詳的情況因應對策，事先做到政策風險管理事宜，以預防政策的後遺症。

六、資源稀少衝擊

　　任何承擔治理責任的公共組織，每每希望擺脫資源依賴的困境，脫離外控的制約，以邁向內控自主的境遇。不過，在資源確實稀少的時代，各個治理組織勢必要在自主與資源需要上取得有效的平衡，而以協力的方式，降低資源投入的額度，從事有效治理的工程（Fleishman, 2009）。換言之，公共組織完成政策目標，抑或成就本身的公共事務，其所仰賴的政策工具，除了透由正式權力的影響外，亦藉用說服說理來促進成事的夥伴，利用溝通來幫助標的對象的學習，使其備有能力自行處理問題，引進民間資源共同推動公務（Eliassen & Sitter, 2008）。

　　何況，當代社會由於遭遇到諸多不同以往，遠比過往複雜的議題挑戰，再加上資源與財政的緊縮、公共事務的處置，以及公共議題的解決，已非單獨的傳統政府機關所能有效對應，轉而強調協力治理在問題解決上，其所能與所要扮演的角色。是以，公共組織為了完成使命，在受限於資源稀少的情況，有必要模糊部門分際的界限，並以治理的作為，融合公私與志工部門，共同推動公民的期望。

　　協力治理在上述六大因素共同的催促下，成為當今公共治理的常態。蓋公共組織已無憑藉自身的力量、能力及資源，獨立完成治理任務之際，治理模式就要走向協力的態樣，在彼此互賴的利害關係人之間，展現處理差異的能力，共同享有決策的所有權，集體分擔治理的責任，處理複雜多變的內外在環境，及由其所衍生的荊棘問題。

第二節　特　性

　　協力本是一項試圖成就原本設定目標而建立的互動關係，這項關係的設計或形塑旨在：互動者於知識、時間、經費、競爭與傳統智慧等因素的制約下，經由對話而創造或發現一項問題的解決方案，進而共同努力加以落實，藉以緩和或消蝕問題的嚴重性（Agranoff & McGuire, 2003）。而在遇到單由公共組織無法抑或不能輕易解決的問題，主事者為了該項問題的順利解決，就要引入多元力量的安排，或為成就公共事務的合夥人，建立運作及合作的過程，以利資源及力量的匯聚，並在彼此互補的情況，完成公共議題的處置。換言之，公共組織在某些公共政策的推動上，由於受限於本身對標的對象在行為改變上的外控性，乃要以說服、溝通與激勵的政策工具，誘引他們認清改變行為對自己與公共組織的效益，而願意透由順服、合產及機會運用等政策參與行為，達致政策原本設定的目標。從上述對協力及協力治理的陳述，吾人或可透由語境抽繹出六種特性。

一、合作氛圍

　　協力治理鑑於公共政策於合法制定之後，單由職司機關單向的執行

或採取必要的行為，猶甚難影響或衝擊標的團體有意願為機關所想望的行為，於是為了達致行為調適的目的，兩造共同營為，協力完成對雙方均有益的作為或不作為行為。例如騎機車戴安全帽目的在保障騎士的生命安全，以及保障整體家庭生活，減輕社會安全救護的財政負擔。不過，這項行為的採取，主動權在於標的團體的思維、體認及考量，如沒有他們的參與投入，則頭部外傷的風險增大。是以，職司政策執行的人員，為了提升政策使命達成的機會，乃要以教育或激勵的方式，誘引他們的政策參與，在彼此協力的情況下，完成雙贏的目標。

二、互動作為

當政治系統面對特殊的政策議題，其為成就攸關政治系統未來的發展與穩定，職司組織為了設計更具創造性的解決方案，乃在決策過程上引進不同的利害關係人，經由集思廣益的對話過程，不只開拓嶄新的理念，而且爭取到更強烈的政策支持，強化彼此之間的建設性互惠關係。蓋任何組織或個人，由於歷經不同的社會化過程，學習到互異的認知、情感與評價取向，而對公共問題的理解有其固定的模式，抑或切入的角度或觀察的層面，以致難免會有盲點存在，此時透由互動的機會，增進視框交流與反思的機會，得出更為開放、全局的問題、方案與目標觀，減少被忽略的問題，轉移注意的焦點，而布局較為完整的政策套案，減輕政策激烈變遷所引發的政治衝突。畢竟，政策本身如未能射準內外在環境的演化，但憑倡導者的片面思維，因與環境未必能鑲嵌而導致政策失靈就似乎無法避免。

三、並肩作戰

協力治理的兩造，視雙方均對公共事務的管理具有貢獻的能力，彼此群策群力追求共同的目標，創造高效能的結果，而這項並肩作戰的精神，其所強調的重點在於：兩造之間不時進行雙向溝通，消弭彼此間的歧見，並以一致且團隊的方式來創造績效；設定共同追求的願景，並藉之強烈磁吸革新性的思維及提升生產力；共同孕育尚未成熟的觀念，經由交流強化的過程，使其去蕪存菁，成為引領兩造推動公共事務的處理；推動全面的參與，以激起共同協力者極高的投入，全力完成既已設定的行事議程；以知識及經驗來過濾參與所提出的創意性觀念，進而篩選出對行事有效的創新（Romig, 2001）。

公共事務的推展，在職司機關單獨為之之際，只能產出事倍功半的窘境時，協力為之的思維就是要啟動，引進標的團體的參與，運用其具有的才華，共同致力於公共事務的管理，用以產出優質的成果。是以，主事者要事先改變自己的思為及行為模式，不再認定公共事務的處理本是自己所能完全內控之事，而要深悉在諸多方面的管理上，自己恐是外控多於內控，有賴標的團隊來扮演貢獻者的角色，由其加入而產出令人激賞的績效。蓋標的團體若有機會政策參與，其極有可能會趁這個機會將自己投入於公共事的運營，並成為貢獻者。

四、授權灌能

標的團體如若自身擁有能力處置自己所面對的問題，則公共組織就可投入其他公共事務的運營，專注於緊要事務的處理，是以協力治理講究的是授權灌能給標的團體，使其養塑自治的能力，只要公共組織提供必要

的資源，就可實現政策目標。在這樣的認知之下，公共組織或可聚焦在能力建立這項政策工具的推展上，提供標的團體參與知識之旅，藉以習得自治的能力，解決自身的問題。換言之，公共組織或可積極扮演協助者的角色，為標的團體排除各項可能的障礙，進而對之提供支持、資訊、建議與方向，用以協助他們對問題的化解。

再者，協力治理的兩造，在授權灌能理念的浸淫下，彼此共同承擔責任，分享行事的決定權，不得將標的團體視為公共組織的權力俘虜，凡事以民主的方式來運行，且在信任與開放的氛圍下，完成既已設定的目標。蓋在這種運作的情況下，兩造無形中進行相互學習，相互養塑他造的優勢，而將問題以更優質的方式加以處理。

五、相互分享

兩造之間的協力，其焦點在於強調組織分享，即兩造在資訊、思維、經驗、權力、資源、能力及視框上的分享或連結，從中整合或創造出新的動能或活力，用以成就單造無法完成的目標。是以，一造若只想獨享自己所擁有的資源，不願與他造共同分享而創造出新的資源，就沒有協力的前提，並沒有並肩作戰的基礎，只能各自為政了。

組織的本位主義思維本是協力治理的致命傷，更是造成極為勉強的協力合夥人，無法透由有效的協力，創造合超效應的果效。因之，在資源相對匱乏或稀少的當下，自見自是的組織或標的團體，均有礙於協力治理的運作，但在兩造具有相互依存的情況，但憑獨自力量解決公共問題本就有一定程度的難度，所以兩造或可體認各自的侷限性，試圖經營協力的事功，創造彼此互益的結局。尤有甚者，兩造的積極協力，也可能提供創造公共價值的機會，滿足兩造的需求。

六、識別轉型

　　協力治理的兩造，在識別上要能精準地認清，一則標的對象已不是純然接受公共服務者，而是十足具有公民的身分，不得再扮演依賴人口的角色，而要加入協力治理的行列，主動配合公共組織的作為，共同追求公共利益的獲致，所以是公益的共同創造者，並在服務提供的過程上加入提供的行列而增進服務的品質。

　　而原本公共服務的提供者，其亦要體認在某些政策領域的推動上，並未能只憑自身的作為而致政策目標的達成，甚至是政策執行的外控者，有必要誘引標的團體的投入，共同承擔服務遞送的事務。是以，其恐要扮演認定與匯集外在有能力的貢獻者，共同協力成就組織致力追求的目標，一則認清公共組織對標的團體的需求所在，二則探發標的團體的需求，在彼此互相滿足下，共創合超效應的成果（Alford, 2009; Needham, 2009）。

　　合作氛圍、互動作為、並肩作戰、授權灌能、相互分享與識別轉型乃是協力治理的核心特性，因之擔負今日公共服務的提供者，乃要深諳箇中的道理，與標的團體形構成命運共同體，只有在彼此共同權力與資源分享的情形，各自扮演相對應的角色，而且服務的使用者已無法再扮演消極使用者的角色，乃必須承擔貢獻者的任務，以減輕服務提供的成本。而服務提供者也要洞穿改變標的團體行為的無力感，政策執行的自主性有所限制，而了解合產的重要性，並與標的團體進行溝通對話，進而研擬出改進公共服務品質之道。

　　而在公共組織感受落實公共政策的無力感之際，其就要想方設法增進公民貢獻的意願，確實扮演盡心盡力的協力合夥人，進行公共政策的執行轉化工程。尤有甚者，其也要養塑或培育標的團體貢獻於公共服務的能力，使其得以發揮自制或付諸行動的作為，完成實現政策目標所需的行為

改變。

　　協力之核心旨趣更在於兩造就其所能提供的貢獻，加速公共政策的落實，極大化政策目標的成就。不過，兩造如欠缺凝結劑，失去意願提供貢獻，則創造合超效應的機會就會消失，是以公共組織勢必要認清築造關係資本的重要性，平日就積累足夠的被信任度，誘引標的團體進入協力的行列，一起開創傑出的政策成果。

第三節　原　則

　　在資源稀少的時代，以及現行公共問題的本質，但憑公共組織單獨的作為，似已無法完全回應標的團體的需求，亦無充足的公共資源承擔依賴人口的過度形成。而標的團體已不能只扮演搭便車的角色，純粹只是公共服務的消費者，領受免費的公共財貨，而全由主事的相關負擔服務提供的任務，反而要在攸關自己及至為重要的公共議題上，投入、關注及付諸行動參與斯類問題的解決，姑不論在相互充權、啟蒙及支援上，彼此貢獻以求公共問題的緩和，甚至邁向公民自理的終極目標。（Box, 1998; Vigoda, 2002）。換言之，為了因應內外在環境的巨幅變遷，一項不同於過往的治理安排，已在公共事務的管理上隨著情勢的演化而發展，即公共組織引進標的團體，進行決策前的諮商、對話及議決，而且共同執行公共政策，管理公共專案或資產，希冀藉由相互的努力，成就合超的績效，並經由互動的經驗，彼此學習更為有效的公共治理模式（Ansell & Gash, 2007）。至於這項治理所要奉行的原則，根據C. Sirianni（2009）的研究心得可由八個向度來運轉，以成就其所致力追求的遠景。

一、合產公共服務

　　鑑於單獨公共組織力量的有限性，以及獨自無法完成改變標的團體的行為，以利政治系統的優質及公民個人的福祉，乃在推動公共政策及傳送公共服務之際，想方設法鼓勵他或她扮演政策參與的角色，共同生產雙方想望的公共財。蓋公共財的生產，在過程上至為複雜，也經常非由政府直接角色扮演所能夠有效地生產及遞送到標的對象，而滿足他們渴望的政策回應。於是，政策內容的安排上，就要周詳地規劃，以至為巧思的方式引進公民的政策投入，養塑他們問題處置的能力，並由兩造竭力的貢獻，合產出想望的公共財。換言之，公民在當今公共治理的時代不應只扮演倡導生產公共財的主張，繳稅以享受斯項公共財，進而消費那些服務與利益，反而要經由政策設計，引進他們進入合產的行列，提供各項工具與範例，將其養塑成技能優質、任職負責及效能卓越的生產者。

　　公共政策的領域，諸如公共衛生、交通安全、環境保護及人口生育等，皆非由職司機關單獨能完成政策使命，它們本是對那些政策領域處在外控的地位，如不能引進他們的參與，並且自身誠願調適不利策目標的行為，方能具備目標達成的前提，導向成就之途。比如優質公衛的成就仰賴正式衛生照護系統之外的諸多因素：文化規範、營養情況及運動頻率、生活環境條件、安全和充足住屋情況及社會各項支援系統。而這些因素的同時完備，就非公衛主管機關單獨所能掌控或實現，非賴其他利害關係人的協助不可，所以這項協助的動員，就關係著公衛的優質與否。

二、動員社區資產

　　既然公共組織面對資源稀少的威脅，但對社區出現問題的解決，本

是自身的職責所在，於是在解決之際，儘量對社區充權，賦與其對各項決定、資源的匯集及公共組織的任務，擁有更大的控制慾，使其作成適切的動員，以應付各項已現的問題。事實上，社區擁有不少且種類多元、低度使用的資產，比如地方知識、隱藏的技術、閒置未用的土地、公家建築及各項關係網絡與已築造的社會資本，可資引進各項資源以因應各類問題的發生。

尤有甚者，一旦社區得能掌控自己的環境，有權處置問題，內控的意識滋生，就易顯露活力，更加投入議題的關切，更具有責任意識要盡力推動社區事務。何況，社區比其他的人更了解問題的背景、發生的原因，以及所涉的標的對象範圍，並由密切的互動過程，對成員的問題加以化解，表現親切的照護；與此同時，社區由於較具彈性，且富創意，得以適時對問題的回應，不致陷入程序繁瑣多元掣肘的窘境。是以，公共組織本要用心發掘社區的優勢，使其養塑自行治理的能力，並運用其所擁有的有形或無形的資源，投入社區治理的工程，與其形構建設性夥伴係，擺脫官僚的不良限制，使其擁有自主的空間，在最佳時機處置社區問題。

三、分享專業知識

公共組織一則得須應用自己已習得的專業知識，用以啓蒙與養塑公民的透視力，進而鋪排共同接受的行事取向，二者也要應用公民所擁有的地方性知識，強化自身專業知識對地方問題的解決。蓋公共組織針對地方性的問題所推出的政策，若與公民日常生活的知識或想法至爲分歧，甚至完全與之衝突，則因欠缺系絡的支撐，政策績效就不易找到勝出的渠道。

知識的分享與融合乃是解決問題的一項前提，何況專業知識本要接受常民知識的檢驗，承擔經驗知識的挑戰，才能展現知識的力量。不過，當

兩種知識發生衝突之際，公共組織若猶認定自己所持的專業知識較具可靠性及有效性，斯時其就要啓動說服智商，與公民進行雙向溝通，理解他們的想法，融合他們的意見，取得他們的信任，使得他們情願採取立即的行動，配合政策的推展（Mortensen, 2008）。是以，公共組織在推動協力治理時，不僅需要扮演啓蒙教育的角色，進行必要的說服工程，還要接受公民建設性的經驗，以及第一線的日常生活知識，致使政策的日常生活化，而輕易取得他們對政策的順服。

四、推展公共商議

公共組織爲使針對社區的政策具有貼近性（proximity），在進行政策的研擬與推理的過程，恐需要利害關係人的參與及投入，提出在地化的觀點，協助政策的全局性安排，消除專業知識並未關注的焦點，促成不同知識的異花授粉，避免經驗知識的致命性流失，導致最終的政策失靈。

尤有甚者，這類對話性的公共商議，亦是優質政策抉擇、政策深具民主正當性，與促成成功而有效執行所要依賴的。蓋這項商議扮演轉化衝突進入合作的角色，致使利害關係人感受自身亦是政策的主人，並非只是政策的俘虜而已，而是經由兩造對話互動才有機會作成制約性的政策。何況，這項商議，由於多元視框的政策交流，關注較爲不同的利益與問題透視度，以提升決策的民主正當性。何況，這項商議也具象徵性效應，即表示公共組織對公民的尊敬，以及彼此的互賴性，進而確認公民亦是擁有自主性的實體，並非只是立法及行政的標的（Sirianni, 2009）。

五、促進永續合夥

公共組織在推展使命過程中，得知權力依賴及資源依賴的現象，爲了經營自己的生存空間，承擔組織成立的願景落實，其務必要體認自己的外控性，所以要精研有效協力治理之道，形塑與公民、組織化的利害關係人及公共機關之間的永續性夥伴關係，大家並肩處理公共事務。蓋有效的公共事務管理，公民底盤結構的強化，信任關係的建立，權力的取得本受制於關係的密度，且是至爲重要的因素，主事者斷不可加以忽視。

職司當代公共事務管理的多元利害關係人，或許要認清彼此之間雖存有差異，但不要受其單獨影響，而一直陷入政策僵局，抑或只能成就次佳目標的情況，而要建立溝通對話的平台，找到共同追求的公益及同享效益的事業。是以，公共組織及各利害關係人勢必經營產出合超效應的路徑，發覺生產性與永續發展性的協力關係，不可讓自身成爲單獨行事的主角。換言之，民主協力已是解決公共問題不可或缺的關係結構，任何一造均要有迫切意識以形塑永續發展的治理夥伴關係，祇是關係的建立乃最具核心的突破點。

六、建立治理網絡

社區發展、流域管理抑或社區衛生，均在每一個公共空間形成多元不同的關係網絡，其終極目標的成就，均要不少的關係網絡匯聚資源，彼此共同致力於相關問題的處理。這當中公共組織所扮演的角色，所承載的負擔應發揮策略性的功能，即承擔「公民信息交換台」（civic switchboard）的責任，適時適切地將重要信息遞送到每個利害關係人，使其知悉何時何地要採取對應政府的行爲。換言之，政府要以較具宏觀的視野，連結不同

但對問題解決有關的網絡或組織，使其增強彼此的能力，用以生產一項重要的公共產出。

尤有甚者，在協力治理的時代，公共組織要成為資源連結的中心站，經由主事者互動交流創造嶄新的價值。同時更應用自身的影響力及知識，引進服務提供的參與者，增強他們的處事能力，得以在公共問題的解決上產出優質的績效。不過，公共組織在選擇網絡之際，事先要確立所為何事？持續服務提供或單一事件處理？所能匯集的資源有多少？彈性或受問責的幅度為何？再抉擇對應自己條件的關係網絡。

七、轉型組織文化

在協力治理運作之際，為了公民合產、專業知識分享、不同意見的諮商、不同資源的交換，參與協力的政府機關與公民組構的民間團體，其歷經社會化過程所形塑的行為模式及行為取向，可能存有衝突對立的因子，非要重新屬行社會化的過程，則取向及模式之磨合就有其困難性。蓋公共組織如根本未能鼓舞公民，積極成為投入合產的協力者，抑或未能說服專業人士充分應用其所擁有的專業知識來充權社區的能力，吾人就無法期待協力治理會有實質性及永續性的影響。因為賦予執行責任的組織，其未能因應夥伴關係的改變，調適有些基本性組織作風、思維及風格，對其執行效應就不能有過高的期許。

公民若猶扮演消費者的角色，不能體認政策效應的產生，光靠公共組織的施力，其實是不顯著的，因為諸多政策勝出冀欲成果，全賴公民自身行為的改變所致。何況，在公共資源稀少而出現資源互賴的情況下，公民在政策形成與執行的過程，絕不能再抱持事不關己的態度，而要體會自己是有資源、有才華可資貢獻的利害關係人，要與政府並肩努力，營造永續

發展的內外在環境。

八、確立相互問責

　　問責本身是一種制度性的安排，協力治理的各造透過這項機制安排，相互承擔對另造或某些重要的其他利害關系人解釋或合理化自身所採公共行為的義務。蓋參與協力治理的夥伴，本要推動相互共識的政策行動，針對問題情境的緩和而努力，而解釋或以證據證明採取行動的妥當性，本是差異管理所要進行的課題，從中建立互信的社會關係，推展複雜的聯合行動，以免因欠缺問責機制的設計，而出現殊途的行事方向，未能匯聚核心力量，攻克問題的來源。

　　問責機制的設立與發酵本要在多元要素的支撐下才有可能：一為利害關係人均有接近治理資訊的機會，從中發掘可受質疑的作為；二為被問責的對象要針對質疑的標的提出說明、解釋，並以循證的作為來證成採取行動的正當性；三為解釋不能隨意為之，而要向接受問責的平台適時提出說明；四為被問責者必須形塑義務感；接受他方的建設性質疑；五為在衡量解釋或證成所採作為的正當性時，或可安排對話以供澄清的機會，並在程序正義的信守下做成具公信力的判斷（Bovens, 2005）。

　　協力治理是一項複雜的聯合行動，其勝出績效與否，恐在上述八項原則的落實，以營造攸關治理的前導因素，以及互動過程的必要作為。而兩造在公務使命的追求，共同的問題界定，所要追求的公共價值上，亦要取得共同的理解，化解彼此間的差異，以為推動的標竿，進而導向終極目標的實現。

　　而在協力治理過程上，職司者助益性的領導，不僅重視公民的協力角

色，更要引領誠摯的對話，共同找尋事實，設計策略性行事計劃，創造協力治理優質化的境界，他或她要設法排除各類的障礙，關注聯盟的建立、合理的妥協與所需資源的籌措，方有機會備妥協力治理的條件，並在各造切實盡到自身的職責，交換極富價值的想法，以設計治理套案並加以落實，就極有可能實現治理的願景。

結　論

協力治理的不斷發展，與適用領域的逐步擴廣，在在顯示當下的政府為了解決諸多史無前例的挑戰及公共議題，有必要改弦更張傳統的治理風格，試圖創造一個環境與氛圍，引進公民的力量，並與其一起突破議題的解決，從互動治理中，兩造相互學習有效治理的作法，從資源互賴中釋放各自的他賴性，比如政府解脫執行式微的窘境，得到投資民主的功效，而公民從中獲得能力的養塑、自尊的恢復，成為政府的策略性夥伴關係人，互補各自的不足，而產出合超的效應。經由上述三個面向的剖析，吾人或可在知識的啟蒙上有了六項體認：

一、資源依賴的外控性

政府與公民均對資源有所依賴性，無法全然掌控各自所需的資源，勢必要在資源與自主上取得平衡，不得為顧全完整的自主性，而無欲引進民間資源，造成公共服務的次佳化，而增強公民對政府的疏離，逐步毀損治理正當性的基礎。而公民也要體覺，自己無法扮演全然搭便車的角色，乃要積極加入合產的行列。

二、政府能力的式微性

政府在災難管理上似乎出現了能力危機，而這項危機恐是政府無法快速反映主要災難事件的根本原因。蓋災難的即時而有效的因應，本要各方力量的配合，以及豐厚的財政資源相支撐，但在全球化金融風暴的衝擊下，政府的財政能力已日漸出現窘境，極需其他力量來填補，以免政府一直出現政策的不良執行，服務品質的式微。

三、充權參與的果效性

公共組織的決定更具回應性，對待標的團體也能展現公平性，服務提供的方式更具創新性，服務績效的顯著勝出，政府雖有其重要的角色扮演，但是在治理的運作過程上，引進標的團體的參與，進行建設性商議，足以強化公民本身的能力，減輕政府的負擔，不必凡事躬親。何況，在公民參與的場域，主事者可以在建構解決地方事務的方案，得以針對各地的特殊需要或偏好，而為妥適性地調整，達到方案與系絡的鑲嵌性。

四、投資民主的回饋性

公共組織致力於民主價值的追求，透由實質性的政策參與，提供公民擁有足夠的理由以支持或順服已定的公共政策或行動；分配及程序正義的信守，使得公民感受公平的對待，不致滋生民怨；有效地轉化抽象的政策成為具體的行動，讓公民得到有形或無形的益處。這項政策民主化的施為，本在對公民在民主取向上的投資，使其充備能力，進入協力治理的體系，回饋貢獻導使民主治理更加升華。

五、協力治理的前提性

協力治理最終成效的展現，本要有諸多重要的前提，比如誠摯的對話、權力的分享、信任的築造、機制的優質安排及並肩的努力，所以兩造必須開誠布公道，相互接納有建設性的視框，消除錯誤認知及不當理解的觀點。尤有甚者，雙方更要在初始階段建立有效互動的氛圍，組構理想的言談環境，從對話中轉型不同的見解，進行差異管理，而為追求共同價值的協力。

六、共同生產的時代性

在兩造各自行事出現局限性之際，為了創造更優質的公共服務，公民不僅參與公共治理的決定，抑或對公共政策提供再視性的見解，而且親自參與透由時間及精力的投入，從事公共服務的遞送工程，共同生產標的對象所需的服務。蓋公民本身應體悟政治系統的不足性，以及身為系統一員的責任性，有必要成為共同治理的夥伴，扮演地方知識的提供者，資源及專業的貢獻者，進而展現願意協力的胸懷，不願被認定為完全的資源依賴者。

協力型公共管理一直備受關注及研討，一方面深究何以公共管理已到協力的世代，要如何參與或避免可能面臨的障礙；另一方面要講究政策工具的安排，說服標的對象的加入，以共同治理人的角色，作成攸關自己的計畫，發展推動公共行動的策略，增強計畫的反省性及全局性，減少公共組織單方的理解及認知的偏差。因之，在資源稀少的時代，公共組織要填補資源的赤字，或可由協力合夥人的發掘找到支援的力量，不可再製造更多的依賴人口。

參考書目

Agranoff, R. & M. McGuire. 2003. *Collaborative Public Management*. Washington, D.C.: Georgetown Univ. Press.

Alford, J. 2009. *Engaging Public Sector Clients: From Service-Delivery to Co-production*. NY: Palgrave.

Ansell, C. & A. Gash .2007. "Collaborative Governance in Theory and Practice," *Journal of Public Administration Research and Theory* 18/54:543~571.

Bovens, M. 2005. "Public Accountability," in E. Herlie, L.E. Lynn & C. Pollit (eds.) T*he Oxford Handbook of Public Management*. NY: Oxford Univ. Press:182-208.

Box, R.C. 1998. *Citizen Governance*. Thousand Oaks, CA: Sage.

Bryson, J.M. & B.C. Crosby 2008. "Failing to Cross-Sector Collaboration Successfully," in L.B. Bingham & R. O'Leary (eds.) *Big Ideas in Collaborative Public Management*. Armonk, NY: M.E. Sharpe: 55-78.

Campbell, A.L .2003. *How Policies Make Citizens*. Princeton: Princeton Univ. Press.

Chrislip, D.D.& C.E. Larson 1994. *Collaborative Leadership*. San Francisco: Jossey-Bass.

Eliassen, K.A. & N. Sitter 2009. *Understanding Public Management*. Los Angeles: Sage.

Fleishman, R. 2009. " To Participate or not to Participate? Incentives and Obstacles for Collaboration," in R. O' Leary & L.B. Bingham (eds.) *The Collaborative Public Manger*. Washington, D.C.: Georgetown Univ. Press: 31-52.

Fung, A. 2006. " Varieties of Participation in Complex Governance," *Public Administration Review* Special Issue: 66-75.

Hamilton, L.H. 2009. *Strengthening Congress* .Bloomington: Indiana Univ. Press.

Henry, N. 2010. *Public Administration & Public Affairs*. Upper Saddle River, NJ: Prentice Hall.

Hollender, J. & B. Breen 2010. *The Responsibility Revolution*. San Francisco: Jossey-Bass.

Light, P.C. 2008. *A Government Ill Executed*. Cambridge, MA. : Harvard Univ. Press.

Mandell, M.P. 2001. *Getting Results Through Collaboration*. Wessport, CT: Quorum Books.

Mortensen, K.W. 2008. *Persuasion IQ*. NY: AMACOM.

Needham, C. 2009. "Realising Potential of Co-Production: Negotiating Improvements in

Public Services," *Social Policy & Society* 7/2: 221-231.

O'Leary. R. , B. Gazley, M. McGuire & L.B. Bingham 2009. "Public Managers in Collaboration," in R. O'Leary & L.B. Bingham (eds.) *The Collaborative Public Manager*. Washington, DC: Georgetown Univ. Press:1-12.

Romig, D.A, 2001. *Side by Side Leadership*. Austin: Bard Press.

Senge, P. 2008. *The Necessary Revolution*. NY: Doubleday.

Sirianni, C. 2009. *Investing in Democracy: Engaging Citizens in Collaborative Governence*. Washington, D.C. : Brookings Institution Press.

Vigoda, E. 2002. "From Responsiveness to Collaboration: Governance, Citizens, and the Next Generation of Public Administration," *Public Administration Review* 62/5:527-543.

第四章　協力文化

　　協力領導或協力治理的議題，一直是學術調研的重要標的之一。最近在學者C. Sirianni（2009）的名著：《投資民主》一書中，特別強調在民主工程的優質及政治體系經營績效的勝出上，非常需要公民的參與，提供與體系職司者不同的情境認識觀、問題觀、願景觀及方案觀，並經由兩者類如異花授粉般的交流、互動及整合，才轉化出較為貼近情境的政策套案，減少政策失靈的可能性，增強攻克政策問題的能力，創造更高的政策績效，降低治理正當性的赤字。他尤其指出，民間社會的常民知識，體系的負責人斷不可加以忽略，因其可彌補專業知識的不足，透視到專業知識並未處理的問題死角，強化政策設計的全局性省察，所以務必要設有議題論壇的平台，讓經驗的知識可以應用於決策上，俾增加政策的可靠度、可欲度及可行度。

　　而R.S. Kaplan & D.P. Norton（2006）則從企業體的經營與運作，強調組織的各個部門抑或成員，如不能同步協調，共同針對組織的任務來推動，而是以組織各自本位（organizational misalignment）的方式來運營，不但追求的目標不一，合超效應的績效無由而出，而且喪失外在環境所提供的諸多機會，甚至浪費組織所擁有的稀少性資源，流失保持組織優勢的人才。是以，組織的主事者要負責組織的協力工程，建構企業「價值命題」，從其各部門中創造合超效應。

　　上述兩個論述，雖各自射準不同的組織分析，但焦點皆匯聚在協力的重要性，試圖以協力極大化組織所有的時間資源，延攬最傑出的人才，構想較佳的工具，以創造組織所致力追求的價值，維繫組織的永續發展，

避免內外在環境所存不確定性的衝擊。不過，協力之能扮演有效的組織角色，本要形塑一套的文化來作為各部門的凝結劑，才不會導致「組織解紐」的現象。如若不然，非但協力的優勢無由而生（Lank, 2006），也會產生協力的困境（dilemma）（Bryant, 2003）。究竟協力文化的要素、特質，以及形塑之道為何，乃是殊值得探討的議題，用以事先築造協力治理的基礎前提，進而經由員工的文化薰陶，致力於卓越績效的勝出，增強體系或組織的競爭力。本文的論述乃參照E. Rosen的巨著《協力文化》一書的分析框架，再根據作者的邏輯推理及知識建構來鋪陳上述三項值得鑽研的議題。

第一節　要　素

協力的本意是組織的成員，不受空間的阻隔，時區的差異，共同為組織使命的達成，一致參與必要的任務，維護組織的生存空間。而這項攸關組織願景成就工程的文化質素，據Rosen的說法（2007），可由十個面向解析之。

一、信任基因

協力的成就，不論在成員、單位、部門及組際之間，本要於過往工作交流的過程中，形塑彼此信任的基因，確信彼此會以組織使命之完成為職志，盡力於期限內完成各自所分配到的工作項目。尤有甚者，組織的領導人，其平日的領導作為，深受並肩打拚者的信任，誠摯推動一個正面而積極的工作環境，讓員工享有展現績效的動機、能力與意願。這本是組織運

作成功的緊要條件（Bloomgarden, 2007）。

如若一個組織欠缺信任的基因，出現信任破碎的現象，其恐就有威信的危機，非但領導者有過於強勢的舉措，並未接納他人的意見，更可能將組織的焦點任務著重在短程目標的追求，而且員工之間亦出現非公民意識的行為，抑或只顧利己的行為，即明顯表現界線防守的作風，而非跨界協助的利他作為。何況，在沒有信任的組織裡，員工每易流露懷疑的態度，展現犬儒主義的思維，凡此均不益於組織共識的凝聚，引領同步、相互配合的工作行為。

二、觀念分享

協力之實踐，著重在跨界的、不同的觀念，於成員之間相互交流、分享與互動，才有機會達成「異花授粉」的理想。蓋不同觀念、思維與想法的流通，成員才有汲取學習的機會，並藉之省思自己視框的狹隘性，欣賞他人較具整全性的視野，並由交流的過程中，理出組織發展的方向，達致規模經濟的境界，同時掌握到特殊性的知識及專業技能，進而經由觀念的整合而釋放出追求過往未能實現的組織價值（Kaplan & Norton, 2006）。

反之，組織內或組織間，如有不少的人設立藩籬以防衛重要觀念的流通與分享，則因缺乏碰撞的動態過程，無法進行「異花授粉」的工程，組織若逕自加以應用，很可能因思慮的不夠周全，關照的面向有所不及，牽涉的盲點未能消除，而不利於組織的強健性發展。換言之，成員的觀念或看法，不能只局限在自己的視框內，而影響到視野的深度。尤有甚者，資訊或觀念一旦受到隱藏，就制止到交流的機會，破壞協力的運營（Rosen, 2007）。總之，分享員工個人所知，將在關注層面的擴大而滋生集體創造的空間，導致每位成員對組織更具有價值性。

三、目標協議

協力每需要設定或協商一項或多項共同目標，以為協力夥伴在一定期限內所要成就的標的。這項協議如於任務推動之始就有了定案，對於目標的成就可提供共同創造的動力，並為組織績效帶動愈來愈快速的成長。換言之，協商眾識的協力目標，乃事先標定追求的標的，以為引領同步行為的憑據。

反之，跨界合作的合夥人，如若各自懷抱不同的目標，就會有彼此衝突或僵局的情勢出現，引發任務的模糊錯亂，和造成協力的短路。而共同目標的協商而出，提供參與夥伴清晰的經營方向，進而鼓舞參與者之間的腦力激盪，合創出破解難題之道，梳理出目標管理新理念，以及未來推動任務的新重點，進而激勵創新及協力的火花（Rosen, 2007）。

四、冀望創新

組織如若抱持創新的意念，就為協力添加燃料，點燃觀念、思維及想法交流的責任意識，以力擺脫現狀的束縛，開創無人競爭的空間，鞏固組織的疆界，甚至擴廣組織的經營範圍。換言之，致力於協力的組織，要以藍海策略的運用，以創新為運作的中心，開拓原本並不屬於組織的顧客，鞏固原本顧客對組織的向心力（Kim & Mauborgne, 2005）。

何況，組織協力發展到極致，每為組織生產出多元不同的嶄新發展路徑，避免陷入本來路徑依循的束縛。蓋任何組織如謀望透由協力來創造可欲的價值，其必須要全心全力投入於新理念的研發及調研，以及在運作過程、產品及服務有所變革與創新，以便將組織產品行銷出去。因之，為了組織的競爭力，其不能將協力只停留在言談階段，始終未能踏入厲行的進

階，而要時常排除萬難，努力爭取新理念的發展、探究、精研及執行。

五、環境部署

　　組織實體與虛擬空間的妥善安排，致讓同仁之間及往來組織感受互動的便利，交流平台的暢通，並肩領導的氣氛，腦力激盪的平穩，凡此將有助於協力的運轉，以及創新的運營。因之，組織開放的運作氣氛，民主的領導風格，尊重及接納同仁的見解，均是支撐協力的環境因素，提供有效互動的場域。

　　而在網際網路的時代，虛擬空間的安排對於協力者分享在各個地理區的情勢，也與實體空間處於同等重要的地位。協力者之間，如能透過電子治理的機制，進行同步的互動與觀念的交流，得能在短時間內獲到意見的共識與行動的一致。是以，組織在新科技發展的時代，透過虛擬空間的網路互動安排，讓協力者可在極為平順的場域，不必經由面對面的接觸，得出協力的方向及必須同步的行動，將部署顯著績效勝出的管道。

六、交換靈活

　　組織為創造其他組織無能競爭的價值，開拓更廣大的市場，爭取到更多的嶄新顧客，抑或誘引蝴蝶顧客的回歸，一定要有與人不同的理念，進而推出富行銷力的產品或服務，就必須要有推陳出新的觀念。而這類觀念的產出，往往是在無意之間的對話或互動下產生，並非透過針對觀念發展而特別安排的正式過程。是以，為了呈現「我找到了」（eureka）的驚奇，讓協力型組織的觀念交流，在自然的情勢下運行，不必刻意安排正式的結構，恐有助於自由交流，從中匯聚組織攻堅的重點。

　　非正式的交流互動，提供組織人士在混沌狀態之下，心裡沒有負擔或壓力下，表達對組織具有建設性影響的見解，否則在正式照面的場合，由於員工較有忌諱而不願表達內心真正的想法，反而扼殺極具價值的意見發抒。是以，組織為開啟員工的心智，或可推動學習之旅，離開原本熟悉之地，到達一個原來並不熟悉的場域，利用直接經驗的機會，考量與自己相當不同的觀點，從中體會所屬組織所要發展的路徑，拆解組織表面的虛假問題（Senge, Smith, Kruschwitz, Laur & Schley, 2008）。

七、建設對議

　　卓越的協力，本需要互為協力者交流不同的觀念，找出協力運作現存問題的解決，破解未來發展難題，梳理出有效而可靠的管理新理念，構思協力任務的新重點，所以各方進行建設性的對話，開誠布公地議論增強競爭力的藍海策略。

　　不過，這類議論的客體或對象，本聚焦於眾多發展概念的指涉，以及對組織協力的相符度，而非針對提出概念的個人。換言之，欲使對議的建設性結局，開拓組織未來搶攻的重點，謹守對事不對人的分析及調研，促成循證策略或管理的勝出，而非僅立基於個人主觀的判斷，抑或合理性受到質疑的假定，易使策略走向失靈的地步。尤有甚者，主持組織協力者要鼓勵：參與者提出不同的看法，挑戰流行的觀點，從中以對比的方式導出較為出色與妥當的協力作為，擴大無人競爭的空間，讓競爭成為與自己的組織無關的挑戰。

八、雙向溝通

　　由於參與協力的成員，均是對組織具有貢獻的人士，所以領導者要盡量避免由上而下的領導模式，而要以並肩的領導風格，傾聽與查驗貢獻者的策略言談，了解他們的期望，再表明自己的期望，隨即進行兩種期望的交流，理出彼此認同的期望，實現期望的可擇方案，建構策略執行的行動計畫，接納改進績效的建議，共同發現未來追求的價值（Kaplan & Norton, 2008; Romig, 2001）。

　　尤有甚者，協力的本質本與溝通分不開。不過，這項溝通絕非單向的，只是在指令的下達，而是雙方不同見解的互動，從中進行「異花授粉」的工程，俾能產出互補的全局性方案。何況，單向溝通由於成員並沒有參與機會，極易出現對組織的疏離，減少其對組織貢獻的動能；而且沒有雙向溝通的協力，不論組織做任何對應內外在環境變化的作為，每未經思維、資訊或意見的交流，可能潛藏偏差的走向，有害於組織的競爭力。

九、社群意識

　　組織協力所要受到嚴酷的檢驗，乃是協力成員之間，能否透由綿密的互動、意見的交流，形成命運共同體的意識，進而體認協力的成敗攸關組織的生存空間，所以個個在社群意識的驅動下，展現利他的作為，誠願貢獻自己在經驗及專業的知識，提升因應環境決策的質地。換言之，主事者要透過利益及價值的分享，交流互動揚升能力的感知，知識交會滋生啟蒙的領受，而找到共同的歸屬，認同組織的成長與發展作為。

　　如若一個組織欠缺社群意識，成員的互動就不自然，互信不易養塑，犬儒的聲音不斷質疑組織的作為，判斷的聲音導使成員固守自己的觀點，

這樣一來組織隨時境的游移而進行對應的變遷就不太可能。是以，協力的組織本要透由互動的工具，形塑員工對組織的認同感，產出「我為人人，人人為我」的組織感情。

十、價值登頂

十項協力文化的要素，就以價值的創造作為登頂的標竿。蓋組織協力若未能創造價值，成員就會失去追求的方向與目標，也可能喪失貢獻的動能。是以，在推動之前，事先共同商議彼此可以接受的價值追求，讓組織的各個單位、員工及遠在各地的組織連接起來，以同步同調的方式落實期欲追求的價值。

即言之，組織要以共識的價值，作為凝聚協力參與者的力量，繪出組織效益追求的策略圖案，轉化組織所擁有的無形資產，進而創造具體的組織成果（Kaplan & Norton, 2004）。而價值的面向，可由組織的學習與成長、內部管理、顧客關係及財政資源上設定之，以供協力者協力運營的標的，並由這項策略圖案展現組織創造價值之道。

協力本要由多元的要素來催生，更有組構的密碼要遵循。如若一個組織欠缺上述所論的要素，就難以密切合作，同心協力追求協力的謀望。是以，任何組織要升華蛻變其所滋生而不利於協力的質素，更要有器識來營造凝聚連結夥伴的作為，比只經營單獨組織更多元、更宏觀的視野，才能消除本位主義的制約，而邁向協力之途，不再耕耘互異的目標，失去環境所提供的機會，浪費稀少的資源，無法產生合超效應。

組織內及組際間，如要創造協力優勢，主事者就負有結盟的責任，描繪其致力追求的價值命題，再應用信任基因、觀念分享、目標協議、冀

望創新、環境部署、交換靈活、建設對議、雙向溝通及社群意識來強化協力的底盤結構，一舉發揮協力的優勢。這樣一來，不但節省組織的營運成本，進行深度的學習，而且強化研發能力，優質組織的產品與服務，擴大組織的利基，增強其外在影響力。

第二節　特　質

組織內及組際間透過集體的努力，逐步社會化組織的成員，形塑前述十大協力文化的要素，並在實際運作過程上形成行動取向及行動模式，就已改變原本的消極組織文化，而進入積極組織文化的場域，逐步發展組織有效運營的協力策略圖案。至於協力文化具備哪些值得吾人關注的屬性，以供組織主事者檢驗其所領導的組織，是否完全以協力文化的內涵進行組織的運營。吾人或可從八個面向加以檢索。

一、頻繁跨際互動

一個運營協力文化的組織，平常不僅在自己組織內，抑或同屬界域的組際間，進行不同功能的互動。比如，進行分析組織在動態環境裡，要如何有效運作，方不致因不確定性的嚴酷衝擊而減縮自己的疆界，甚至因相關涉入者共同研發新的產品或服務，而找到諸多的新顧客，加入使用產品的忠實會員。換言之，組織協力開創競爭並不激烈的空間，致使紅海性的惡性競爭，無法侵門踏戶組織的疆界。

再者，組織個人的政策視框，可能有其學習的局限，組織如若逕自採行，可能因所涉層面未必有全局性，極可能導致組織專案的失靈。茲為了

避免這種失靈的結局，專案推出前的跨際對話、分析及調研，進而反省原本的欠缺，必須提煉之處，或可事先構築後遺症滋生的防火牆，開關效驗滲出的平順管道。

二、消除失敗恐懼

組織為了因應內外在環境的變革，每要想像環境變革的走向，帶來的衝擊面向，引發的新興問題，再構思對應之策。不過，在協力文化未臻成熟的組織境域裡，每每會有恐懼失敗的陰影或心理存在，畢竟在單眼思考的情況下，並未將他人的思維納入交流激盪，深恐思之未深、慮之未遠，而推導出不利於組織因應環境衝擊的對策，以致有害組織生存空間的擴展。

任何組織本有恐懼失敗的威脅，但在協力文化的佐助下，相關的利害關係人不會坐視威脅對組織的進逼，乃會加入政策知識的啟蒙工程，共同思索多元不同的方案，設定合理性檢定的基準，進而篩選與環境較能鑲嵌的套案，充分感知環境的演化背景及歷程。總之，在政府或市場均有失靈的可能，任何決策的作成不能是即興式的，也不可以在一角壟斷、多元意見被堵的情況下作成，因斯二者無法擺脫盲點的宰制。

三、人員交流無礙

在協力文化濃厚的組織裡，人員之間不因高低階級有分，均容易接近，彼此諮商組織業務或承接專案的處理。因為，組織成員或互動頻繁的協力人士，在互動密度及深度的影響下，已形塑出社群意識，而任何組織的抉擇，均呈現互賴性，非有自由流通的空間，不易選擇靈敏的策略，

既適應環境的演展，又反映成員的共識需求（Doz & Kosonen, 2008）。何況，組織使命的實現，本就憑賴成員集體的承諾，投入於使命的成就，彼此之間如存有互動藩籬，那就難以互通觀念。

尤有甚者，在快速變遷且複雜的環境影響下，組織主事者本來就難以敏捷地作出決策，何況又要面對高度的不確定性，一系列潛在的風險，其既未能充分了解，又難以述明，所以至須開放接近的機會，從密切互動中理出洞識，認知、分析及從複雜的策略情境理出內在意義的所在，再據以結構出對應且可靠的對策。

四、知識相互授粉

組織成員來自不同的知識社會化過程，習得不同的處事經驗與專業知識，但可能只擁有一定程度的範圍，這些知識如若單獨運用於政策管理上，可能會出現不夠周全的政策設計，不易破解組織所面對的難題，但因協力文化的運行，促使不同知識得到交流的機會，在相互激盪下而引出有助於解決問題的思維。

正如雄蕊有賴蜜蜂作為載體，將其傳到雌蕊中才會結出果實一般，不同的知識也須歷經交流碰撞的過程，相互反省的旅程，才有機會產出處置問題的新知識。是以，組織成員之間應有正式或非正式的知識交流活動，從事知識生產或整合的作為，並針對即將來臨的未來，設計出整全的對應之策，不得將個人的知識資源禁錮在一定的範圍之內，使之無法流通，進而阻礙「合超效應」的產生。

五、運行協力領導

協力成功的條件之一，在於組織的領導者引領或導航協力領導的策略，喚起組織貢獻者對達成承接專案的迫切感及時宜性，讓員工優先關注該項專案的進度；接納更多的人的參與，以激起其對組織的向心力；訂定公開透明及可靠的運作過程，致令投入者感受加入工作行列的意義及重要性；支持已立而具影響力的權威；盡力克服參與者間的互信不足，抑或相互猜忌的心理，以聚焦團隊的精力投入於專案的完成；發表中期的成果，以築造及永續推動的信用及功能，鼓舞同仁持續推動的承諾（Chrislip & Larson, 1994）。

協力的事工成就最令人擔心的乃是團隊精神的無法築造，同步同調的感知不強，合夥執行專案的勉強，同床異夢的追求，生產線運作的中斷而導致任務的遲延（Starling, 2008），這些均有賴於協力領導來填補專案運作的落差，並從運作的過程中，轉型本位主義的消極文化。是以，組織成就的促成，主事者有必要在組織內展現充分的領導力，以驅動同時但不同的作為匯聚在組織使命的獲致。

六、自然隨意互動

協力文化的氛圍內，參與專案的人員斷不能劃地自限，而為了取得步調的一致，隨時必須互動，以溝通或交換訊息，得知優先要完成的任務，並藉助視框的交流，找到適宜攻克問題的技巧，節約有限的資源，這項無可避免的互動，最理想的展現方式，一為自然而非特意安排；二為不必事先敲定，而於任何時刻遇到，就可啟動有益於任務推動的交流；三為結構化的程度愈低愈好，足以讓成員盡情地表示看法，而由不同看法的互動，

產出共識的行動步驟。

　　組織在完成專案的歷史時刻，每有複雜的任務要處置，以簡單隨機的互動作法，從中探索任事之道、突破之方，恐最有助於洞識的發現。反之，過於結構化的互動模式，每受限於共同時間的難以安排，且在大家相互凝視的氣氛下，阻礙思緒的順利開展，反而不利於建設性的處方之產出。是以，強健而積極的隨機性對話或互動，對於主要的策略性承諾之協議，本是至為重要的，因為組織內部關係的連結與催化，才能對外在環境的刺激作出合宜的反應（Doz & Kosonen, 2008）。

七、多元啟蒙同僚

　　組織對成員的知識啟蒙，扮演經驗及默會性知識傳授的角色，一則協助員工發展處事的能力；二則診斷其在提升績效上所出現的問題，以利於解方的安排；三則提出改善的建議，俾能將令人不滿意或不被接受的績效，適時矯正過來，以免延誤專案的完成；四則養塑生產性的工作關係，預防對立現象的產生；五則提供妥當的指引與諮商，使其免於承擔專案的恐懼；六則提供傳輸鑑賞員工的機會，表示感激其對組織的貢獻（Cook, 1999）。

　　員工一旦進入組織，組織本要推展一系列的「入門管理」（entry management），將其社會化成組織績效倚賴的一員，並樂於與同仁協力完成組織使命。是以，組織社會化者要養塑勝任啟蒙角色的特質，諸如知識淵博、積極鼓勵、展現支持、提示聚焦、互動熱情、對人信任、善於觀察、持有定見、誘人耐性、方向清晰、目標導向及尊重別人（Cook, 1999）。蓋這些特質的形塑，才能展現優質的社會化角色，引領員工的組織認同，願意協力承擔專案管理的工程。

八、協尋對應工具

　　組織之間為爭取各類「市場」，抑或先占經營屬地，每要由成員協力搜尋、研發與創造對自己組織最有利的內外在環境對應工具，抑或與同領域的組織找到建立策略聯盟的標的，以穩定地方式維護生存空間。蓋工具的組套如只落在少數人的管控下，可能因思慮的層面，不但在廣度上有所不足，在深度上未及應有的縱深，而在信度與效度上也未能及可接受的門檻。是以，在協力文化的滋潤下與相互濡染下，或可由較為全局的透視，進行多元工具的組套工程。

　　畢竟人與人之間均具有標準差（sigma）的存在，而他們之間的思維互動、想法交流與經驗分享，或可從中激發較合適的問題觀、目標觀、方案觀及環境觀，以免組織犯了忽視環境的謬誤，衷情於單一方案，設定海市蜃樓似的目標，選擇未能通過合理性檢驗的執行工具（Fleming & Asplund, 2007）。是以，任何組織要充分利用這項標準差的人力資源，發揮正反合的工具設計優勢，找到、創造和分枝出對應環境演化的工具組合。

　　協力文化濃厚的組織，在突破員工心智本位的障礙後，增加交流互動的機會，各自視框的反省也找到時機，他們從中養成追根究柢的智商（inquisitiveness），集體構思組織創新與成長的機會，再根據知識與經驗探索成就機會的對策，並經由合理性的檢驗，篩選出同仁可以相信的套案，後由協力的團隊轉化為實際的作為，產出令人認同的組織績效，增強策略性團隊的凝聚力，產出同仁之間的黏合劑。

　　對失敗的恐懼恐是組織的痼疾，也是掣肘創新行動的絆腳石，而致使其失去作用的動能，協力文化或可發揮其影響力。蓋在多眼思考的運作下，員工對未來的不確定感可以稍減，也較不怕未來的到來，更不會放棄

承擔風險的毅力，而依循著相互影響過程所設定的發展方向，推動無競爭的產品或服務，同時也順應時境的變遷，採取彈性因應的作為，不致產生工具惰性的窘境。

第三節　形　塑

協力文化的形塑、築造與堅凝，本要組織主事者長期的耕耘，並與領導的對象——對組織貢獻所長者並肩協力來培養，以為全體組織人的認同，誠願以這種文化的取向從事組織所承接專案的成就，進而管理組織形象，建立深厚的關係資本，有利於協力締盟的工程。至於，主事者要如何在領導作為上開創協力文化，或可由下列八項作為上順勢引出協力文化。

一、引領協商異見

組織協力者本已在其他多元不同的社會化機構形成一套心智模式，用以思維、安排與處理職司的憑據。不過，當同一矩陣組織的成員共同處置分配的職務，恐會產生衝突的看法，這時最建設性的作法，即由主事者出面召集協商會議，調解彼此的異見，並在相互吸納的情況下，達成各方可接受的行動方案，預防衝突的不當升高，破壞團隊的工作精神，造成聯合行動最憂慮的情況：滋生難以預見的複雜性，出現急驚風與慢郎中的步調不一現象，生產線的中斷尷尬，以影響終極績效的幅度。

在組織講究諮商的時代，凡事絕不可演變至破壞性衝突的窘境，本可透由預防性的機制來處理可能衝突的情況，所以制伏衝突的火苗，乃以事前的諮商作為化解歧見的管道，彼此在透明化的場域下，開誠心、布公

道來完成歧見的解凍。換言之，衝突的預防，或可由諮商的機制切入，從中經由各造的視框變遷而消弭潛在衝突，促進組織的和諧，為組織帶來希望。

二、用心傾聽觀察

　　組織的領導者與員工之間的互動，要以耳朵來傾聽他人的意見，所提出的分析，與發覺的問題，如認為深具洞見，又能捉住問題的脈絡，提出與時境無縫隙的方案，就予以肯定與接納，並於適當時機加以肯認，使其擁有強烈的動機，致力於協力工程的成就，組織困難的化解，競爭力的增強，開拓組織的新顧客，築造創新性的夥伴關係。

　　尤有甚者，一位從事並肩領導的組織人，也要用眼睛來觀察並肩者對組織的期望，需要哪些管理的配備，發現在工作上或與人互動上有何困難，對於過往的參與行為有哪些看法，而且積極以實際行動予以滿足，並由工作滿足感來強化其對組織的認同。領導者絕不可不體察員工在情緒、希望及工作態度的變化，而適時加以診斷與醫治。

　　再者，主事者還是可以典範的行為來引領員工的學習，不要以命令式的口氣來驅使員工的行動。因為，這樣一來可能傷害員工的主體性或自主性，反而會產生抵制的現象，抑或成為消極的合夥人，沒有口令就虛銜動作。是以，以自身的行為，進行草偃風從的感化。

三、激發轉型創意

　　職司矩陣組織的負責人，或可引領團隊的成員，以新的途徑來建構問題的指涉，抑或以過往未受關注的問題，歷經商議的過程來發掘組織

在面對競爭壓力和突破其他組織界限防守，其必須迫切處理的問題，進而組構套案加以處置。一旦做事的團隊以這種方式來運營組織，則成員所激盪出的見解，有益於問題的解決。根據創意的研究發現，最具創意的團隊，向來精於發現嶄新的問題，而非只停留在解決老舊的問題（Sawyer, 2007）。

這種令人驚奇的問題之發掘，引起團隊有必要以互動管理的方式來對應問題的解決，畢竟每個人的知識和經驗，恐不足以來全觀問題的經緯，須經交流互動，由不同的見解間的碰撞而激起創意的火花，導出全新的套裝方案。何況，在快速、複雜及系統性變遷的情況下，前見之明必須與策略性的洞識來互補，所以團隊的成員乃須提高策略性的歷史、環境與方案的感知力，以理解及有效處理新的組織課題。

四、獎賞分享成員

協力所著重的焦點在於知識、資訊與資料的分享，從中進行以理據、事實及研究發現為基礎的方案抉擇，而擺脫單純主觀判斷、半真半假，抑或純屬臆測和單方一廂情願的想像之束縛，以免因政策立論的不合理性或無效性，而蘊存失靈的基因，浪費有限可用的資源，且要費時處理政策失誤所滋生的問題。是以，對於提供知識分享者，給予時宜性、對稱性的獎勵，使其形塑出常態性的分享行為。

反之，貯藏資訊的作為，每會引發組織的注意赤字，未能關照到組織得以拓界發展的領域，即將出現的競爭者，抑或打算不再與組織互動的顧客，凡此均將威逼到組織的生存空間。是以員工在進入組織之際，就必須對之述明這項禁忌的行為，更是破壞協力的因素，無法以不同的知識祛除團體盲思，也無門轉型成為團體秉賦，開創新的解決方案。

　　尤有甚者，主事者更要發動資料探勘的作為，從資料中理出組織的潛在風險或威脅，認清其所能碰到的機會及優勢，進而事先進行風險管理，設立風險的防火牆，並想方設法運用優勢，掌握稍縱即逝的機會，為組織帶來可觀的成果，吸引更多優質或天才型的新血進入，發揮協力的創造力。蓋創造力通常是在協力的氛圍下產生，無法或甚難由單獨的個人摸索出來。

五、養塑同理情操

　　雖然組織成員總有各自基礎不同的見解或觀點，但這種見解差異，可能是合超出對組織創造價值的源頭，唯恃組織主事者如何策略地運用這項差異的存在。他或她或可站在他們的立場，以其思維來認清見解的內涵指涉，解譯出背景及脈絡的所在，對組織之間的競爭，也許可以得出克服危險及掌握機會的關鍵。

　　主事者如能以同理心來理解他人的看法，而不任意以異端的方式加以否認，一方面可以獲得同仁的尊重，另一方面防止一言堂的形成，阻礙不同聲音的表達，創意性見解的提出，而讓組織適應環境演化的抉擇，蘊含危險的因子，於實踐之後帶來不能承受之重的後果。

　　組織相當仰仗一群團體的菁英，彼此協力來激盪出創意，並藉著創意與以往所築造的社會資本，開拓尚未有人競爭的市場，鞏固組織的存在正當性。蓋在一個涵融的組織氛圍裡，得以讓思維上天南地北的不同視框，從對話場域或平台上接合回來，每位參與菁英與領導者的同理情操就扮演關鍵性的轉化博弈角色。是以，不排斥不同的分析，接納互異的調研，忍受眾聲喧嘩的互動，或可由中導出嶄新的構想，找到新的可能，有益於創新的驅動。

六、增強說服能量

在協力團隊爲組織績效的提升奮力營爲之際，爲使協力的鞏固，策略主張的受到青睞，引領他人的認同，說服的引擎定要有堅實的憑據，才能增強說服的力量。是以，策略行銷者或可以專業的知識與經驗，來樹立說法的權威，激起他人的接受，排除不當的懷疑，與訴諸於假權威的論證。

策略行銷者亦可由積極而正面的希望，引領參與團員同意適應環境的策略。換言之，未來願景的可靠性、可成性與可欲性，以及成本負擔的可負性，可以說服共事者願意協力投入願景轉化成具體行動的執行過程，等待早期收穫的到來。再者，行銷者也可以對比的方式來說服他人，即以多元不同的比較標準，呈現不同方案中，最具優勢的套案，致使其他一同提出的方案，在相較下出現相形見絀的狀況。最後，行銷者亦可以妥當理由的推出，引領他人對對策的認同，不再質疑潛在的盲點，誠願參與協力加以實踐（Granger, 2008）。總之，組織人若欲影響他人的決定，勢必要妥適運用引領人意見認同的催化器或觸媒劑。

七、避免競爭陷阱

在講究協力文化的組織場域，爲了協力引擎的驅動，除了應用肯認及獎賞系統以發揮協力作用之外，斷不可陷入團隊之間的競爭壓力之中。蓋在各團隊存有競爭壓力之下，那能再有意願在人力上、資訊上及設計上，扮演積極投入的合夥人角色，創造出合超的組織成果，更加吸引成員對組織的向心力。

再者，組織同仁所提出的理念及創制，如能透由不同意見的加持，並在共識的情況下達成組織行動的準據，乃增強創制的權威性。是以，如若

以完全競爭的態勢爭取策略主張的優勝劣敗，則不同策略之間的整合，就欠缺管道來醞釀與催化，更因在單眼思考的情況下，難免會有關照不及之點，抑或失之偏頗。何況，若有團隊展現沒有必要的權威，則立即抑制後續的投入、分享及合超，所以以一位朋友的姿態來表示中肯的見解，或可收到比以管理人身分所表示的看法，產出更佳的結果。

八、整合協力工具

　　共同領導者需要了解：組織內員工的工作習性及使用工具，和如何將其引進運作過程的改進之道，以便提供多元功能的機制，可於同一時間和同一空間，或不同時間與空間，得以共同處理組織問題與任務。因之，應用新型的科技，得以在近距離及遠距離內交換訊息、看法及任務處置之道，促成組織更加有效的運轉，民主化的運行更加強健，員工享有更高的權力，得以影響組織政策的抉擇，提升決策的品質。換言之，主事者經由科技的媒介，可以利用互動網絡來強化方案的設計，並以鼓勵、協調與安排同仁的參與，致使組織在解決今日複雜問題之際，得能以更透明及有效的方法來對應。是以，善用今日科技提供的便利性，不管使用語音、電傳、視訊會議、影帶或書面資料，均可能即時協商出對應之策，不致使處置時間的落差，而傷及組織的信譽。

　　新興工具的部署與應用，可以順勢提供有效問題處理的基要性再思，以及快速的異見交流，達成共識的決定，以應對其他組織在擴充版圖上的強烈競爭，而且鞏固組織民主的正當性，強化成員的向心力，進而吸引優質人才進入組織，持續保有人才優勢，更由優勢人才間的激盪，創造出合超性的組織績效。

　　協力文化本要經由組織主事者的努力來注入與蒸餾，進而以之來治理組織的內外在營為。而他或她對異見的處置，每要以建設性的方式來協商融合，斷不可任令它的自由蔓延，而有礙共識的形成。尤有甚者，職司者善用同理性傾聽的技巧，設身處地的理解，客觀地為人著想，將更能黏合各類不同的人才，而致使組織享有人才優勢，得能快速應對隨時發生的問題。

　　協力文化的形塑者，本是這類文化要素及特性的催化者。而組織是否能夠擴大可用的時間；誘引及保留優質人才；設計隨時可用工具，並以之連結遠距離之協力者，促使它得以格外的成長，創造不可計量的價值，就要端賴他或她能否扮演真正的觸媒角色，引領參與協力的夥伴，發現被其他競爭者所忽視的機會，突破成長的僵局。

結　論

　　組織價值的創造，向由同仁協力的結果，單憑組織最高負責人的獨立作為，恐未能產出令人激賞的績效，而由他或她的領導，進行共同主張的溝通、協商，共識或同調行動的引領，本是協力管理的核心作為，並由協力的績效，影響員工的認同，形成以協力為運營組織的取向或模式，動員協力參與者對組織的支持，共同生產組織冀欲的謀望，驅使組織鞏固自身生存的利基，維持強健的正當性，吸引更多潛在想望協力的標的，擴大影響的勢力範圍，非但築造富生產力的關係，而且創造更多的聯盟，掌控內外在環境變遷所締造的機會。

　　在各個領域的組織，為了準備產出意想不到的巨幅成效，其焦點又關鍵的驅動力，恐由協力文化的深植與耕耘下手，並以之薰陶、轉型員工

利己思維的權重，更樂於在協力的氛圍下，共同創造組織共享的價值，一來極大化可用的時間資源，增加思深慮遠的時間，快速調整策略部署的機會；二來吸引更多才華之士的加入，並由頻繁的腦力激盪，享有人才的優勢，創新組織的核心產品與服務，吸引游移其他組織的蝴蝶顧客來歸，並不再他走；三來探索對應或超前外在環境的策略性工具，足以解決組織運營中所滋生的荊棘難題；四來以前三者為門階，在現今的政經情勢下，創造組織的價值，擴大組織的疆界。從協力文化的要素、特質與形塑三個向度的解剖，吾人或在組織知識上得到六項啟發。

一、文化為協力基礎

　　組織內或組際間，如能形塑連結而非分離的質素，找到共同追求的價值命題，有了凝聚向心的標的，未來行動的指引，則組織就找到協力的門階，得能循序推展，經由優質策略的設定、不同視框的協調及執行落實的管控，創造合超的效應。

二、協力為文化觸媒

　　組織如若發現協力的魔術轉型力量，產出卓越績效的牽引力量，就有動力為這種行為轉化成為運作的模式，抑或形成穩定的行為取向，而成為強勢又積極的組織文化，得能適應情勢的演化，隨勢建構追求的價值命題，以信任維繫組織的整合。換言之，協力的長期發酵，就成為協力文化的催化劑。

三、主導為疏離之因

在但憑己力完成組織使命的時代已成過去之時，主導性的組織作為，致使員工缺乏參與投入的意願，極可能在不同視框無法交流的情況下，滋生不少關注不及的要務，而於推動過程中逐步出現，以致對應不及，導致組織只能達及次佳化的結果，甚至造成失靈的結局。是以，主事者要有共同領導的想法，認為員工本是組織的貢獻者，得以自身的專業知識及經驗累積，引發共鳴的主張，為績效開拓勝出的路徑。

四、互動為合超催化

既然每一個人均有注意赤字的徵候，而排除或治癒這項病症的處方，可能就有仰賴頻繁、隨意的諮商互動，從中進行思深或社會學習的工程，進而改變單眼思考的極限，而由複眼思考的運營下，催化合超效應的發酵，讓組織有機會觸及到關涉生存空間的策略安排，再造運作的流程，以有效生產組織價值。

五、說服為共識來源

組織內人人有思維、個個有取向，可能亦會在看法上有所堅持，是以同仁若要影響同事的決定，就要精鍊說服的撼動力量，既講究循證導向的作為，舉出主張的立論基礎，行為與目標之間的因果關係，針對可能衝擊的權變管理之道；又注入積極正面的組織希望，引人認同組織即將推出：創造價值的作為，並願以同步同調的行動配合。是以，組織人要訓練成說服達人，引領推動組織價值命題者，能對各項作為作成肯認的回應。

六、神入為凝聚動力

主事者設身處地為他人設想，在對話的場域進行同理性的傾聽，吸納他或她的建設性主張，本是組織社會化最具效能的營為。蓋社會化者，在履踐社會化的任務時，已神入到被社會化者的思維空間，既洞悉原始的論述理由，又洞徹思維理路的背景與過程，而擷取其富價值之想法，將其納入重要團隊的一員，使其為組織效命。

協力文化為創造組織價值的首要動力，是以主事者要對之進行對應的策略管理，一則清晰認定這類文化蘊含的要素，二則扣準這類文化的精華特性，三則以對應而具體的領導作為來形塑它，使其順勢往積極正面的方向發展，影響組織人在落實價值命題上，展現合作、付出、分享與同調的行動，開創令組織界認同的價值。

在引領協力的過程上，領導者不能只偏好自己想望的目標，而忽略對組織具貢獻力的同仁，其對另類目標的渴望。蓋這樣一來，由於目標未達共識，在推動之際由於激勵協力的動能不足，步調一致的行動，抑或連貫的生產作業線，較易出現罅隙的狀況，導致完成專案的時間遲延，增加不少原本未料的預算開銷，甚至引發組織分離的因素，妨礙協力的意願，致使將協力推向文化的境界，即展現固定的行為取向及模式，進入困難的階段。是以，領導者有必要克服目標自戀的症狀，治癒這樣的病症，以鋪設協力的質素。

參考書目

Bloomgarden, K. (2007). *Trust*. NY: St. Martin's Press.

Bryant, J. (2003). *The Six Dilemmas of Collaboration*. NY: John Wiley & Sons.

Chrislip. D.D. & C.E. Larson (1994). *Collaborative Leadership*. San Francisco: Jossey-Bass.

Cook, M.J. (1999). *Effective Coaching*. NY: McGraw-Hill.

Doz, Y. & M. Kosonen (2008). *Fast Strategy*. NY: Wharton School Publishing.

Fleming, J.H. & J. Asplund (2007). *Human Sigma*. NY: Gallup Press.

Granger, R.H. (2008).*The 7 Triggers to Yes*. NY: McGraw-Hill.

Kaplan, R.S. & D.P. Norton (2004). *Strategy Maps*. Boston, MA: Harvard Business School Press.

Kaplan, R.S. & D.P. Norton (2006). *Alignment*. Boston, MA: Harvard Business School Press.

Kaplan, R.S. & D.P. Norton (2008). *The Executive Premium*. Boston, MA: Harvard Business School Press.

Kim, W.C. & R. Mauborgne (2005). *Blue Ocean Strategy*. Boston, MA: Harvard Business School Press..

Lank, E. (2006). *Collaborative Advantage*. NY: Palgrave.

Roming, D.A. (2001). *Side by Side Leadership*. Austin: Bard Press.

Rosen, E. (2007). *The Culture of Collaboration*. San Francisco: Red Ape Publishing.

Sawyer, K. (2007). *Group Genius: The Creative Power of Collaboration*. NY: Basic Books.

Senge, P. , B. Smith, N. Kruschwitz, J. Laur & S. Schley (2008). *The Necessary Revolution: How Individuals and Organizations Are Working Together to Create a Sustainable World*. NY: Doubleday.

Sirianni, C. (2009). *Investing in Democracy: Engaging Citizens in Collaborative Governance*. Washington, D.C.: Brookings Institution Press.

Starling, G. (2008). *Managing the Public Sector*. Boston, M.A.: Thomson Wadsworth.

第五章　組織創造力：迎接挑戰的裝備

第一節　今日組織所面對的挑戰

　　組織向來不是生存在眞空管內，而是立基在各種環境的挑戰之下，一則爲維持存在的正當性，它必須順應環境的演展，契合環境的變遷；二則爲爭取更大的生存空間，吸納轉化所需的資源，它必須對應環境的挑戰，貫徹組織意志，堅持自主性，冀圖影響、左右及駕馭環境，擺脫成爲環境俘虜的命運。然而，組織在今日混沌日益嚴重、社會較爲失序、各地互賴愈爲加強、環保備受關懷、生態保育日受矚目的情境，它要面對以下諸種殘酷的挑戰。

一、要面對競爭壓力

　　同界組織之間，爲爭取稀少性的資源、有限的市場、顧客的青睞，以延續組織的生命，組織勢必竭盡所能、構思策略、應用有效工具與其他的組織競爭。比如國民黨要延續在台灣地區的執政權，享有權力的滋味，維繫政經資源，乃要與同界的組織——民進黨及新黨競爭。三黨各以不同訴求、施政績效、選民服務、政黨形象及人才素質彼此競爭，用以爭取選民的支時，獲致執政的正當性。公家機關在開源不易，財政緊縮的處境下，也要彼此互爭預算的大餅，以維護施政的品質。亞太國家爲爭取營運中心之設置，亦從事城市、地區或國家的行銷（Kotler, Haider & Rein,

1993），進行區域戰爭，強化自己區域的品質，成為具有與其他地區競爭的實力。

二、要開拓生存空間

　　死亡對公共組織而言，雖為較少的現象，但絕非不可能；對私組織而言，可能是家常便飯之事，更不是稀奇的新聞，尤其在網路已定、建制綿密、商家連鎖的境域下，新而年輕的組織之生存空間就相當狹隘了（Freeman, Carroll & Hannan, 1983）。前者如過去的文化局、台北市家庭計畫推廣中心及即將被裁撤的青年就業輔導委員會；後者如台北市第十信用合作社。因之，組織為求持續生存，開拓組織之「食物鏈」，非有應對的裝備不可，精緻的組織能力不為功，有效的結構機制不足適應競爭激烈的環境，豐厚的創造力就無法在密度偏高的組織關係之界域內猶維持組織的正當性（Baum & Oliver, 1992）。

三、要應付體制環境

　　組織生存於諸多的體制環境之下，並非享有充分的自主性。茲保護其利益，避免生存空間受到威脅，有時不得屈服於外在體制環境的制約。我國為了避免觸犯「美國貿易法」中的三○一報復條約（羅昌發，1994），立法院加速通過「著作權法」的修正；農業委員會為求盡速解決「培利修正案」對台灣所施以的貿易制裁，應付高漲的國際保育觀念，乃修正了「野生動物保育法」。再者，私人企業公司的設立，在環保要求日益加深的時際，生態理性較受重視的今日，永續經營理念極受推崇的年頭，不合乎環境影響評估的標準者，均難以取得設立的許可。核四設廠的長期爭

議，亦在安全的憂慮、擔心環境的破壞及資源不可逆轉的省思之下形成。

四、要處置組織式微

　　組織經過一段特定時間的演展之後，由於受制於外在體制環境，更在激烈的競爭壓力下，存活於實際稀少的境遇內，如未能：精緻自己的能力、體認面對的環境特質、以顧客需求爲運作的導向、放棄自滿的作風、修正自是自見的作爲、保留管理的彈性、吸入不一樣的聲音，組織可能已陷入式微之中（Lorange & Nelson, 1987）。國民黨在面對民進黨及新黨的攻堅之下，亦呈現幾個式微的指標：席次率降低、以往過度代表優勢的流失、內部凝聚力的鬆散、意志貫徹力的腐蝕、動員支持力的滑落與環境回應力的不足（林水波，1995）。新黨在去年雖有斬獲，但因支持族群的廣度不夠、政治理念的單一化、選舉制度的制約、草根不足與精英太多的限制，亦逐漸走向式微之趨勢。民進黨亦因派系的互爭、基層組織的不良、草根味太濃、欠缺新鮮議題、選民對安定的情結與對不安的恐懼、無法衝破媒體壟斷的牢籠、黨本身又不令人感到可靠、信任，業已走到發展的瓶頸，有待新能量的注入、補充或換血，才能挽救政黨式微的命運。

五、要診治組織之熵

　　名組織理論學家C. Argyris（1970）認爲：組織熵的最後階段爲組織瀕臨死寂的地步，即組織已接近整體性、系統性的崩潰。這是組織在式微後期無可避免的階段，除非組織進行各項發展策略、整治措施，用以逆轉組織進入最後的死寂。一般而言，組織之死寂乃表示：組織業已失去能源、熱忱、方向感及目的感，毫無績效可言，簡直是呈現無能的狀態。是以，

任何組織若圖避免走進死寂的最後盡頭，在組織運作過程中，若發現有某種程度的熵存在，就應立即加以妥適地認定、對應及診治（林水波、王崇斌，1995），以劍及履及的態度正視之，不以不當的理由合理化熵的存在性。所謂組織熵，乃組織所擁有的各種能量，即組織運作過程所用的策略、結構、技能、規制與資源，由於外界環境的劇烈變遷，組織若猶處變不驚、習於慣性，所擁能量就逐漸從原來可用的狀態，轉變為不可用的狀態。這種狀態如達及組織所不能容忍的門檻，組織就可能會死亡。台陽鑛業股份有限公司及台灣金屬鑛業公司的命運，就是因為時代的變遷，功能的消失，但未能即時因應環境的變局，改變經營的業務，進行多角化的經營所致。

六、要適應動態環境

組織非但受制於外在體制環境，更受制於經濟的榮枯、財政資源的豐厚或窘迫。如遇到財政歲收無法大幅增長，加稅又因未能取得支持或政治考量而作罷，人民的服務需求日殷，公共組織的有效運作就會日趨困難，非賴以減肥、改造、厲行緊縮管理不為功（Dunsire & Hood, 1989）。緊縮管理通常要面對三大問題：一為公平問題，即經費或員額的縮減，究竟各機關一致為之乎？抑或有選擇性乎？如是後者，則要基於哪些標準為之？如何處理隨後帶來的失業問題？二為組織結構問題，即組織之間是否及如何：維持原來的基盤，保持原來的共生模式或須加以結構重組，裁撤相關單位及維持士氣；三為員工的行為調適問題，即員工的升遷期盼、生涯規劃、家庭生計與社區健康及精神，是否受到挫折（Dunsire & Hood, 1989）。

組織在面對前述六大挑戰時，本需要擁有高度的創造力，裝備應付挑

戰的能量，方能維繫組織的生存，獲致存立的正當性，解決六大挑戰所衍生的重大組織問題。蓋這六大組織挑戰，非能以傳統的韜略隨意對應之，而必須以嶄新的思維加以考量，系統性、整體性的思慮，才不會設計顧此失彼的失調策略。因之，組織創造力在迎接挑戰時，有其吃重的角色。然而，組織創造力的意涵與效應為何？具創造力的行動，具有哪些特殊屬性？組織應塑造何種環境氣氛，方能形塑創造力？組織謬誤與形塑創造力之間，又可能呈現哪種關係？凡此，均是有待解答、論述及研思的問題。

第二節　組織創造力的意涵及效應

一、意涵

　　組織面對今日如此複雜又動態的環境，遭逢嚴酷的挑戰之際，為了作成設想周到的決定，用以對應其處境，創造力經常決定組織及其成員對應挑戰的品質與效度。不過，創造力一詞使用在組織的系絡上，每有許多不同的解釋與界定（Gundry, Kickul & Prather, 1994）。個人認為：組織創造力是組織能力的一種，有了這種能力，才使組織在抉擇因應策略上，與其過往有異，展現新的風格、新的內容、新的組合。換言之，這種得以為組織形成「新東西」的能力，即一般所謂的組織創造力。而新東西之具體指涉為：

1. 新的問題解決方案。
2. 新的運作方法或技能。
3. 新的服務。
4. 新的產品。

5. 新的觀念。

6. 新的視框。

7. 新的組織型態。

8. 新的思維。

　　既然組織創造力是組織能力的一種，又深受想像力、概念力、敏銳力、洞識力、反省力及學習力所影響（Gretz & Drozdeck, 1992; Schermerhorn, Hunt & Osborn, 1991）。而這些能力的培養與應用，更繫於組織的作為與氣氛是否產生助力或阻力而定（Gundry, Kickul & Prather, 1994; Woodman, Sawyer & Griffm, 1993），其間的關係如圖5.1所示，茲闡述說明如下。

1. 組織創造力是在六力的輻輳下，方能發揮得淋漓盡致，若其中有一力或數力未能趨向於同一目標，則創造力的幅度，可能就會減縮。

2. 六力彼此互相依存，如各走各的路，亦會對創造力造成不利的影響，構成滋生創造力的障礙。

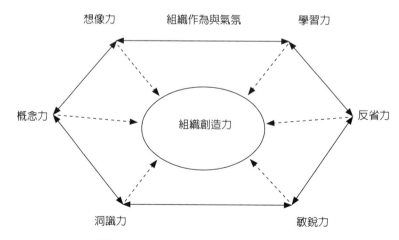

圖5.1　組織創造力與組織過程的關係

3. 組織是組織能力孕育的主要界域，其作為、氣氛及運作過程，均是發生創造力的關鍵因素。蓋創造力是組織人、組織任務及組織系絡交互作用的產物，組織的角色扮演，妥適地管理運作，方能致使該三者密切配合，導向創造力的培養、滋生及運用。

4. 想像力是創造性管理的藝術（Morgan, 1993）。它是一種思維與系統化的動力，致使組織人發掘及養成創造的潛能，提供找尋解決難題的方向，幫助組織發掘新問題認定新機會及以新角度透視舊問題。

5. 概念力協助組織人應用基本的觀念、概念、主題或論題，以整合及詮釋系列資訊或資料所存有的意涵或模式，進而準確分析與診斷組織所面對的複雜情境。

6. 洞識力是組織人智慧、經驗、歷練、判斷力、理解力與直觀的累積。其不一定是邏輯或理性思考的產物，有時甚至是非能預期的直觀似跳躍，有時亦是發之於一時的靈感或由相關事件的聯想，更受到所要解決問題的本質、內容和目的所影響。尤有甚者，洞識力無法在緊張、缺乏幽默感的氣氛下產生，它總要在心情輕鬆、沒有壓力的境域下，才有管道釋出。

7. 敏銳力是組織早期發現式微警訊所不可或缺的前提。蓋組織在經過一段快速的發展後，如一直陶醉在成功的氛圍之內，享受豐富的成果，可能不太在意組織績效短期的下跌或故意加以忽視，斯時衰退即是組織走向的途徑。不過，組織如設有偵測機制或感應工具，適時回收各項資訊，審慎關注種種環境變化，降低其所處環境的測不準性，並在問題出現時，就順利加以掌控，消除本身的式微或退化。

8. 反省力是組織回顧過往的所作所為，以為策劃未來發展的路向。蓋任何組織總會有失誤的時候，所生產的產品或提供的服務，每有不盡符合「顧客」的慾望；所推動的策略，有時亦無法產生原定的效能；在運

作過程中，亦會帶來員工的疏離，對組織的不滿，甚至離職他就（Carr, 1994; Scott, 1992）；凡此均有必要透過組織的省、知與習，經由創造力的導航，以消除上述組織之種種失靈。

9. 學習力是組織因應環境變局，面對組織問題的重要能量。大凡具有學習能力的組織，才有改革的動力，突破傳統思維的勇氣，打破文化的僵硬性，吸納別組織的優點，借鏡他人成功且符合本身組織需要的政策工具，爲組織注入活水及生命力，提供未來發展的遠景（Senge, 1990）。不過，有效的組織學習，必須不斷反思目前的想法及作法，時時確認組織問題的眞相，才不致落入解決一個問題又衍生另一個問題的陷阱。

　　歸結言之，組織創造力是一項組織重要的資產，由共同在一起工作的員工，經由想像力、概念力、洞識力、敏銳力、反省力及學習力的輻輳，爲組織發展一項既有價值又相當有用的新產品、服務、觀念、工作程序或運作過程。每一個組織由於員工屬性有異、領導風格有別、氣氛不同、互動頻率懸殊、互信度差別、認知彈性互異、固守傳統的驅力亦大不相同，乃形成不同程度的創造力。創造力更賴組織的醞釀、發揚與證成。單獨的個人或組織內部的小團體，雖在形塑創造力上有其所在之地位，但創造情境的培養，才是居於最關鍵的地位。

二、效應

　　組織由於要面對重大的挑戰，爭取存在的正當性，順服於體制環境，雖是一項經常被採行的對應策略，但對擴大利益幫助並不大，有賴於豐富的組織創造力，來創造種種優勢，立於主動地位維繫組織的生命力。究竟組織創造力會爲組織帶來哪些效應呢？

一、提升競爭優勢

組織試圖競相爭取有限的及稀少的資源，維繫組織的生命力，其必須具有豐富的創造力，生產新的創造力，生產新的「東西」，讓其競爭對手摸不著頭緒，無法成功地預籌對應之策。蓋組織如過於自滿或故步自封，極易爲其他組織趕上，失去原來的優勢地位。

二、增進組織效能

豐富的創造力，一來有助於組織衝破不合時宜的傳統，而以不同的角度來透視組織的問題，找出問題的眞相，以有效的方案加以解決；二來讓組織展現對應時代的非凡技能，實現組織的目標。

三、推動組織變遷

時代、環境及科技均在變，組織的任務與使命也在變，是以達成組織目標的方略非隨時改變不可，但其前提爲組織要有創造力，由創造力帶動組織結構重組、過程改革、思維體系更新，最終導致整個組織的變遷。

四、強化組織應變

美國太空總署所遭遇到的挑戰者九號太空梭失事事件，印度聯合碳化公司（Union Carbide）爆炸的悲劇，美國石油公司運輸船在阿拉斯加外洩造成嚴重的環境汙染，這些事件均代表著組織潛藏危機的情勢。不過，這種情勢的消弭或減低發生頻率，則有賴組織的創造性轉化，由原本帶有危

機傾向的組織設計，轉變成盡一切可能預防危機產生的組織，或在危機發生後，進行妥適管理因應的組織（Pauchant & Mitroff, 1992）。這種隨時準備應付危機的組織，盡量袪除危機潛在的機會，隨時注意任何警訊，絲毫不會養成惰性，永續保持創造性的作風，培塑變革的生命力。

五、創造組織價值

創造力致使組織不致過於落伍，趕上時代潮流；為組織爭取到有形或無形的利潤；贏得顧客的信任、認同與支持；留下豐富的剩餘資源，以應急需，緩衝不景氣的環境衝擊；加速業務的處理，減少流程，減輕民怨；履行社會責任，建立契合於體制環境的關係網路。

六、診治組織病態

組織亦可因環境的不良，內部調適不善、互動不順而形成種種病態，諸如：觀念陳舊固定、溝通協調不足、本位主義太濃、目標衝突不一致或目標錯置、陷入吸食「程序鴉片」的深淵中、過度擴張而得意忘形、功能萎縮及對外回應不足（Hogwood & Peters, 1985; Scott, 1992）。這些病態有賴創造力來減輕或化解，由創造力思索變革的藥方、診治的對策。

組織對挑戰的因應，對競爭力的維繫，對生存空間的掌控，對危機及病態的化解，在在需要創造力來作「藥引」、來衝破不良的界限防守、來良質化外在環境、來帶動組織的朝氣、同仁的向心力及使命感。

第三節　具創造力行動的特質

　　具創造力的行動之所以能爲組織產生積極的效應，取決於兩項基本前提：行動本身的品質及組織的特性。在此先談論前者，即哪一種具創造力的行爲，有益於組織運作、持續及發展呢？

一、目標導向

　　創造力的施展並不能盲目而行，而要設定焦距：究竟是解決哪一項組織問題，或是提升員工的組織正義觀。蓋有了焦距才有中心，才有重點，也才有羅盤，更有適度的範圍，不致好高騖遠，不切實際，抑或過度膨脹，超過組織負荷力。

二、意願導向

　　創造力之能受到認可或取得支持，其一定要配合組織的意願。蓋組織有能力、有機會發揮創造力，但因其意願不高，耽溺於自滿的情境，不希望組織人更具有創造力，則創造力就會找不到滋生的場域。雖說組織意願爲形塑創造力的開始而已，但欠缺這臨門一腳，創造力的凝塑就無法啓動。因之，有創造力的組織，首要之素在於：有企圖心形塑富創造力的機制，更盼望員工成爲創造力的成員。

三、機會導向

　　創造力的施力點，乃爲組織找尋機會。一則試圖探究所服務對象的

期望，並設法找尋方略加以滿足；一則津津樂道於問題的如何解決，盡可能在困境中搜索突破點，發現機會之窗，並自信天下雖有難事，但終究會找到解決問題的方案。因之，推動創造力的人抱持樂觀的情懷，不持宿命論，不勉強接受環境宰制。蘋果電腦公司的信條：不僅要克服電腦使用者對電腦的敵意，而且創造一種電腦，促使使用者不費吹灰之力即能有效完成任務（Carr, 1994）。換言之，創造力導致組織將固定的限制條件，轉化為有利的機會；排除一些平庸的觀念及過於沒有彈性空間的想法。

四、深度導向

創造力之能發揮效能，並不在於在倉促、草率、急就章的情況推出，進而影響組織作成決策，以對應組織的問題；而是花費相當分量的時間，為組織結構一項問題的本質、成因、涉及範圍和嚴重程序，爾後再下解決之道。蓋組織所面對的問題，大都是非結構化的問題，非能以頭痛醫頭、腳痛醫腳的方式解決之，而須以系統性的思考方式衡量之，以成套的解決方案對應之，更應理解組織所能掌控的變數，一一加以設法整合之。一旦組織在匆忙的情境下界定某一問題，其通常會選擇最熟悉的問題來解決。這樣一來，很可能僅觸及問題的表徵，無法深入問題的核心。

五、多面導向

遠古時代的鍊金術士相信：世界上存有一個哲君之石，可以塑造打開宇宙之鎖，解決所有的人類問題（Jordan, 1994）。在組織設計上，亦有有心人士長期尋找有效設計的原則，正如鍊金術士訪尋哲君之石一般，但最後結果均鎩羽而歸。因之，創造力的產生效應，組織並不致力追求一項最

佳的策略，而是要多方考量，求取在某一時空的界域內，爲人所冀望的結果。它也必須隨時推移，捨棄放諸四海而皆準的追求。因爲方案的鎖定及投入之前，考量廣泛而不同的方案，方能提升決策的品質，否則過早鍾情於某一方案，充其量只爲組織帶來有限的結果，但也極可能採用造成比原來問題更爲惡劣情境的方案。

六、嘗試導向

立即性的創造力雖非不可能，但情形並不多，也不是人世間運作的常態，更不是組織所盼望的創造力產生方式。蓋觀念無法一落地就呈現充分成熟的精品，總需要一段時間的琢磨、互動、嘗試與交換。科學管理之父及其同事，總共花了十八年的嘗試及犯了諸多的錯誤，才發明滑尺，以自動估計製作一塊金錢的尺寸（Carr, 1994）。誠然，創造性的發明，在幸運的情況下，並不需要花費如此之長，但其也不可能成熟於十八小時之內。吾人可以得到快速的或創造性的解決方案，只賴於你的態度而定，但魚與熊掌同時兼得，在人世間似乎不太可能。是以，欲速可能不達，見小利則大事難成。欲得到豐厚而有效的創造力，就先予以充分的時間，進行「孵化」，闡明與證成。

創造力本身深繫組織的變革，但其非呼之即來、揮之即去的「東西」它需要花時間構思，更需要通過檢驗、對話及集思廣益，在強烈組織意願之驅使下，精確目標的導引下，搜求機會給組織，始能爲組織帶來良好的效應。

第四節　組織環境與創造力

　　創造力的發揚，要有契合的組織環境，吸納具創意的人才進入組織，並對之加以訓練、培塑及養成，以為組織所用，解決組織的問題。換言之，一個具有創造力的組織，乃孕育創造性成果的前提要件。然則，這種組織應具有哪些屬性，方能激勵員工的創造力，進而融合而成組織的創造力？

一、願接受挑戰

　　組織並不畏縮環境的挑戰，深其冒險患難的精神，更有勇氣接受失敗，不向命運低頭，常有異想天開的遐思，如此方能造就創造力的氣氛，否則組織若只但求平安無事、蕭規曹隨，不在意外界環境的變化與對組織的批評，創造力就會逐漸萎縮。

二、享有自由度

　　創造力無法在非常拘束、全無裁量的空間內產生。組織若賦予員工足夠的自由空間，用以界定及執行自己的任務，而非行事完全亦步亦趨，則愈有機會施展創造力，以不同的途徑來處理組織問題。

三、擁有信任度

　　員工之間構成一個命運共同體，形塑堅強的社群意識，有助於新觀念的呈現。如若員工之閉，敵意甚深，衝突時常發生，彼此因而互動、激盪

不足，情感流露不夠，每每造成個人自掃門前雪的作風，阻塞嶄新觀念的誕生、深化及綜合。

四、富有幽默感

　　組織的運作相當自然及人性化，員工相當風趣，互相關懷，笑聲及幽默聲時有所聞，在這樣自在不緊繃的氣氛下，任由員工發表高見，不隨意加以評定，盡量激發出量多的見解，再加以綜合、吸納及重組，終究為組織提出相當深入的問題觀及方案設計。

五、准相互辯證

　　員工對組織所面對的問題，每有認知上的差異，組織允准他們自由而積極地對話、辯證，同時少數人的觀點與看法，亦有充分表達的機會，彼此間又有開放的心胸予以傾訴，讓不同的問題觀、透視域得以交流、匯集，以致迸出極具建設性的共同組織觀。

六、立革新氣氛

　　組織對革新的投入，乃是追求卓越，管理變遷的主要扣門磚（Denhardt, 1993）。而革新的首要依靠，就是豐厚的創造力。因之，在組織支持革新、接受新觀念、重視新主張的鼓舞下，不斷湧出創造力，以應組織所需。蓋在追求績效改進及突破之際，非運用現代化的管理知識及資訊科技不可，而上該兩者如能由自己研發，才能擺脫依賴，保持組織的自主性，創造力就何等重要，革新氣氛非有不可。

七、具有適應力

　　組織不願與外界環境脫節，盼望得到「顧客」的支持，所以它必須具有能力確認環境的變化，培植因應的能力，堅定回應的意願，適時提出妥適的回應（Hood, 1986），這些適應的實質內涵，但賴創造力來支撐。是以，組織為求適應不致於失靈，就須體會當前環境的主要屬性，教育員工養成創造性思維，並將創造力加以運用，檢定其是否對組織有效，最能促使組織構成富創造力的組織（Gundry, Kickul & Prather, 1994）。

八、破思維藩籬

　　每一個組織有其特殊的運作史，也儲存獨特的組織記憶，以作為行事或思考的依據。這套思維如未能適應組織所面對環境的變化，而注入新的思維，極易導致組織的策略，失去支撐的基盤，甚至與環境無法契合，滋生式微的種因。因之，組織的求存在的正當性，為獲得社會的認可，突破過往的思維藩籬，養成突破性思維，才較能對應測不準或動態的環境。所謂突破性思維乃指涉：組織在面對自身問題時，為追尋、創造或組合有效的解決方案，根據七項原則進行理性思維的過程（Nadler & Hibino, 1994）。這七項原則分別為：

1. 獨特性原則：組織的問題姑且不論有多明顯的相似性，均不能任意加以等同視之，蓋每項問題或多或少均有其特殊性，所以解決方案之設計，定要針對不同的情境需要，不能假定所有的情境均相間，方案亦可直接引用而不加以調適。

2. 目的性原則：在解決問題時，為避免關注錯誤的問題，定要鎖定重要的目的及大的方向，除去非根本性的問題。

3. **專注性原則**：針對未來的情勢需要，每次專注一項理想方案，歷經涉入者的深思熟慮，逐一針對情勢的演展討論不同方案，才下最後的決定。

4. **系統性原則**：每一個問題均屬於一個較大系統的一部分，因之，理解一個系統架構所構成的要素及所涉面向，讓組織之主事者，事先認知在執行解決方案時，所要涉入的複雜層面。

5. **火箭性原則**：問題的解決，在資料的蒐集上，要注重在刀口點，即組織服務對象的需求及主要的解決方案，而非分散注意及一些細節項目。

6. **參與性原則**：執行和使用解決方案者，共同以突破性思維的過程，發展解決問題的方案。而最後決定的方案內容，只涵涉綱要，使得應用方案者擁有適用的彈性空間。

7. **系列性原則**：為了形塑更為健全的未來，目的導向的方案，要有時間系列性的安排，使各項的推動得在井然有序的狀況下進行之，並按原定的進度作較佳的時間管理，減少遲延的現象。

　　總之，突破性思維有助組織，專注未來的解決方案，而非過去的種種問題；找到要做的正確事情及正確的作法；推動富革新性的思維及重大變遷；找尋長期的方案；重視方案的有效執行；避免在不當時機解決問題。

　　歸結言之，一個具有創造力的組織乃是：員工的屬性得以盡情發揮、員工的概念能力得以提升的組織，而且培塑支持性、挑戰性及革新性的組織文化，用以實驗及激發創造行為。如若組織的環境是封閉的、僵化的、內部衝突程度嚴重的，不重視員工的成長及組織發展需求，則無法提供培塑創造力的園地，組織的思維亦不能食古不化、過於僵硬，完全受制於過往的記憶，才不致於設計失調的方案，走向式微的道路，降低競爭的優勢。

第五節　組織謬誤與創造力

組織的運作，時因謬誤的思維或作法，導致創造性的決策過程受到限制，無法考量到富吸引力的方案，減低組織迎接挑戰的創造力。究竟組織有哪些致命的謬誤，足以抑制創造力呢？

一、升高組織投入

組織若一直持續現行的行動方案，不因其已對組織帶來沉重的負擔、昂貴的代價；或對未來行動的可能性，只限於與已採納的方案相近似者，均會制約創造力的滋生。事實上組織之決策者，見到原決定已露出敗跡，應有壯士斷腕的決心，有勇氣加以割捨，不再對已敗的方案進行能量的投入；不要將負面的結果，合理化為一種短暫現象；不必為維持自身的自我，而不承認原決定業已錯誤；不可將負面的結果，當為一種學習的經驗，深信其可自將來更加的努力加以克服；不以持續支持原決定，作為消除別人的疑慮。總之，升高投入是一種對決定的盲目支持，導致組織人做一些未能基於事實的事。這種作風會拖垮組織，所以聰明的組織人應以前瞻的視野，點出決定失靈之處，以開放的心胸將決策逆轉，或適時放棄已無法有效運作的決策。

迴避投入升高的政策陷阱，而以新的方案對應組織情境，組織人要遵循以下五項指引（Schermerhorn, Hunt & Osborn, 1991）：

1. 事先設定政策投入的範圍，然後嚴格固守這道防線。
2. 不要人云亦云，人行亦行，但要有自己的判斷，自己的考量、自己的方向。

3. 定期檢視持續一項行動方案的正確原因。

4. 偶爾中止以裁定持續一項行動方案所要負擔的代價。

5. 隨時提高警覺，用以防止組織逐步升高對過去行動方案的投入。

二、陷入行動陷阱

組織在解決問題、迎接挑戰時，有諸多的陷阱捕捉主事者的創造力：

1. 過度倚賴以往的經驗，致使組織人錯認了問題本質；採納過去所使用的熟悉方案，但不一定與所要解決的問題相契合；失去一些新的可能方案，只因過早窄化視野。

2. 對問題的先入為主，即組織人為最先的認知、理念及組織考量所束縛，不再考慮、任何其他的情況變化，或聽取另外不同的意見，就對問題立下斷語，以致無法揭露問題的掩蓋面，與相關或可能為較佳的方案失之交臂。

3. 未能劍及履及地記下難能可貴的觀念及洞識，以致斯二者有如過眼雲煙，稍縱即逝。

4. 過早鎖定偏好，造成組織人極可能排除或不考慮一些同樣可能被採納且成本較低的方案。

5. 太快對觀念下斷語，就可能扼殺或窒息組織人提出寶貴的建議，蓋當其顧慮：觀念可能任意被否決或批評時，他就抱持多一事不如少一事的心態，不願意表達觀念，以招惹麻煩。

6. 未透過評估過程就排除方案，只因與其他組織人的信仰不合；這種情勢一旦發生，該方案就永不在考慮的範圍之內，失去一項可資評比或抉擇的對案。

7. 不因情勢變遷而重新考慮、原被排除的方案，蓋情勢會改變，原來不能契合的方案，也可能因時來運轉，而成為極富價值的方案，但其早已不在為人注視的範圍，也就失去受到青睞的機會（Patton & Sawicki, 1993）。

　　組織人在迎接挑戰及對應組織情勢時，如陷入上述哪些在尋找方案時的種種陷阱，不僅觀念受到扼殺，可資選擇方案的範圍縮小，減少迎接挑戰的能力。

三、誤用經驗法則

　　決策者每要經由判斷或使用個人的智能作成決策。當利害關係人在質疑一項決策的倫理性時，其所質疑的焦點乃是，決策者所作的判斷是否含有系統性的偏誤，而影響到決策的品質。然而，這些偏誤形成的主要原因，大半來自經驗法則（heuristics）的不當使用，其中有三項法則最阻礙創造力的激發。

1. 已存性法則

　　決策者在找尋解決問題的方案時，根據過去已用過的，但猶存在記憶中的方案。換言之，決策者所能選用的方案，只限於所熟悉的為主，姑不論該方案是否因時空的更迭而失去效用，但仍受到推崇；亦不因新舊問題的殊異，範圍的廣狹而採用不同的方案。

2. 相似性法則

　　決策者對某一個方案的評估，並不針對該方案的可能效益進行評比，而以該方案是否與個人過往窠臼的想法相似而認定之。比如，組織之所以雇用某甲，並不因為該個人所具的特殊條件，只因其具有某一名校的學

位，而該校在過去又享有造就高績效人員的盛名。因之，雇用之決定並非基於個人的工作資格，乃基於個人出身的母校而定。

3. 鎖定及調適法則

決策者對方案的評估，首先鎖定歷史上使用過者，其所獲致的效益為準，爾後再進行評估時，才逐步加以調適。比如公司在調薪時，乃以原來基本薪資為基點進行漸進調適，而非全以個別員工對組織實際的貢獻幅度，作相對應的調整，以致喪失激勵的功能。總之，現行的薪資結構成為調薪者所鎖定的目標，影響往後的調薪決定。

經驗法則雖為決策者用以處理，有限資訊及環境不確定性的情勢，並極易作成決策，但因不當的使用，假定時空的持續性，過早為熟悉方案所套牢，阻礙思索的空間，失去創新的機會，自動排除諸多可擇的方案。何況，人類儲存的記憶有限，類比思維的相似性假定又有瑕疵，時空又不斷往前演展，社會所追求的價值也進行「寂靜的革命」，均使經驗法則有其時而窮之處，斷不能輕易使用、慣常運用。同時，決策者亦不能一心一意尋求：肯定原來思維的正確性，而忽略追求各種足以否定原來看法的資訊及論據；更不能陷入事後聰明的陷阱，過度誇大其預測的準確性。

四、建構不當神話

人類社會諸多的危機，不論是哪一類組織所遭遇到的，原本均有可能利用創造力加以防止、減輕，或在發生之後，立即加以妥適地處置與控制，但因組織人受到不當神話的制約，以致形成潛存危機的組織，帶給社會不少的創傷。這種深具破壞性神話有五大類（Pauchant & Mitroff, 1992）：

1. 危機的不可避免性

不少的組織人持有危機宿命論或不可避免論。然而，人類社會雖存有一些無法避免的危機或災難，但這並不意謂我們只有坐以待斃一途，不須應用智力防止危機源。事實上，組織的危機絕大多數是人為造成的，吾人應有這樣的道德意識，即盡一切所能以減少必然產生危機的因素。組織之所以被輿論抨擊、被法院起訴或被自己的「良心」譴責，乃是在於本身未盡一切所能防止危機所致。本來真正的危機管理，不僅著重於事後的因應，更強調前瞻性及互動性的策略設計，持續學習的必要性。

2. 基本知識崇拜主義

許多組織人認為：危機的產生及管理，在欠缺整合性的知識之前，似乎不太可能。然而，人類對哪一項重要主題已有整合性的知識呢？何況，組織人對一項有效的危機管理計畫，所要涉及的層面及因素已累積不少經驗及知識。因之，根本的問題並不在於知識的多寡，亦不在於財力之足否，乃在基本的意志及決心，欠缺知識只是藉口而已。組織人本諸倫理的立場，創造力的發揮就應採取消極及積極的行動，進行危機管理。

3. 技術至上主義

組織人有時亦認為：危機管理本是技術問題，有待效率較佳、效能較優的技術演展，人類才有希望防止危機。危機管理誠然涉及技術問題，但亦牽涉到政治、社會、法律、道德、組織、管理及醫療等複雜的配合問題。諸多危機所導致的後果或產生的機率，均可由上述諸面向的一致配合而減輕。是以組織不能因技術的精良不足，而怠忽對危機的職責。

4. 對社會趨向保守的憂慮

有些組織人深信：過度準備應付危機，將導致社會趨於保守，蓋危機管理本身有害於進步。誠然，過度的追求安全，定會抑制組織的成長進步。組織若在未達及零風險的情況下，不敢進行新的嘗試，將速使其衰

退。吾人當然並不堅持：組織務必一切均安全的狀況下，才能發展富危險性的科技。不過，眞正吾人所關切的問題在於：組織人不太在意安全的考量，持有不良的紀錄，並不支持或投入保障安全的實驗；政府爲追求經濟的成長，不屬行資源永續可用的原則。總之，不允許組織人從事危險性活動，並不等同於反對進步。這兩者若不加以區辨是很危險的，而未能看到這種不同更是危險。

5. 情感無用論

有些人認爲：危機管理是嚴肅的課題，理性待之已不足，何能受到情感的左右。不過，情感的好壞或妥適管理，亦影響到組織人對問題的體認及防止。情感的持有迫使吾人認識：由於我們的作爲或不作爲行爲，將對別人帶來那些痛苦。這樣的認識或警覺，行爲的改變才有可能，建設性的創造力才得發揚。

總之，組織本身不但要對自己負責任，接受自己的限制也要對別的人與組織負責任，接受他們對己身組織的限制及堅持的觀點，妥適運用創造力，與其對應的標的組織互動，同時不斷矯正組織的謬誤——減少有害的投入、避免陷入行動陷阱、小心使用經驗法則與解構不當神話，致使組織之作爲是負責任的，既配合環境的變遷、組織的能力，又不會對其他的標的組織帶來危機。

結　論

組織爲了迎接各項挑戰，首要裝備的乃是創造力。由創造力導出有效的對應策略，維持競爭優勢，擴大生存空間，履行社會責任。

組織創造力務必持續不斷地補充、提升及維繫，所以組織的人力資源

系統就非常重要，由其雇用人才；密集社會化新進用的員工，使其熟悉組織文化及運作方式；推動以發展爲導向的考績制度；建立技能導向的傳給制度；以及執行廣泛的員工訓練與發展計畫，裝備新的知識、技能及能力（Lado & Wilson, 1994）。

組織環境爲人力資源系統產生正反功能的前提。然而法律導向的思維，即對組織施予過度的管制，將抑制組織的彈性及前瞻性，限制組織的裁量空間，要求組織的運作盡可能避免成爲訴訟的對象（Sitkin & Bies, 1993）。這樣一來，組織的創造力就可能受到傷害，所以有人要求擺脫科層式的組織設計，走向社區式或智力型的組織（減少層級、加強自主、解除過多的管制、設計中型的組織規模、講求民主自律）（Dilulio, 1994; Nirenberg, 1993; Pinchot & Pinchot, 1993）。

組織之所以形塑較具創造力，一定要有這樣的體認：創造力是一項組織的「旅程」，絕不是目的地。組織要有前仆後繼的精神，不斷以下列行動支持創造力的培塑：獎賞給有創意的員工，視「不做」爲一項禁忌，明確指出何者爲禁忌，鼓勵學習，勇敢承認錯誤（Gundry, Kickul & Prather, 1994）。

組織爲追求創造力，反省管道一定要具備，一則將組織的產生情形回饋給職司者，以明其品質；二則設有環境回應的線路，了解顧客的滿意度，據以調整方針、資源提供及運作過程，擴大產出的效果。

組織員工直觀能力的培養，對創造力的形塑，亦是不可或缺的關鍵因素。直觀乃是組織人立即知悉或確認某一情境，所存有的一些可能性。直觀展現了自然性，提供較高創造力及革新的可能性。在風險及不確定的環境裡，組織常以直觀的方式來解決問題，尤其在先例不明、事實有限、時間寶貴的情況下更是如此。至於直觀的激發，首先要有自然的情境，靜下些許時間，理清思緒；進而以比喻導引思維，盡情提出觀念，試圖接受短

暫的模糊性及未能全盤掌控性；再與持不同觀點的人討論問題：在個人最機敏的時際解決問題，並在作成最後決定前採取創造性的沈思，讓直觀發揮最大的啟示及指引作用（Agor, 1989）。

在組織面對的挑戰日益艱難的關頭，前例漸失去標竿作用的時際，為維持其競爭優勢；非賴創造力來精緻組織的管理、資源吸納、轉化及產品能力不可。

參考書目

一、中文部分

林水波，1995年2月16日，「國民黨式微的指標」，民眾日報。

林水波、王崇斌，1995。「認定、對應與診治組織熵現象」，未發表論文。

羅昌發，1995。美國貿易濟制度，台北：月旦。

二、英文部分

Agor, W.H.1989. *Intuition in Organizations*. Newbury Park : Sage.

Argyris, E.1970. *Intervention Theory and Method Reading*, MA: Addison-Wesley .

Baum, J A. & Oliver C.1992. "Institutional Embeddedness and the Dynamics of Organizational Populations," *American Sociological Review*,57/3:540-559.

Carr, C.1994. The Competitive Power of Constant Creativity. New York: AMACOM.

Denhardt, R.B.1993. *The Pursuit of Significance.* Belmont, CA.: Wadsworth.

Dilulio, J. J. 1994. *Deregulating the Public Service.* Washington ,D.C.: The Brookings Institution.

Dunshire, A.& Hood,C.1989. *Cutback Management in Public Bureaucracies.* Cambridge: Cambridge Univ. Press.

Freeman, J.H., Carroll, G..R. & Hannan M.T.1983. "Liability of Newness: Age Dependence in Organizational Death Rates," *American Sociological Review*,48:692-710.

Gretz, K.F.& Drozdeck,S.R.1992. *Empowering Innovative People.* Chicago: Probus.

Gundry, L. K., Kickul, J. R.& Prather 1994. "Building The Creative Organizations." *Organizational Dynamics*,22/4:22-37.

Hogwood, B.W. & Peters, B. G.. 1985. *The Pathology of Public Policy.* Oxford: Clarendon Press.

Hood, C.1986. *Administrative Analysis*. New York: St. Martin's Press.

Jordan, G..1994. *The British Administrative System*. New York: Routledge.

Kotler, P., Haider, D.H.& Rein, I.1993. *Marketing Places*. New York: The Free Press.

Lado, A.A.& Wilson, M.C.1994. "Human Resource Systems and Sustained Competitive Advantage: A Competency Based Perspective," *Academy of Management Review*,19/4:699-727.

Lorange, P.& Nelson,R.T.1987. "How to Recognize and Avoid Organizational Decline," *Sloan Management Review*,19/1:41-48.

Morgan,G.. 1993. *Imagination: The Art of Creative Management*. Newbury Park: Sage.

Nadler, G..& Hibino, S.1994. *Breakthrough Thinking: The Seven Principles of Creative Problem Solving*. Rocklin, CA.: Prima.

Nirenberg, J.1993. *The Living Organization: Transforming Teams into Workplace Communities*. IL. Homewood: Irwin.

Patton, C.V.& Sawicki,D.S.1993. *Basic Methods of Policy Analysis and Planning*. Englewood Cliffs, NJ: Prentice-Hall.

Pauchant, T C.& Mitroff, I.L. 1992. *Transforming the Crisis-Prone Organizations*. San Francisco: Jossey-Bass.

Pinchot, G. & Pinchot, E.1993. *The End of Bureaucracy and The Rise of the Intelligent Organization*. San Francisco: Berrett-Koehler.

Schermerhorn, J.R., Hunt, J G.& Osborn,R.N.1991.*Managing Organizational Behavior*. New York: John Wiley& Sons.

Scott, W.R.1992. *Organizations: Rational, Natural, and Open Systems*. Englewood Cliffs, NJ: Prentice-Hall.

Senge, P.M.1990. *The Fifth Discipline*. New York: Doubleday Currency.

Sitkin, S.B.& Bies, R.J.1993. "The Legalistic Organization: Definition, Dimensions and Dilemmas," *Organization Science*,4: 354-351.

Woodman, R.W., Sawyer, J.E. & Griffin, R.W.1993. "Toward a Theory of Organizational Creativity," *Academy of Management Review*,18/4: 293-321.

第六章 公共組織的革新：窮、變、通、久論之解析

　　組織生存在特定的時空環境裡，無時無刻不受到內外在環境的影響，更念茲在茲地想掌控環境。不過，人類生活的社會，唯一得以維持固定的事物可能是變（Gretz & Drozdeck, 1992）。是以，如若一個組織在變動不居的環境裡，無法因時、因地、因事制宜，很可能受到淘汰或蟄居於無顯著的地位。即它可能失去競爭能力，萎縮生活空間，喪失對任職者的吸引力，上焉者苟延殘存，下焉者急速消失於變遷的洪流之中。

　　組織為了應付瞬息萬變的環境，完成成立的使命，實現追求的目標，解脫慣性的綑綁，維護組織的生存，掌控有力的生存空間，呈現組織的動力，祛除他人對組織每具有惰性的陳調觀點，組織就要進行實質的或形式的革新。由於組織本身先天負有革故鼎新的任務，各部門就必須延攬富創造力的革新人才，以為體認有無革新的需要，需要革新的層面，設計或移植革新的方案，分析抵制革新的標的團體及抵制的原因，建立支持革新的氣氛，強化革新的意願，厚植革新的能力。職是之故，組織革新為任何組織所不能逃避的課題，更是其絕續存亡的關鍵因素。究竟組織要如何面對或因應這個課題呢？組織在何種情況下要革新；應具備何種能力方能導致革新的暢通無阻，進而成就革新的主要旨趣；革新方案本身應具有何種特質，方有助於革新本身受到青睞，起始生效的第一步；組織的主事者又該持有什麼樣的特性，而能劍及履及地接納革新的主張，凡此種種問題均有待加以細思研究，並擬在本文進行闡釋。

第一節　組織革新的分析架構

《易經·繫辭》曰：「窮則變，變則通，通則久。」其精義可謂道盡革新的本來內涵。蓋組織運行一段時間後，無論對內在問題的解決或外在環境的因應，有其時而窮之際，另想新的辦法變通，乃至爲自然而然的事理；問題一有了變通的解決之道，則或可將其迎刃而解，或可減輕其嚴重性，縮小其影響範圍及對象，組織也就有通達的機會，久久維持其存立的根基，不爲勢劫、不爲境制、不爲病纏及不爲窮所困。因之，本文乃借用《易經》的這段精義建立了如圖6.1的分析架構，以爲行文及分析的骨架，扣緊探討的重點。

不過，在這個分析架構上，有幾個基本假定有必要先述，以明其根基。

1. 組織革新爲變遷的一種，而變遷有時來自組織本身的自省，有時來自外力的催逼，有時由以上二者共同促成之。
2. 由窮則變，由變而通，由通而久，乃是革新的演進階段，如果中間有了斷層，則久的最終目標可能受到延誤或縮水。
3. 組織能力，即應變力、執行力及維持力爲窮變通久聯結的重要機制；若三力無從發揮或展現，則變、通、久就會受到無情的影響。
4. 組織革新是一種動態且不斷循環的過程，通與久有時有部分無法常存，是以針對此部分不以故常爲主，方能自強不息，臨機應變。
5. 時空環境並非靜止不變，也正由於其不斷演化，組織才有時而窮之窘境；爲求生存，爲計將來，爲成使命，其就須守經達變。

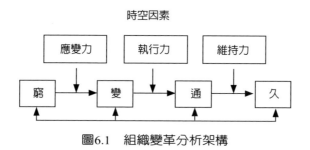

圖6.1　組織變革分析架構

6. 組織與環境的契合（fit）（Miller, 1992），才比較有生存空間的機會，否則組織因其本身的惰性，忽視環境的演展，有可能因而停滯或走上自然淘汰的命運。

7. 組織要完成革新的任務，乃需要設置必要的支體系，以掌握環境的變化，擬訂因應措施，監控忠實的執行及維持有力的設計。

8. 革新本身只是成就變通久的必要條件而已，並非充分的條件，蓋它自己無法自行運作，有待推動者加以使力，進行說明、釋疑、推銷的任務，以增進受到採納的機會，並由執行者付諸有效的執行，才成就革新的目標。

9. 組織的生命週期（如草創期、中年期及老年期）有異，革新的驅力不同，組織本身的自由度與自主性亦全然不同。一般而言，草創期及老年期的自由度較低；而中年期時，因一切已經底定，對外關係也已建立或穩固，根基更是較爲厚實，所以比較有裁量或抉擇革新的機會（Burns & Mauet, 1984）。

10.資源的稀少性致使組織間的競爭，殊難避免。組織爲了保持競爭的能力，有必要有前瞻性的眼光，設計嶄新的革新方案，愼選開拓的領域，發展與部署新的科技，籌組妥適的結構與體制，安排又快又準又銳的決策過程（Bozeman & Slusher, 1979）。

11.組織要革新，但也要有常規；即凡事在變中有其不變而可久的道理。比如，人事要求變動，但用人唯才、適才適所的原則與立場不能改變；作法可以改變，但人倫群體紀律或倫理的維持不可改變。是以，革新的目標：在由變的過程中，追求可長可久的原理原則，守經達變乃最能反映革新的精神。

12.窮則變、變則通、通則久是良性的發展，但其前提在於：認定真正的窮處、選擇合宜的變遷、成就人和事通、持續或習於運行有效的先例。

　　歸結言之，組織革新以認定窮的存在為始，經由計畫性的改變，成就亨通的組織運作，而以保持或習於過往亨通有效的運作模式為終極目標。不過，組織革新非一味以變為宗旨，它必須要守經，也要達變。兩者若各自偏廢，將不可能實現組織的目標。

　　組織在革新時，不得過度受制於環境，也不能對環境相應不理，維持適度而合理的自由度，組織方能在變動的環境中應付闕如，不致輕易被淘汰。不過組織對環境的體認、監測及注視，無時不可鬆懈。

第二節　組織之「窮」

　　組織革新既以窮的存在為起始，則啟動革新之輪當以認定組織之窮為優先，這個箇中道理甚明。常言道，欲治癒人體之疾病，醫生首先要診斷人體在哪些部位失序，以及各種失序狀況所帶來的影響，然後對症下藥，以求藥到病除。同理，組織之診治，預先設法找到窮困之所在，失序之緣由，再加以改變排除（Hogwood & Peters, 1985）。究竟組織之內有哪些通

則性的窮困，哪些不可承受的「輕」呢？吾人要由下列幾個方面分析之。

一、瓶頸

　　既已成立的組織，經一段時間的運行，由於抱殘守缺，若又不注意時空的演變，可能會在運能關係上達到局限，無法進一步突破，遭遇到嚴重的瓶頸。比如，台灣推行家庭計畫的組織，若一直持守家計的宣導措施，不理會人民價值取向的改變，經社的更調，則未來台灣將會有人力資源短缺的情勢發生。又如，台灣地區的公共安全屢現紅燈，公共場所之無情火頻生，主事機關的管理、協調及溝通，若未能有所更調，則無情的災難恐難倖免。

二、盲思

　　組織一旦成立後，慣性極易形成，更會有盲目的思考方式呈現（Hart, 1990; Janis, 1982）。即組織的決策，甚少注入下層員工的心聲，而專以上層結構對情勢的主觀認定或思維為決策的基礎。這是一種斷層的決策模式，很可能錯認了組織所面對的問題、封殺有效而可行的方案、進行不當的推論與論證，以致可資選擇的方案有限（Govier, 1992）；更有可能事先預設了方案，再構想相對的問題來配合，即一般所謂的「削足適履」式的規劃模式。比如，外交部一直認為重返聯合國有困難，就受到這種主觀的認定所困，很少以積極的態度進行研思，伺機加以突破。經建會也一直以成長及發展的角度進行一切經建的規劃，而甚少以管理的方式為經建規劃的主軸，更常以畢其功於一役的設計模式，冀圖同時間完成一切的事情，因而忽略各事或各項計畫間的排擠效應（effect of crowding out），往

往導致計畫的功效大打折扣。

三、附庸

　　組織的生存若無自主性，事事要仰賴其他機關的鼻息或資源的供應，則己身很可能成為其他組織的附庸或俘虜（Echeverri-Gent, 1992），這是組織在資源上成為其他組織的附庸型態。不過，組織亦能成為自己的組織史之附庸，即組織的學習以過去的經驗為基礎，以往的知識水平為根基，以致吸收能力受到限制，領悟力也就有其局限（Cohen & Levinthal, 1990）。是以，組織的革新績效，若無法擺脫過往不當價性的制約，而以適應時勢演展的路線為取向，很可能在發展、成長與調適上有事倍功半之情勢。

四、衝突

　　同性質的組織，往往逐漸構成一個組織界域（organizational field）（DiMaggio, 1983 & 1991），正如經濟領域上所稱紡織業（界）、汽車業（界）一樣，定有許多類似的組織，在功能上、在任務上、在人員素質上、在組織領域上、在結構上彼此雷同而形成一類的組織界：如政治性組織、經濟性組織或交通性組織。然而，同一界域內的組織或不同界域之間的組織，如彼此互相具有嚴重的衝突，彼此互爭有限的資源，均會形成緊張關係，波及組織的生存空間。斯時就有賴組織調整步伐，建立和諧互存的結構關係，體認彼此共享權利的重要性，妥適管理組織間的相互關聯性（Luke, 1991）。土地增值稅之無法定案，內政部及財政部意見不一、見解不同，再加上標的對象群體反對，乃就形成政策僵局的局面。蓋組織間

往往互相影響，形成彼此互賴的關係，一個組織的行為既影響又受制於另一個組織的行動，所以衝突的衍生乃滋生了組織的窮困。

再者，一個組織內部的結構若各持本位主義，並沒有同舟共濟的情感，彼此有掣肘之情勢，衝突互爭的情況（Roffins, 1991），則組織的推展亦會有所困難。

五、不彰

組織每每設定有理想的業績指標，但理想終歸理想，更難逃現實環境的檢定，以致有績效落差的現象（performance gap）（Downs, 1967; Zaltman, Duncan & Holbek, 1973）。這種現象更是解釋組織何以要變遷或革新的主要原因之一。蓋組織通常不太願意改變自己的行為模式，除非主事者確信：當為與現為之間有了顯著的落差（Downs, 1967; Elkin, 1983）。蓋組織內部的人力資源有所流失，能者無法任大責；科技也不斷更新進步，組織可能未適時引進使用；外在環境的更迭，致使組織原本承擔的使命受到貶值，若無法爭取新的任務，承受新的挑戰，組織就有凋萎的危險。何況，權力結構的變換，也可能致使組織原本的支撐根基腐蝕，或已有的人脈關係網絡中斷，績效的發揮當然受到無情的打擊。組織本身也會在執行角色的過程中，形成一些連帶的效應（ricochet effects）（Downs, 1967）：比如原本的任務業已執行完畢，階段性的使命已經成就，可能帶來被裁撤的命運，因其已失去立足或繼續存在的理由；組織在運作過程中，往往因己身的作為引發一些意想不到的漣漪，如在進行審計時，發現詐欺性的醜聞，但這項發現也會影響到審計及被審計機構的運作；組織為了提升員工績效而設計一些獎勵或誘導的制度，但因執行欠缺分配正義（未按真正的個人表現定力績）及程序正義（未有真實的績效資

料爲準據），乃引發了員工諸多抱怨、不平或離職，形成優秀人員之疏離，工作素質之無法提升。凡此，均是組織績效不彰的現象。

六、落伍

組織生存在時空環境裡，其勢必無時無刻要與環境互動或周旋，知悉環境的演展、資源的多寡、競爭對手的消長，受到外界支持的幅度及強度，以爲及時的因應措施。然而，有的社會有人民行動超前，但規範落後的情況；有時更因組織的慣性，在時空已大幅變動之後，猶運行過時的制度；有時組織因比較保守，對未能事先測準的環境變化，沒有把握推出與時俱進的因應腳步，而延誤先機；組織更有可能掌握在一群沒有未來感的人手中，不能接受急驚風但富建設性的建議或說服，就有可能犯了時代的謬誤，而爲受時代所吞滅。

七、無聲

組織之有活力，一定要靠構成員的高度向心力，共同群策群力，並有命運共同體的體認方爲功。因此，組織若不能聽到諸多構成員的聲音，了解其對組織的需求與建議，或是對構成員的聲音充耳罔聞，瀕臨「窮民無告」的境界，組織的整體力量就甚難產生，成員也以腳投票（意即離開）（vote by feet）來對待組織（Golden, 1992; Lowery & Lyons, 1992; Lyons & Lowery, 1986; Yanow, 1992）。換言之，後現代的思想要求組織的主事者注意：那些未明示表達出來的心聲，在對話中表示沉默的人，其內心的想法。因爲廣大的沉默者，其原本並非沒有意見，只是管道不暢，又自認爲人微言輕，絲毫一點影響力也沒有，或有關當局過早形成偏好、鎖定方

案，以致失之交臂的機會。不過，各種聲音無從注入，組織是也就無法窮盡，思維不致周全，向心力困難構築，組織能力就受到阻礙。

八、野心

組織有時由於野心過大，欲圖建立龐大帝國，乃做了非其分內應做之事，或甚至做了會產生反作用的事，以致消耗了有限的資源，分散了組織的注意力，增加樹敵的機會，擴大與其他組織的衝突面（Hogwood & Peters, 1985）。尤有甚者，組織領域過於擴大的結果，組織使命的清晰度乃受到影響，原本的支持者變成無法確定，或因拉長與中心的距離，加深了疏離感。何況，組織一旦過於「肥胖」，冗員勢必增加，管理更加困難，浪費或效率不彰難以避免，貪瀆行為有了溫床（因複雜度的升高，互動的頻繁，監控的不易）；同時組織因任務的擴增，致使自己成為可能被解體的對象，因其可能已失去專精或背離分工的組織原則（Hogwood & Peters, 1983）。總之，組織的過度成長與擴充，本身帶有風險性，更是組織之窮的類型或因由。

組織有如人體一般，有其失序或不正常的時機，但這種現象雖有危機，但也是轉機的機會，端賴組織能否適時掌握，加以革舊布新或除舊病、締新猷。因之，變可能是制止窮惡化、蔓延與坐大的良方。組織如何加以變化呢？乃是另一個要分析的主題。

第三節　組織之「變」

組織一旦有了窮困之處，若未能適時加以解決，組織的「健康」就會受到影響，績效也可能無法彰揚，更恐有走向廢敗或衰亡的命運。不過，組織應如何改變，如何轉化自己的命運呢？

一、除舊去蕪

組織受制於時空環境，若不與時推移，很可能會過時，甚至遭到淘汰，所以要除去舊的思維、決策模式、用人管道，或雜亂無章的運作程序，與組織本身主要任務無涉的業務，乃致於過於臃腫的人事結構。蓋這樣一來，組織之任事較能新速實簡與劍及履及，遭致頓挫的機會也可能減少，衍生的抵制力較低。

二、布建新猷

時空環境不斷演展，科技不時長進，人類價值隨時更換，全新問題時而出現，凡此均需要組織布建新猷，以彌補組織的真空，增強組織應變的能力。不過，在布建新猷之際，要注意其與現行運作模式的互容性，如無法產生協調合作與配合之效，就須做必要的調整。總之，布建新猷之前，首先確立舊制之無能，繼而確信新制之能耐，再付諸最後的行為。所謂：「凡事豫則立，不豫則廢」。

三、重組結構

組織所服務的標的對象與範圍有了變化，面臨新問題而調整職能；主管治事思維或理念因新衝擊而有變；一事若有了多頭馬車涉入的景象，即過多機構涉入一件事之處理，很可能造成批准關卡的膨脹；新知與新技的研究衍生了變化，人員素質的變遷，政令的修正，乃構成了結構重組的基礎（Stillman, 1984；胡念祖，1992）。蓋在前述諸種情況下，組織的有效運作似乎有了困難，非加以整合重組，可能就無法減輕組織間的磨擦或衝突，致使績效無法彰揚。

四、移植適應

他山之石，可以攻錯，本為至理之名言。凡在外國生效的制度設計或科學技能，若已產生高度的效果，組織不妨加以引進，分析其生效的背景，己身應配合的調整或建制，並試驗其可適用性，再加以納為己用，冀以因應組織所面對的新環境、新問題與新趨勢（Bennett, 1992; Rose, 1991）。不過，組織不能單就移植而言移植，蓋被移植者有其立基者，非掌握這些支撐的基礎，不可輕易冒險，以免成為無根的浮萍，只有到處飄游，無法落實生根，產生績效。

五、權變因應

由於組織均會面對測不準的環境，事先有時無法掌握何種問題的產生，所以不可以一成不變的處事原則對待新問題的處置，非因時、因地與因事制宜不可，而以見招拆招、且戰且走的方式對待事情之演進。是以，

在問題尚未呈現明朗化、透明化之前，以嘗試錯誤的設計模式對待之，由行事中學習，由不確定中摸索，不在未掌握前就故步自封，鎖定行事方針，不再考慮原先被剔除但可能相當有效的方案，或過早堅持問題的界定。

六、鑑往知來

歷史本可以為殷鑑，過去也可能有價值當為教訓，更可由對過去的省思推測未來。蓋人類的學習能力本以過往的歷史或知識為根基。大凡有了豐富的歷史記憶，具備廣博的知識，當能針對時局，理出頭緒，變其所當變，不變其所不應變者。不過，組織人要知道歷史是否已成為過去，失去時空的支撐，不要誤用或濫用歷史，更不得成為歷史俘虜。所謂：「忘卻過去的人必將重蹈覆轍，祇是永遠記住過去的人，不能知道事情已成過去，亦不能明白新的相關事情已經出現。」組織人豈可在用歷史時不加深思。

七、變法維新

法或作業程序有時而窮之際，更有相互背反之可能，是以適時加以整合，以免因法之衝突而衍生問題，造成所謂法本身為問題產生的原因（law as its own cause）。因之，法隨勢移，政隨境改，方能適應變遷中的環境。古往今來，人類在遭遇到瓶頸或停滯時，總想到要變法以圖存。組織若身處同樣的情境，身陷相同的遭遇，變法維新自然就溜進組織人的決策中樞。

八、倡導三新

　　革新體系包含四個要素：居於指針地位的革新目標、觀念革新、行為革新及產品革新（Moorman, Uzzi & France, 1990），它們之間的關係如圖6.2所示。蓋革新之先必須確立目標，設立羅盤，爾後涉入革新者，在觀念上應有所突破，開放胸懷，承認舊制不合時宜，有待新制來填補；在新觀念的驅使下，改變了過往習以為常的行為模式；最後，在前三項的奠基下，產品或服務本質獲致改善或提升。不過，三項革新必須互補，不能互相扯後腿或相互掣肘，而且三項革新須與目標一致，因應時空環境而調適，不得與其脫節，否則革新體系殊難建立，革新目標也可能成為海市蜃樓。

　　組織之變乃因組織之窮而來，而變之類型或有殊異，但其目標可謂趨同，即解決組織之窮，維護組織之正當性，獲致理想的生存空間。然而，變非憑空而來，要有組織來主持，是以組織的應變力乃結合窮與變的橋樑，彌縫二者間差距的工具。不過，組織的應變力又該作如何解釋呢？就由下一節來道之吧！

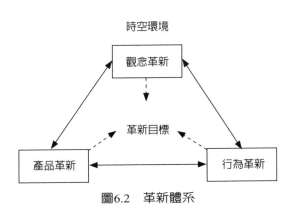

圖6.2　革新體系

資料來源：Moorman, C., Uzzi, B.D. and France, K.P.1990 "A Framework: for the Conceptualization, Design, and Strategic Management of Planned Change Systems" Knowledge in Society; 3/1:25.

第四節　組織之應變力：窮與變聯結機能

　　積極性的革新或計畫性的變革，絕非輕易可成，一蹴可幾，它必須孕育在一種特殊的氣氛下方有成就的可能。即組織的氣候或文化願意容忍、接納及鼓勵嶄新的觀念、思維或行為，如若不然，任何組織之變將遭遇困境（Bozeman & Straussman, 1990）。是以組織是否有意革新，願意承擔因革新而帶來一些壓力，化解任何有形或無形的抵制，更能慎選革新的類型，配合組織的需要，乃是窮而變的所繫條件。

一、營造革新的氣氛

　　不同的組織氣氛，對革新的支持或抵制均有重大的影響。組織成員究竟對革新抱持何種看法，認定革新對其所具的意義為何？凡此均將對組織革新產生發酵或擴散的作用。不過，有三個層面決定組織革新氣氛的熱烈或冷漠。一為革新的需要性，即組織成員體認到組織已到非變法不足以圖存的地步，則需要性就顯得相當殷切；二為革新的意願，即成員確信接受革新，願意承擔革新的任何代價，並表示要在革新過程中傾全力支持；三為組織成員體認組織具備革新的能力，得以處理革新的問題，過往也有成功的革新經驗，目前更有堅強的決心與毅力推動革新的要務（Zaltman & Duncan, 1977）。至於上該三者間的關係可由圖6.3來表示。如它們均呈現正面，則革新的氣氛甚濃，助力也滿大。

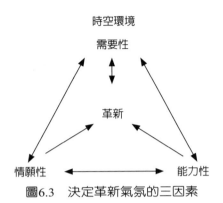

圖6.3　決定革新氣氛的三因素

二、化解革新的阻力

　　組織及其成員多少均會對革新產生抵制的行為。在某一個層面上而言，抵制是具有正面意義，一則維持某種程度的組織穩定，二則提供組織行為的可預測性（Roffins, 1991）。然而，組織若已到了窮困之地步，非革新無法續存之關頭，組織之主事者就必須設法化解革新的阻力，凝聚組織的應變力。斯時，組織要消除員工對革新的恐懼感，解釋革新的必要性，盡可能不變更原來已定的權力關係、資源分配模式，讓員工參與革新的建言及決策，向每位涉入革新者溝通革新之內涵，承諾革新的試行性，表明最高當局的支持，為所該為的革新而不涉入不必要的層面，再訓練員工以迎合革新的挑戰（Deep, 1978; Rainey, 1991; Roffinse, 1991）。因之，對阻力的診斷、分析、化解，再採取革新行動，以免欲速而不達。畢竟，組織一旦成立後，不論在結構上、團體上、行為習慣上、運作上均會有某種程度的慣性，要打破這個慣性，非慎重將事不可，怎可貿然行動。

三、慎選革新的類型

革新本身的特性，不僅影響到其是否受到決策當局的青睞，更是深繫革新能否通達的命運，因之，主事者在選擇革新時，乃有必要考量下列幾項原則：

1. 簡而易行

一項革新如為組織人所易懂，更易得到接受而大力推動，則其成就通達的可能性為之提高；反之，為人所倡議的革新若過於複雜，令人不易明白，也難以學習或付諸有效的運作，則會讓組織人躊躇不前。總之，一項革新具有可溝通性，又能呈現顯著的結果，才是該選擇的對象（Glasser, Abelson & Garrison, 1983）。

2. 有實踐性

一項革新之受到讚賞，且得以付諸實現，實踐性亦是主事者所應斟酌的焦點。所謂實踐性，乃是該項革新在現有的人力資源行事技能及態度取向下得以加以推動，抑或目前組織雖未具有這項實力，但是該項革新其有可教性或學習性（Glasser, Abelson & Garrison, 1983），組織可經由訓練而養成能力，則該革新由於是具有較高的實踐性，就較易成功。

3. 有共容性

一項革新若能與組織目前追求的價值、過往的經驗及組織人的需求共容，則其影響之不確定性較低，當然受到抵制的機會就較少；反之，它若無法與目前的社會文化價值與信念、以往引進的觀念、接受革新對象的需求相一致或配合，則其受到排斥的可能性就相當大（Rogers, 1983）。

4. 可試驗性

一項革新得以在採納之先加以試行，則為人恐懼之疑點可以消失，不確定性因而降低，可能的後遺症也可以預先設法排除。總之，革新之

可試驗性增強革新效益之明確性，減輕受革新影響者主觀認定的恐懼或風險，進而自動化解抗拒的阻力（Downs & Mohr, 1979; Glasser, Abelson & Garrison, 1983; Rogers, 1983）。

5. 適時適地

當組織需要革新時，有了嶄新的觀念適時適地的出現，正好把握住關鍵性的時機，處於被抉擇的有利地位。蓋有時遠水救不了近火，情勢或窮困又不能等待，是以組織必須在平日就須注意運作情況，隨時關注潛在的問題，立下幾套備選的方案以應急需，不致延誤了時機。總之，組織平日就要有警覺性，預先蒐集相關知識，從事研發工作，始能發揮應變力，扮演緊急救火隊角色。

6. 相對利益

一項革新的結果相當具有可觀察性，又比其他的或現行的運作方式更能獲致具體的效果，且有機會解決長期受困或擾人的問題，則是雀屏中選的對象。蓋如革新未能具有相對利益，組織又何必吹皺一池春水呢？（Glasser, Abelson & Garrison, 1983; Rogers, 1983）。

歸結言之，組織對革新的採納不得勉強或過度爲之，如有人認爲一項革新有帶來後遺症的可能，而且並未具有相對利益的價值，則在抉擇時就要格外小心，不必強出頭，更不必爲任何嶄新的觀念所著迷，因爲革新與效能畢竟不是同義詞。曇花一現的新觀念或一時光彩奪人的思維，有時經不起時空的檢驗，愼審抉擇方能提升組織的應變力。

四、培養革新的人才

人才爲組織化窮應變的基礎，所謂「中興本以人才爲本」，正好回應

這個真諦。然而，革新的人才要有幾個特性：

1. 體認性

革新均多少會對現存關係打亂，也可能影響到組織人的權益，當然就會產生抵制的現象。斯時，主事者若能站在抵制者的角度來看問題、分析原因，再行設法解開他們的抵制情結，化解革新的阻力，推動革新的腳步。

2. 有彈性

推動革新的人才一定要有相當程度的彈性，見到情勢的演展，有心調整不合時宜的運作模式；發現變遷有其困境或不易推動，勉強為之，恐有極大反彈，乃應有壯士斷腕之心，立即捨棄革新的繼續推動，靜觀情勢的發展。

3. 客觀性

主事者要設法尋求員工抵制改變的真正原由，詳細解說所要推動的革新內容，以及革新所帶來的正負影響。總之，盡量以客觀的事實，而非完全以主觀的判斷作為革新的抉擇，方較能減輕組織人的各項潛存或具體的疑慮。

4. 分享性

革新的成敗攸關整體組織的命運，因之革新的決定若由組織人共同分享或分擔成敗之責，則較能全體一致共赴革新之事功。這種情形在要求民主的今天，權力、利益及責任分享乃提升組織凝緊力，支持革新的重要途徑。

總之，讓組織人了解革新的理由、革新運作的方式、各自要扮演的角色及可預期的結果；提供員工有了規劃、執行及控制變遷的影響力；贏得員工對革新推動者的信任；表現主事者支持及行動配合革新的運行，乃是

優秀革新人才的標幟，促使革新邁向成功的地基（Deep, 1978）。

第五節　組織之「通」

組織由窮而變，當然冀望再由變而通的目標。然而，哪些通是組織夢寐以求的呢？

一、解決問題

組織之窮，歷經變的過程，將其消失於無形，或減輕問題的嚴重性，縮小問題擴散的範圍。如若問題未將其立即解決，則可能由急性的演變成慢性的，由顯性的變成隱性的，將困難化其被解決之可能性。

二、突破瓶頸

組織的生產力如受到生產關係的局限，乃必須改變生產關係，突破原來瓶頸，進而產生新的生產力。蓋組織到了某一段時日，由於種種更迭，瓶頸自然就會滋生，有時更改運作方式，轉換工作人員，革固鼎新、權變回應時空環境，以穩固組織的生存空間。

三、形成人和

組織的衝突和人事間的傾軋，破壞組織的團結，影響組織的生產力和績效。是以，組織的改變、人事的更迭、人員素質的提升、引進有力的領

導人員，促成高凝聚力的組織體系和諧的員工工作關係。

四、建構規範

組織規範的陳舊或過時，無法掌控組織的妥當運作，就有必要加以革新，調適舊體制，建立時空需要的新體制。畢竟組織的生活有賴於規範來呈現，組織的秩序要由其來維持，組織的協調要以其為基礎，組織內的各自權責要由其來分配與指定（Mills & Murgatroyd, 1991）。不過，這些功能之發揚，革新或許為主要前提之一。

五、淨化清廉

組織成立一久，可能與其顧客或利害關係人形成親密關係，導致組織失靈、尋租（rent-seeking）或鑽營的腐化行為。這些行為會影響到組織的社會形象，腐蝕其存立的正當性，有賴透過革新的過程，達到組織淨化的目標，人員清廉的地步。

六、三盡一暢

組織革新達到「通」之境界，正可顯示：組織內人盡其才、物盡其用、地盡其利與貨暢其流。蓋瓶頸一通、衝突一解、盲思一破、自主一立、浪費一除，則三盡一暢之目標較易水到渠成。

七、最適規模

　　組織若過度膨脹，所建「帝國」又過於廣袤，未蒙其利恐先受其害。這種情勢非但管理不易，控制不周，而且更有鞭長莫及、各自為政之譏，也孕育了衝突、塞責、推諉的溫床。是以，組織革新意圖致使組織體認己身的能力、可控制的幅度、可協調溝通的範圍，而組成最適的規模，不貪求、不狂狷、不好高騖遠、不心存幻想。

八、聲聲入耳

　　組織力量的發揮，非群策群力不為功。如若組織各部門各自為政，堅持本位主義，則力量分散，目標之成就也未能達及最佳化的地步（suboptimization）（Deep, 1978）。組織為求這種情境之改善，建立命運共同體的意識，就必須設有管道讓不同聲音進入決策體系，致使決策均在大家參與下作成，形成對政策的使命感及向心力。尤有甚者，對那些未正式表達聲音者，亦應解讀其內蘊，掌握其真意。總之，組織之通亦代表了員工的心聲有了發洩管道，受到重視的機會，且組織主動體會沉默的意義。

　　組織之通為革新的目標，更是主導變的方向，其乃扮演船舵及羅盤的功能。然而，這個遠大目標之達成，並非守株待兔可得，或可無勞而獲，乘借他人之勢而致，蓋天下沒有白吃的午餐，非要透過組織對變的奮力執行，方可趨近目標，「停靠標的港口」。

第六節 組織之執行力：變與通聯結機能

組織之變要成就的目標，不是在光有了改變、有了革新就能達到，其只是往通的境界的第一步而已，猶要組織人將變付諸執行，只因徒「變」不足以自行。是以，執行力的高低乃通之所繫。究竟執行力如何顯現呢？

一、沒有表面敷衍的執行現象

組織之變一旦合法確立，如受制於組織的惰性或習以為常的行事作風，以致未能徹底貫徹，有時甚至表面敷衍一下，則變要轉化為通就相當困難（林水波，1992）。

二、不生朝令夕改的執行現象

朝令夕改代表組織對構想之變並未深思熟慮清楚，所謂慮之不深、思之不遠或不思不學，當然會引起組織人的不信與懷疑，究竟主事者有無意願要進行革新，如若主事者三心二意、見異思遷，要得風行草偃之勢就戞乎其難矣！何能奢求通之成就。

三、不做一曝十寒的執行現象

五分鐘的執行熱度，一曝十寒似的斷續作風，斷不可能有通達的機會。誠如「雖有天下易生之物也，一日曝之，十日寒之，未有能生者也」；同理，「一天捕魚，三天晒網，豈有獲魚豐者也」。

四、避免各自為政的執行現象

　　組織乃結合各部門而成，但變之成為通，則有賴各部門通力合作，亦步亦趨；但如各部門但依憑本位主義作風，表現「同床異夢」的看法，或抱持「事不關己、各掃門前雪、不管他人瓦上霜」的心態，則組織力量無法凝聚，且因力多而分，只能發生散彈的零星效果，未能展現「火力集中」的乘數效應。

五、去除步調不一的執行現象

　　所謂：「急驚風碰上慢郎中」的情勢，乃出現了執行嚴重耽誤的結果，也就未能掌握先機，導致脫軌的後果。是以，組織各部門間若未能達到「臂指臂助」的地步，則通之獲致就殊為困難。

六、排除事必躬親的執行現象

　　組織的員工各有專司，變之執行更是全體的責任，所以分層負責、逐級授權，乃能成就革新之目標。如若領導者凡事必躬親，則終將因個人力有未逮而敗下陣來。

七、力行執行過程的監測管理

　　執行過程中，每會發生偏差或脫離正軌的現象，適時監測、妥當管理，以便即時導正，才能達到成功的彼岸。因之，過於自由放任的執行行為並不太適宜，不斷地進行評估及檢討，方能扭轉執行的方向。

八、建立精緻妥當的執行結構

執行部門若「一個一把號，各吹各的調」，則導致執行活動的混亂或渾沌，有待建立一套執行體制，包含一些處事原則、遵行的規範與決定作成程序，致使執行涉入者的想法及作法達到趨同的境界，形成有秩序的活動，奠定共赴事功的走向，促成革新的目標（Stoker, 1989）。

由變而通有賴組織執行力的發揮，才能將兩者結合；如欠缺這個融合力，導致變之偏行或脫軌，則離通的目標就更為遙遠。是以，吾人斷不能忽視執行的重要性，不致演化成變與通之間失去了聯結。

組織之通經由執行力來促成，但其最終目的地當為「久」，然久之涵義為何呢？如何能加以促成呢？乃為往下分析的課題。

第七節　組織之久

組織革新一旦達到通的地步，論者認為革新實已到了終點，可算完滿達成。不過，吾人認為：為山九仞，不可功虧一簣，蓋通之達成可能是一時性或短暫性，如果新的變革確實帶來好處，就該設法加以維護，俾便持續組織的生機。如若不然，組織之通極易因組織人之鬆懈、眷念過往習以為常的想法或不習慣新制，而又在不知不覺中回復到原來的狀況。然則哪些指標可代表組織之久呢？

一、習慣化

所有的人類活動均有趨向習慣化的可能，只要人們一再加以重複履

行，就可形成一種固定模式，這其中組織的強化作爲就極爲重要，即組織對其有益的作爲加以鼓勵或獎賞；或進行適度的社會化工作，就可在將來之際，以同樣的方式、同樣的努力，讓組織人呈現相同的行爲（Mills & Murgatroyd, 1991; Wanous, 1992）。

二、例行化

　　過往的組織革新，每將焦點設定在革新的採納及執行的階段上，而忽略革新的例行化。事實上，一項成功的革新措施，其最終的目標之一乃是：將這項措施成爲例行化，永矢遵行。蓋組織人對革新措施習慣後，若再加以例行化，成爲己身行爲的一部分，致使革新的措施依然持續運行，而且已不再被認定猶具有新鮮或有生澀之感，即達到原來之新味已渾然消失的階段（disappearance stage）（Yin, 1981）。

　　一般而言，例行化有三種程度之別，邊際性的、中度性的及高度性的（Yin, 1981）。第一種程度的例行化可能無法持久，極易因熱度的消失，問題不斷循環產生，致使注意力的轉移，支持的減弱而恢復原來未革新的狀況，即這種革新有其先天的脆弱性。第二種程度的例行化，比較上有較強的根基，但離生根成長的階段，猶有一段距離，尚待主事者不斷耕耘或灌溉。第三種程度的例行化已到了根深柢固的階段，並由組織及人員加以內化，不因主事人員之更迭，原來的革新措施猶繼續推動下去，而普及到全部的組織。

三、制度化

　　革新的制度化之所以產生，乃在於組織內各類人員業已習慣的行爲

模式，在彼此互動的過程中，予以正典化、建制化。然而，組織行動的建制化或正典化，並無法立即成形，它須要經歷一段時間，浸淫在歷史的共同薰陶下，斯有可能完成。總之，制度一定有其演展的歷史，更是歷史的產物。它更可制約組織員工的行動，事先設定行為的模式，指導行事的方向，並扭轉其他可能加入競逐的方向（Mills & Murgatroyd, 1991）。

制度化對組織而言可扮演多項功能，一為提供組織的穩定性，二為塑造了組織的規則性，三為免掉組織的不確定性，四為協助組織的控制性（Mills & Murgtroyd, 1991）。對組織員工而言，制度化協助他知悉組織對他的期望，一般正常行事之道，何事有意義及組織究竟所為何事和為什麼那樣為之；協助他感覺是組織的一位構成員；讓他體會到組織內工作關係的規則性與確定性；符合他對秩序與一致行動的要求；維持他本體上的安全感；使其成為意識塑造的機制（Mills & Murgatroyd, 1991）。

組織之久乃以習慣化、例行化及制度化為指標，更是組織得以在時空環境並沒有重大變化之際，維持穩定性、規則性、可預測性及確定性所不可或缺的重要運行工具。不過，其之所以能獲致，組織的維持力居功厥偉。

第八節　組織之維持力：通與久聯結機能

通與久之間的結合，有賴於維持力之發揮，而一個組織如何展現其維持力呢？

一、支持不斷

組織之各項通達在暢行之後，若體認其對組織之健全有益或發展管理有助，則組織不得在中途抽腿，而要不斷加以注入必要的資源，提供高品質的人力，並給予員工適當的報償。這樣持續不斷的栽培，方能使革新行之久遠。

二、精緻評估

組織革新在歷經一段執行期間，有必要進行精緻化的評估，將績效不彰者予以終結，保持能發揮作用者，填補原本不足者或闕漏者，促使革新得以周詳，受到員工的認可，進而成為永續可用。不過，永續可用性並非是一個恆定的狀態，而是一項動態的均衡，故需無時無刻地加以注意、關懷與重視（Goldsmith, 1992）。

三、策略規劃

永續可用的制度，主事者須不斷思慮、衡酌內外在環境的變化，進行策略規劃，讓利害關係人加入規範的過程，共同研議組織目標。蓋在參與式的規劃下，集個議成眾議，除盲思而立共識，與時俱進，與空並移，致使組織永居策略因應的位置。

四、提高自主

組織若過度依賴於其他的組織，時有陷於俘虜的地位，往往要受制於

人。是以，一旦依存關係有變，革新有可能中斷。因之，組織之久能立，自主性之提升或分散可能風險就相當重要。再者，平時多儲存一些備用的資源以應急需，以防本身的自主性受損。

五、公布成就

組織革新一開始不要好大喜功，從事大規模的改革措施，以免造成過大的反彈。再者，革新一旦有了顯者成效，公布這項成就，消弭疑慮、強化支持，才加以擴散或推廣。

六、表示負責

推動革新者，由於關係組織的成敗，有必要隨時回應員工的問題及設法解除其對革新的恐懼，並諮詢各方人士的意見，以為革新進行動態調整的準據，進而表現出革新的坦蕩、熱誠及負責的態度。

組織之久須較長的時間才能建立之，同時吾人必須體認組織之久之動態性，即習慣化、例行化及制度化，有時只有部分成就而已，大凡不合時宜之革新者，就須隨生態而演化。

結　論

組織革新有待培養，更須促進，且要有正確的觀念。換言之，革新非能倖至，策略的規劃與全體的支持，均在革新過程中扮演吃重的角色。革新並不與效能同行或亦步亦趨，其積極成效之出現，需要容忍、激勵及鼓

舞的組織氣氛。

　　窮、變、通及久爲組織革新的四大階段，所以對問題之體認、相關知識之蒐集、積極態度之養成及下定決心履行就非常重要。符號或象徵式的革新，雖可能掩人耳目於一時，但終究會被拆穿，是以腳踏實地的作法，不虛應故事、不裝模作樣，方能得到員工對革新的信任。

　　革新與革新傾向（innovativeness）的概念不同，前者在探討它的類型，後者在分析促使革新的要素，兩者不可將其混同。不過，無可否認地，革新本身的特性會影響革新傾向。

　　時空環境爲推動革新的搖籃，提供革新的激勵因素及革新的手段，是以革新不能脫離組織的歷史背景，更不可忽視其所遭遇的環境。

　　組織內要有員工扮演革新之催生者、倡導者、批准者及接受者的角色（Bozeman & Straussman, 1990）。這四種角色的充分扮演，革新才有出現的可能，而四缺一時，革新可能就夭折。

　　規避風險的習性、得過且過的行事作風、斷續注意、消極被動的組織文化，均是革新的致命傷（林水波，1993）。因之，如何塑造或養成具革新氣息的組織文化，爲組織革新啓動的先鋒。

參考書目

一、中文部分

林水波，1992。強化政策執行能力之探討，行政院研考會委託研究。

林水波，1993年2月3日，「災難與問題的呈現：論情變無情的省思」，自由時報。

胡念祖，1992。我國海洋事務專責機構之設訂與定位，行政院研考會委託研究。

二、英文部分

Bennet, C.J. 1992. *Regulating Privacy.* Ithaca: Cornell Univ. Press.

Bozeman, B. and Slusher, E.A.1979. "Scarcity and Environmental Stress in Public Organizations: A Conjectural Essay" *Administration and Society*，11/3:335-355.

Bozeman, B. and Straussman, J.1990. *Public Management Strategies.* San Francisco: Jossey-Bass.

Burns, M. and Mauet, A.1984. "Administrative Freedom for Interorganizational Action: A Life-Cycle Interpretation," *Administration and Society*,16/3:289-305.

Cohen, W.M. and *Levinthal* 1990. "Absorptive Capacity: A New Perspective on Learning and Innovation," *Administrative Science Quarterly*,35:128-152.

Deep, S.1978. *Human Relations in Management.* Encino, CA.: Glencoe Publishing Co.

DiMaggio, P.J. 1983. "State Expansion and Organizational Fields," in Hall，R.H. and Quinn, R.E. (eds), *Organizational Theory and Public Policy.* Beverly Hills: Sage,*147-148*.

DiMaggio, P.J. 1991. "Constructing an Organizational Field as a Professional Project: U.S. Art Museums,1920-1940," in DiMaggio, P.J. and Powell, W.W. (eds.), *The New Institutionalism in Organizational Analysis.* Chicago: The Univ. of Chicago Press,267-292.

Downs, A.1967. *Inside Bureaucracy.* Boston: Little, Brown and Co.

Downs, G.W. and Mohr, L.B.1979. "Toward A Theory of Innovation," *Administration and Society,*10/4:379-408.

Echeverri-Gent, J.1992. ""Between Autonomy and Capture: Embedding Government Agencies in Their Societal Environment," *Policy Studies Journal* 20/3:342-364.

Elkin, S.L.1983. "Towards a Contextual Theory of Innovation," *Policy Sciences*,15/4:367-38?.

Glasser, E.M., Abelson, H.H. and Garrison ,K.N. 1983. *Putting Knowledge to Use.* San Francisco: Jossey-Bass.

Golden, M.M.1992. "Exit, Voice, Loyalty and Neglect: Bureaucratic Responses to Presidential Control During the Reagan Administration," *Journal of Public Administration Research and Theory*,2/1:29-62.

Goldsmith, A.A. 1992. "Institutions and Planned Socioeconomic Change : Four Approaches," *Public Administration Review*,56/6:582-587.

Govier, T.1992. *A Practical Study of Argument.* Belmont, CA.: Wadsworth Publishing Co.

Gretz, K. and Drozdeck, S.R. 1992. *Empowering Innovative People.* Chicago, IL.: Probus.

Hart, P. 1990. *Groupthink in Government.* Rockland, M.A.: Swets and Zeitlinger.

Hogwood, B. and Peters, B.G.1983. *Policy Dynamics.* New York: St. Martin's Press.

Hogwood, B.and Peters, B.G.1985. *The Pathology of Public Policy.* Oxford: Clarendon Press.

Janis, I. L. 1982. *Groupthink.* Boston: Houghton Mifflin Co.

Lowery, D. and Lyons, W.E. 1992. "Citizenship in the Empowered Locality: An Elaboration, A Critique and A Partials Test," *Urban Affairs Quarterly,* 28/1:69-103.

Luke, J.S. 1991. "Managing Interconnectedness: The Challenge of Shared Power," in Bryson, J.M. and Einsweiler, R.C. (eds.) *Shared Power.* Lanham, M.D. : Univ. Press of America,25-50.

Lyons, W.E.and Lowery, D.1986. "The Organization of Political Space and Citizen Responses to Dissatisfaction in Urban Communities: An Integrative Model," *The Journal of Politics*, 48:321-346.

Miller, D.1992. "Environmental Fit Versus Internal Fit," *Organizational Science*, 3/2: 159-178.

Mills, A.J. and Murgatroyd, S.J. 1991. *Organizational Rules.* Milton Keynes: Open Univ. Press.

Moorman, C., Uzzi, B.D. and France, K.R.1990. "A Framework for the Conceptualization, Design, and Strategic Management of Planned Change Systems," *Knowledge in Society,* 3/1:21.45.

Rainey, H.G. 1991. *Understanding and Managing Public Organizations.* San Francisco:

Jossey-Bass.

Robbins, S.P. 1991. *Organizational Behavior*. Englewood Cliffs, N.J.: Prentice-Hall.

Royers, E M.1983. *Diffusion of Innovations*. New York: The Free Press.

Rose, R. 1991. "What is Lesson-Drawing?" *Journal of Public Policy*,11/1:31-54.

Stillman, R.J. (ed.),1984. *Public Administration: Concepts and Cases*. Boston: Houghton Miffin Co.

第七章　文化導向型的公共管理策略

前　言

　　人類社會的組織在追求己身生存，對應外在變遷及解決內部整合問題的經驗，歷經一段時間的孕育、累積與儲存過程，就會形成組織認爲合理、有效及可靠的處事、任事及行事的基本假定、價值規範及行爲取向，成爲成員學習的對象，使之變爲較爲固定的份子，不致隨意離職他就。

　　這一套假定、規範及取向的三合一組合模式，即一般學人所指涉的組織文化內容。一方面它由組織內部的成員憑空創造出來的，或由對內與對外互動過程上找到的，抑或以點滴工程的方式，一步一腳印的歷程發展而成的。另一方面，三合一的文化質素，每爲成員據以處置、解決及因應：外在調適和內部整合的各項問題，且從中體認到其對問題的化解，呈現豐碩的成果，於是就潛存於成員的頭腦中，並冀圖將其社會化給組織新血，用以培育他們得以正確、妥適及對症的方法，面對組織的問題，進行審慎的思考、務實客觀的認知及設身處地的體會，而爲組織使命奮進（Schein, 2004）。

　　不過，組織文化的形塑，每每受到諸多因素的影響：組織目的、誘因機制、負責體系、權力結構、行政系統、組織結構、工作過程、組織任務、外在環境、歷史傳統、管理措施、領導性向及員工性向（Osborne and Plastrik, 1997: 262）。這些因素若均爲建設性、強健性、積極性及富遠景性，則會爲組織塑造優勢的文化，如嚴謹的專業精神、源源不絕的創新追

求，時時苛求產品的精緻化與密切合作的經營團隊。反之，這些因素如走向偏差之途，恐會形塑弱勢的文化，如注重形式主義、操持產品的模仿、抄襲及流行、信守老二主義而失去主導性、害怕失敗欠缺冒險精神。如此一來，組織的生存、正當性，就會受到挑戰或質疑，組織勢必調整文化內涵的基因以爲因應不可。

管理再造的切入點繁多，有核心、結果、顧客、灌能及文化導向之別，抑有民主行政的策略觀，財政導向的改革觀，此處則鎖定在文化的再造上。雖說核心、結果、顧客及灌能導向之管理再造策略，在提升組織競爭力及改造文化基因上有其所在的地位，亦是必要的條件，但由於其各自有各自的聚焦，文化之再造亦只是附隨性的功能，故組織不能對其有了過高的預期性依賴，而要同時由文化自身的更調著手，從事徹底的文化翻轉，奠定強健的組織文化，鋪設其他改造策略得以順時順勢運營的立基，不致受舊有或傳統文化的抵制，而減低應有的競爭力提振功效。

文化導向的管理再造策略之設計，首先吾人必須認清組織文化的屬性及影響；公共組織在特殊的成立背景、結構安排與單獨壟斷地位下，究竟會形成哪些弱勢文化，進而有礙於效率、效能、創新及適應的時代要求；理想的公共組織文化可分爲哪幾個類型；弱勢及強健文化所形成的罅隙，目前有哪些策略可資加以彌縫，而爲提升組織競爭力得以向前邁進一大步；以及組織人若欲領航文化的轉向，要遵循哪些指引及做法，始可達成文化改造之終極目標。凡此均爲本章所致力要探究的課題。

第一節　組織文化屬性

組織經常在處置外在適應及內部整合時，往往透過經驗之學習而創

造、發現及演化一組基本假定，述明組織與環境的關係、人性的本質、行動的取向、事實及事相界定的遊戲規則與正確的人際互動關係。而這套假定在歷經一段時間的試行、運用及精緻之後，眾組織人發覺其既有效又有用於組織問題之解決，遂決心將其相互傳承，以養塑新血在對待上該兩問題時，顯露相對上較為正確、妥適或不被異議的認知觀、思惟觀、體會觀及行動觀（Schein, 2004）。這是時下最受認同的組織文化定義，吾人從中可導出十個特性。

1. **學習性**：組織文化是組織人在解決問題之後，逐步學習累積而成。這類學習一是傷痕式的學習，由創傷過程調整失靈的行事哲學；二是鞏固型的學習，由成功的獲致，強化原本所根據的假定。

2. **演化性**：組織文化在組織人歷經不同的互動及處事經驗後，逐漸篩選其認為有效可用的習慣、思惟及認知，並將其組構成為一套對應內外在情勢的基本假定。

3. **引導性**：組織人對組織與環境關係、人性本質、行動取向、人際互動及事實真相認定的基本假定，均會引導他們外顯的組織行為及態度。

4. **可變性**：組織文化一旦形成，或許可維持一段時間，不過組織為了持續自己存在的正當性，應付變遷或動盪環境的挑戰，可經由主事者的更迭，基本使命及策略的調整，抑或洞悉文化學習過程的動態性，形塑文化的關鍵槓桿，由主事者敘明或論述變遷的迫切必要性，而加以進行契合情境的改塑。

5. **傳遞性**：組織文化既是組織深悉的一套解決內外問題的假定、規範及取向，所以它會進行代間或代內的社會化過程，將其認為理所當然或行諸有效且為人接受的行事觀，傳遞給成員，俾其順利進入組織情況，化解組織所面對的內外難題，減輕經營成本。

6. 內隱性：假定、規範及取向，有時不一定由肉眼一視就可觀察，可能要經過一番的診斷或解讀，才可破譯其箇中精髓。由是，吾人若要徹底掌握一個組織的文化特色，一則要關注組織平常所討論的內容，閱讀成文的文獻，二則關心組織內所發生的軼聞軼事和各項述說的故事，始可理解組織的文化底蘊（Deal & Kennedy, 1982）。

7. 外顯性：內隱的組織文化素質，其他的組織設若未能透過接觸的管道加以妥適的捕捉，則想望與其有效互動，甚至建立溝通無礙、協調順暢及合作無間的團隊，恐就相當困難，因之相關之主事者應熟知組織的：行事作風、決策風格、用人模式、執行態度、責任意識、情緒智商、衝突經緯及部門聯結，以定下一個組織的文化模式，擬斷契合的往來策略，締結雙贏的境界。

8. 功能性：任何組織均冀想建構一個具有一體感或全局感的情境，成員個個擁有高昂的參與心、投入情、權能感及責任識。組織向來以文化內涵顯示：成員於組織內獲致成功的妥當態度與行為；提供有力的標竿，告知成員應為、應思及應覺的標的；馴化或養塑員工的行為導引，使其有了明確的行徑路向，有了羅盤指引「船舵」的方向；協助成員對組織基本的使命及策略、欲完成的目標、目標完成的手段、衡量目標實現的指標與完成目標的正確行動，發展共同的理解，而為組織生存、站穩立基奠下礎石（Osborn & Plastrik, 1997; Ott, 1989; Schermerhorn, Hunt & Osborn, 1991）。

9. 示警性：組織文化出現麻煩或遭遇困境之際，有一些跡象可供主事者循線找出，以為適時適刻的因應或轉型。比如，組織停止關注外在實際世界的變化，而將重心轉注於內在的事務；組織有人感到不愉快，不久就離職；組織內部呈現不太一致，抑或區隔滿大的行事作風；整個組織陷入常態的狀況之外，呈現出高度情緒化之境（Dearl & Kennedy,

1982）。這些徵候就在示意組織文化存有困境之狀，非立即加以扭轉不行。

10.獨特性：每個組織由於領導者及組成者不同，所以形塑出差異滿大的文化特質，有的展現高度的活力，敏銳的環境偵測力，人性關懷的同理心；有的露出精神萎靡、抱怨連連，抑或彼此間漠不關心狀。是以，每一個組織的成員，可能內化及養塑一套獨特的行為、情感和心理架構，以為行事的準據，因應對外調適及內在整合的問題。

　　每個組織在成立之後，且運營了一段時間，均會形成一套慣行的假定、規範和取向。這套文化幫助組織解決底下的外在調適問題：

1. 哪些是組織的核心使命及策略？
2. 哪些具體的目標關聯到使命的成就？
3. 有哪些最佳方案或手段，可達及哪些具體的目標？
4. 有哪些標準必須用以衡定績效的成果？
5. 一旦具體目標一時尚未達成，組織要採取哪些對策？

　　再者，這套文化亦裨益組織處置底下的內部整合問題：

1. 成員之間要以何種最佳方式進行相互溝通？
2. 以哪些準據界定組織或團體的成員資格？
3. 成員的權力及地位究竟要如何加以區隔？
4. 成員間的親近及友誼關係，要以哪些標準來加以界定？
5. 員工的獎懲標準又如何？是否屬行「熱爐原則」──事前警告、及時施與、一致施與及對事不對人？
6. 組織員工如何從集體的透視域來解釋不可控制的事件（Schein, 2004; Schermerhorn, Hunt & Osborn, 1991; 鄧東濱，1993）？

　　這套文化更具有前述十大特性，吾人若能加以深刻的掌握，則對其有效的解讀，對其對政策設計及執行的影響，以及文化的轉型，或可較易找到切入域、突破點及診治位。因之，組織人要隨時常掌握：這些特性已發展到何種程度，哪些需要翻轉，哪些更待發揚，以及哪些尚須突破。

第二節　弱勢組織文化

　　管理再造的對象本是公共官僚組織，蓋這類組織每每具有一些基本的特性，造成關注名義上的公共利益，追求效率而不太強調優質及價值，重視行政不太從事生產，講究控制，述明功能、權威及結構，合理化花費的成本，要求嚴格遵循規則程序，盡量運作行政體系，強制要求負責，因而形塑出比較上較為弱勢的文化（Barzelay, 1992），已逐漸暴露出無法契合後官僚社會的情景，理所當然成為再造的對象。

　　至於這些特性，基本上可由四個方面指出之（Osborne & Plastrik, 1997）：

1. 政治部門的產物：政府組織不僅因應議事機關而成立，更職司回應選民公共需求的部門，具有如政治競爭中的足球一般，為議事機關忽焉踢左、忽焉踢右。尤有甚者，其又不斷受到立法人員、遊說者、利益團體及媒體嚴密且具敵意的監視，組成之成員簡直是生活在調查的氛圍之中，於是為了防衛自己，乃鍛塑特殊對應議會監督的文化。
2. 結構層級節制化：公共組織內階級治理為根本的典範，由階級本身決定權威、俸給和生涯路徑，區分下令者及受令者，發號司令者及服從命令者。

3. 組織部署科層化：思惟與行事部門嚴格區分，行事部門並以職能分部化，職能又以單位來細分，單位再由工作項目來分解。

4. 公共組織壟斷化：公共組織所提供的服務，通常是完全壟斷或幾近壟斷的地步，所以面對來自顧客或競爭者的壓力不大。正由於它們所展現的績效，向來較不會受到挑戰或質疑，於是它們每將關注的焦點，放在組織內部的管理。組織成員通常較擔憂預算規模，用人幅度和階級地位，較少憂及改進運作成果之道。再者，員工並不認為效能或行事結果，會有多大的報賞，年復一年的度過，會比盡力做事感到較高的回饋，於是不少員工對組織並不抱持高度的工作期許，及以全然勝任工作為榮。

在這四項基本的公共組織特性：政治化、節制化、官僚化及壟斷化的相互制約下，其在時日浸染下就逐步形成弱勢化的組織文化，進而產生十項組織原罪。

1. 逢迎拍馬：由於績效之高低、工作之賣力與否並非員工升遷的主要依據，而是員工個人平日利用逢迎拍馬的手段，累積豐厚的社會資本。1999年6月2日誰是治好水庫的「大禹」，引發連宋之間的邀功紛爭。然而徐享崑局長卻一口咬定是連戰。不過，事實上，任何水庫之興建，絕非一人之功，官員毫不猶豫歸功於一人，正是逢迎拍馬的最佳例證。

2. 深怕犯錯：在官僚化極深的境域內，每有有功無賞，但打破要賠的非正式規範。於是，官僚本身每抱持多一事不如少一事的心理，並一再以不要犯錯告誡自己，以免惹上無謂的事端，引發監督者的虎視眈眈。

3. 議事寒蟬：在高度官僚化的組織裡，一向講求不能打折扣的順服（Scott, 2006），於是行政決定作成之際，雖舉辦會議用資討論及集思廣益，但與會者往往懾於上級的權威，且深知多言無用或多言惹事的非成文規範，每每表現噤若寒蟬狀，只是聽聞上位者的一番論述，而自己

扮演背書的消極角色。

4. **機關本位**：公共政策之執行，本是一項多元機關聯合推動的作業，既複雜又賴同心協力，但各個執行機關每有自己的行動議程順序，自己偏好或強調的目的追求，同時要兼顧多項作為，以致溝通、協調及合作不易，難以建構向心力高昂的執行團隊，發揚受人認可的執行績效。

5. **抵制變遷**：公共組織為了確保績效的可靠性及充分性，乃建構了種種的結構安排，制訂了行事原則、組織紀律及層級的生涯路徑。不過，在強化或固守這些結構安排之同時，保守及膽小的現象亦隨之衍生，而對任何變革均不具信心，對其後果充滿不確定感，又深恐原本的行事習慣、同事關係或既得利益會受到中輟，於是對變遷充滿恐懼感，進而會組成保守聯盟，用以打消或推遲變遷的速度及幅度，盡可能避免割愛自己鍾愛的工作項目，放棄愉悅的社會氣氛，抑或增加更多的工作負擔（Deep, 1978）。

6. **願當老二**：在官僚體系裡，若有人表現過於突出，總會有人表露出酸葡萄心理，設法加以孤立或疏離，使其得不到溫馨的同仁關懷，和諧的工作環境，於是會自我退縮，表現出從眾的行為，爭取他人的認同。在這種懼怕他人出頭的氛圍下，組織平庸化恐是一條不可逃避的發展走向，導致阻礙創新理念的釋出。

7. **藉故塞責**：在官僚化的組織帝國裡，由於所承擔的任務、所力求的目標、所依法行政的作為並不夠明確，再加上一項業務之實踐過程牽涉多機關多層級，所以「讓責任停在這裡」（責無旁貸之意）的理想，恐會有如海市蜃樓般的虛幻不牢靠，存有太多的罅隙或空間，可供員工推諉塞責。

8. **專家主導**：公共組織人極易自認具有專業，過度樂觀自己的問題認定及方案選擇能力，極度悲觀人民的決策能力，於是決策作成之際，每以排

他性的專家自居，對於他或她所要回應的外在公眾：顧客、公民及標的對象，其所提出的看法，並未將其納入決策內容之內，導致政策的回應力不夠，逐步腐蝕自己持續存在的條件。

9. **程序鴉片**：官僚化的顯著特徵，即奉程序之遵行爲鴉片，絲毫一點彈性也沒有，以致組織效率不易提升。組織人受困於錯綜複雜的法條、命令之中，欠缺情勢變遷的權變因應作爲勇氣。

10. **得過且過**：公共組織爲公權力的運用者，又是壟斷職司業務者，欠缺競爭的壓力，於是較易養成得過且過心態，不必試圖銳意的革新，只要平順過日子就好。

　　公共組織在弱勢文化的操控或左右下，將造成諸多不利的現象：

1. 革新觀念不易受重視，降低組織適應環境變遷的能力；
2. 成員的進取心、自發性及開創性，欠缺滋潤發皇的原料，因而組織能力恐受到影響；
3. 高度恐懼錯誤，自然形成多做多錯、少做少錯及不做不錯的消極被動心態，不利於組織正當性的增強；
4. 員工的專業及組織認同感不易養塑，以致潛力的發揮未能找到合理的出口。

　　職是之故，在人民要求日殷的歷史時刻，世界各國極力提升政府競爭力之際，去弱勢文化而走向強勢文化之途，方能解決政府原本存在不可治理的問題，鞏固政府不可或缺的地位，防止走向空洞化之窘境。

第三節　強勢組織文化

　　公共組織在面對內外挑戰的時刻，在服務提供上逐步加入競爭勢力無法再完全壟斷之際，弱勢的文化恐已不能鑲嵌時代的趨勢，勢必進行對應性的文化轉型，強化自身的競爭力，緩和事務介入窄縮之速度及幅度，鞏固存在的正當性不可。至於可資轉型的文化類型，或可由下列八個方向思索。

一、情境適應

　　公共組織對所面對的外在環境，要周密地進行策略性監測與適時分析，掌握演展的方向與重點，而建構出彈性因應與調適之道，不得淪為環境的俘虜或與之脫臼，任憑它的予取予求。因之，組織要揚棄膽怯心態、保守思惟及一動不如一靜作風。換言之，這類文化鼓舞組織之主事者，要對傳自環境而來的訊息加以解讀及破譯，即時推出嶄新而對應的行為反應；重組結構或採用一套應時的運營過程，以利新任務之成就（Daft, 2006）。

二、使命建構

　　擁有組織使命感的領導者，著重在共同願景的形塑，找到清晰的發展方向，賦予員工工作活動的意義感，並非只在勝任明定的工作項目及所需扮演的角色，而在標示其對組織的貢獻，對社會的影響，對競爭力的衝擊。即言之，組織的領導者以可欲的未來，導引員工的行為取向、奮鬥的目標，而不會對未來充滿茫然之感。

三、涉入養塑

公共組織正當性之鞏固，但憑組織內之單打獨鬥行事，實在無濟於事，非要建構富突破力的團隊不可。蓋這種團隊經由社會化而擁有創造力、得以有效溝通、優質化衝突管理、不斷改進工作流程、適時解決問題（Romig, 1996）。因此，員工要有參與決策的機會，並經由參與養塑責任感、向心力及權能感，徹底消除疏離感及無力感。總之，公共組織之能邁向成功之路，築構具突破力的團隊，達致溝通無礙、合作不斷、協調有成、創意不止及持續突破的境界。

四、人文關懷

跨世紀的公共組織要形塑人文關懷的文化，重視人的主體性發揚，不要使其全為組織所俘虜，積極鼓舞組織成員的參與，屬行討論型的決策，傾聽及吸納他們的建設性觀念、方案及說法。尤有甚者，組織的成員間為了建構突破的團隊，開放、支持及建設性的互動，就成為團隊建立的關鍵，不可須臾加以背離。

五、信任導向

信任向來可以促進組織之整合，增強組織人及單位間的合作，潤滑互動的行為，降低未來的測不準性，減輕交易成本的負擔，鞏固策略聯盟與組際網絡關係，賦予組織人較大的行動自主性（鄭錫鍇，1999），所以公共組織不得再陷於隨意猜忌之中，處處設防而致員工能力無法完全發揮，致使組織一直停留在次佳化或停滯階段，甚至走進組織生命週期的末期。

六、企業精神

公共組織必須迎戰市場及非營利組織之競爭，所以已不能再完全受制於傳統，或僵硬的規章之束縛，而要有追求創新、適時掌握機會、勇於冒險犯難的精神，用以承擔艱鉅的任務（台灣日報，1999；林水波、莊文忠，1999）。因之，因循依賴既定的行事原則，抄襲和模仿的處事方式，恐會減縮組織運營的地盤。

七、組際學習

既然公共組織所面對的環境那麼動態，又需要與市場機制及非營利組織合夥推動公共事務，所以彼此之間的相互學習，以建立趨同的視框，致力合夥事務之推動。因之，三者間的協調、談判、對話及分享，以建立共同的行事基礎，凝聚一體的共識，造就宏大的組織事功。換言之，學習型組織是未來發展的主流，更是組織的第五項修練，因為二十一世紀的來臨，任何組織均無法在老舊及令人厭煩的觀念之制約下，猶有可觀的成就，非不斷地學習不可。

八、開誠布公

公共組織的運作要在開誠心、布公道的氛圍下，藉機免掉無濟於事的猜疑，提供員工盡力工作的立基。再者，在這種氛圍之下，鼓舞組織人間的積極互動關係，並想望經由這項關係形塑深厚的情愫，促進組織的成長繁榮。而在情愫滋生之後，組織人體認組織之事關己，而予以慎重之關注，欲集眾人之力儘速加以適切而有效的處置（林水波，1997）。

　　強勢文化之形塑爲時代所趨，組織存活之命脈。因之，組織之職司者不可怠忽責任，要認眞解讀不合時宜的弱勢文化，使用對應的策略來加以翻轉，以免加速組織走入生命週期的晚期。

　　組織文化勢必要展現組織有效運作的質素，既對應外在環境的演展，又裨益於績效之勝出。比如，外在環境要求彈性及因應，組織文化就要鼓舞適應性；外在環境要求公私盡力合夥，以補雙方之不足，則開誠布公、相互信任及際間學習的強調，乃就構成契合的要件。

　　公私部門在價值同向化、需求同切化、控制結果化及裁量必要化的驅使下（林水波、莊文忠，1999），私部門之企業精神，已是公部門不可或缺的運營基因，非速速加以築造不可。因之，公部門要有創新突破的勇氣，中止害怕失敗的心理，強化冒險犯難的精神。

　　面對第三個千禧年來到，粗魯、賴皮、推託、貪慾、傲慢、懷恨及敗壞等七原罪，已不可在公共組織內繼續生存，因其只有破壞性、腐蝕性及阻滯性而已，所以應儘速加以再社會化，而斷其再現的機會，進而迎向強健性、公民性、分享性的組織文化。

第四節　改造心理建設

　　跨時代的公共組織所必須追求的價值爲：回應公民需求、提供優質服務、講究廉潔操守、構築互應團隊、精緻工作專業及推出適時革新。不過，這些價值的獲致，若以弱勢的組織文化，及因文化影響而外顯的行爲爲手段，恐會產生手段錯置的現象，導致理想價值的趨近相當困難。因之，公共組織非捉住關鍵的歷史時刻，構思文化改造或轉型的策略，用以形塑強勢的組織文化，鋪設價值實踐的立基，其間的關係如圖7.1。

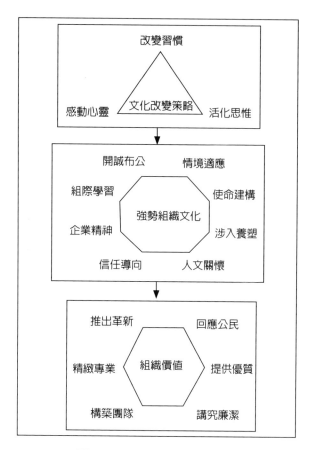

圖7.1　改造組織文化策略圖

　　而在改變弱勢文化的過程中，澄清公共組織的目的、建構績效的指標、強化對顧客的責任及授權灌能組織、員工及社區等策略，均會爲主事者優先採用的議程。不過，實踐的結果，老舊文化雖有延緩的跡象，但上述諸策略的改造力量並未能完全發揮，蓋如影隨形左右組織人的習慣、心靈及思惟，若猶維持原貌，尚未得到翻轉，主導功能續存，外表的行爲雖有調整，但仍未穩固成爲組織規範及共同價值的一部分前，一旦要求變遷

的壓力減緩，舊有的習慣、心靈及思惟就會死灰復燃，再次掌控組織人的行為。

　　職是之故，組織文化的改變，抑或行事假定的更新，比如階級並非組織治理的唯一標竿，組織不一定要不惜一切成本避開所有風險，每一項錯誤不一定非罰不可，決定並非一定要到上級才能為之，或許是管理再造者之首要之途。然而，在推動改變習慣、感動心靈及活化思惟之前，主事者要先為七項奠基的心理建設工作（Osborne & Plastrik, 1997）：

1. 展示先前假定的過時或反常，協助員工認識到這種現象的存在，比如舊假定不能解決諸多組織問題，解釋實際的組織現象，證實相關事實；
2. 提供一組明確且對應時需的嶄新假定，俾讓組織人安心與舊假定脫鉤，才不會感到脫鉤後的無所適從感，而由新繪的組織藍圖，找到行事的「安心丸」，抑或船賴以穩定的「錨」；
3. 協助員工建立對嶄新假定的信心，得讓他們願意割捨舊的假定，以便迎接政府的新挑戰，而要贏得他們的信心，主事者要設法取得他們的信任，以降低他們的不確定感，潤滑他們的思惟；
4. 幫助員工對舊的假定做一番了結，論證其已顯的時空錯置性，分析其失靈性，展現其累贅性，暴露其不足性，指出內在的矛盾性，認定假定間的失聯性，而堅定員工決心以終止舊假定；
5. 允准員工一段時間來內化嶄新的假定，不得欲速而不達，蓋員工與舊假定脫鉤之後，其已進入一個「中立區」，隨時會有向後回頭或持續前進的現象，要伺其對新假定熟悉、認同及感到自然之後，才會踏入新假定的旅程；
6. 對員工提供試金石──員工倚為靠山的標竿及參照框，以為他們行動的準據，而不致產生失舵之感，是以各公共組織可以未來願景、追求使

命、價值陳述、認可符號、經營故事、行動標語及生活儀式來擔任試金
石的角色；

7. 對員工提供安全保證，不致因與舊假定脫鉤，且認同新假定，而遭致明
顯而立即的危險。

　　這項實際策略運行前的心理建設，攸關三大策略的效能，所以事前底
盤結構的鞏固，乃是本導向的管理再造策略之先遣工作，務必加以周密地
落實，千萬不可加以輕忽。

　　引導假定轉型的七項指引，旨在讓員工減低轉型的恐懼感，對未來的
不確定感，而利各項策略的開展，化解可能的抵制，建立員工對轉型的信
心。總之，事前對員工的心理建設，是一項管理改造的必要條件，從心防
的築造，再邁向實際的改造作為，迎接冀盼的改造果效。

第五節　改變習慣策略

　　一般而言，文化是經驗、情感及理性三者互動下的產物。易言之，
公共組織文化之形成，乃服務於內的員工經過一段時間的浸淫或濡化，逐
步建構一套行事習慣；滋生一組對外並未明言的，未以文字表示的及未能
令人意識的情感依附：期望、恐懼、希望和夢想；而再以前二者再形塑
員工的心智思惟模式（內含主導觀念、基本假定及為人處事態度（Ibid.:
268））。上該三者成為文化改造的標的，吾人若得以改變員工習以為常
的經驗、情感依附及思惟模式，就可順利轉型其所屬的組織文化。因之，
文化改造的過程，乃透過員工經歷新的經驗，改變向來的情感依附，以及
活化新思惟的過程來完成。

　　改變員工習慣的策略，中心要領在於讓員工沉浸於新的經驗裡，一則挑戰員工的職場工作習慣，二則驅策其以新的方式進行任務的處理。

　　人類的經驗一直在形塑及重塑吾人的情感依附及思惟模式，更不斷導引吾人的行為。吾人亦可經由行事典範的擴大、深化及重組，而學習到新的問題觀、方案觀及目的觀。因之，將員工浸淫於諸多經驗中，從中體會其重要性、意義感及價值感，進而開啟心靈，活化思惟，改變所作所為。

　　至於本策略常用的工具有下列十一項（Ibid.: 270）：

一、接觸顧客

　　讓政府員工接觸其所服務的對象，進行良性的互動，交換彼此的視見，分享相互獨特的經驗，請益改善提供服務之道，認知自己的觀念、情感及靈性盲點，以為調適的準據。何況，在雙方互動、對話及交流過程中，員工可以：感受自己的不足、體認他人的長處、欣賞合夥的效價、認清單眼的欠缺、鑑賞傾聽的功效、認知對話的花明、明知交流的重要、免除私心的宰制、神會開闊的收成、突破已現的瓶頸、形塑換新的機會及造成改惡的可能（林水波，1999）。

二、易位主客

　　要求員工以顧客的身分前往自己所服務的機關，要求當時的職司者對你提供服務，如申請一項利益，或一種許可，抑修一門課，從而由顧客的觀點來經歷同一個世界。這樣一來或可學習不同的互動模式、處事程序及交流印象。

三、工作輪調

在同一機關內，輪調員工的工作項目，讓其體驗不同互動的人群，認知該負的責任，熟練每項工作的處理要領及細緻之處，進而對整個組織的業務有了全局的觀察，以及各單位相互涉入的動態性。

四、浸淫新境

公共組織引進外界人士進駐幾年，由其傳遞新的經驗、行事作風及認知外在環境觀；或者派遣內部員工在別的組織實習幾年，令其浸淫在新的環境，學習內化與過往有異的經驗。蓋每個組織均有自己獨特的文化，正如每個人養塑有殊異的人格一般，員工若在不同的組織內薰陶感化，將再社會化原本的習慣。

五、橫向互動

公共組織內的員工，可以跨越單位藩籬組成任務編組或矩陣團隊，彼此交流工作經驗，或對話不同的知識或理念，進而發覺各自的盲點或防衛機制，或時過境遷的做事態度，從而凝聚出對應時趨的行事風格。

六、鼓舞創新

在公共組織內，建立正規的制度，用以吸引、支持、保護及慶祝創新的作為，致使具有相對優勢的、與現行價值及過去經驗相容並存的、可資試行的、結果可觀察的創新得以源源不斷出現（Rogers, 1995），終至組

織維持接受挑戰、應付挑戰的毅力，俾讓失去支撐的經驗自然崩解，隨時敞開心胸接納創新的試驗。

七、同歷新驗

盡可能利用組織休閒的機會，將大多數的員工，以密集的方式浸淫在相互學習的場域之中，彼此參與認定組織重大策略變遷的所在，變遷的主要理由，說服他們投入重大變遷的執行，逐步促使組織進入另一個發展階段，做好「企業公民」的角色，分享建設性觀點，善盡社會責任。

八、獎勵範行

對於組織內表現績優、樹立行為典範者，適時予以獎勵，一則獎勵這樣的行為，二則養成工作競賽的規範，三則社會化積極進取、冒險犯難的精神。是以，組織應屬行言賞則與，言罰則行的基本原則。

九、重設工作

透過工作流程的再造，重設或重組邏輯相關、業務較為接近的工作；或者利用行政體系的改革，新型科技的引入，徹底改變員工的經驗。

十、經驗交流

公共組織亦可匯集大量的員工，共同分享新的經驗，俾易於建立領導者寄予厚望的習慣、情感依附及態度。蓋成功經驗的相互分享，較易引起

與會者的興趣及共鳴，鬆懈各自的心防，預留存放新異經驗的空間，再與原本留住的記憶相互碰撞，組合成新的理解觀、認識論及目的觀。

十一、意見溝通

公共組織可利用無障礙且自由的氣氛，進行短暫而密集性的團體活動，激發員工間的意見交流，暢談標的工作過程的改善之道，並進行現場的改進實作演練，鞏固學習的效果，不致於過後就將其淡忘殆盡。

習慣之改變本非易事，其本身原本就具有強大的拉力，主持改變習慣者千萬不可輕忽。不過，話雖如此，在推動改變之際，抱持堅定的意志力，用心解讀過往習慣的失去時空契合性，再加上提供改變的工具，讓員工有機會沉浸於新的操練之中，體會新經驗的即時性、迫切性及無可避免性。與此同時，主事者亦可暴露長久以來的習慣，其對新問題的無力感，非設法找尋新的行動方式，無法確保組織存在的正當性。

十一項改變習慣的政策工具，均旨在提供員工浸淫在不同的場域內，接觸不同的經驗，發覺差異的時代，體會舊習慣的掣肘性，神會新經驗的時需性。

舊有習慣既有可能枯化員工的心靈，僵硬員工的思惟，盲目員工的視力，使其無法察覺內外實際環境的變遷，而做出對應的策略。因之，一旦習慣已到落日之境，或至「金玉其外，敗絮其內」的地步，則非加以改變不可。

習慣的改變是一種對員工進行再組織社會化的工作，所以要妥適安排再社會化者、對誰進行再社會化、再社會化哪些內容，以及預期得到哪些效應，方不致造成失序或混亂之事。

當員工加入新的經驗世界裡，由於經歷不同的境遇，互動不同的人群，聽到不同的聲音，體會不同的理念，進而改變過去對工作、對人、事、物的認知，擴大、深化及重組員工的視野，並經由新視野追求新目標，從事新行為，讓工作的組織注入新鮮的活力（林水波，1998）。

第六節　感動心靈策略

組織文化亦立基於員工的心靈或情感依附之上，這些依附構成他們的希望與夢想，他們的期許與想望，他們潛而未顯的假定，以及員工間的相互認同或承諾。比如，在全然科層化的組織裡，諸多員工認同或在意自己於階級體系內的地位，亦有人對管理階層、工會及政客存有強烈的怨恨或盛怒，更有人自憐自己的犧牲角色，這些人時在恐懼中運作過日，且將他們自己所惹起的問題，全部咎責於別人。換言之，在官僚體制的運營下，由於講究層級節制，控制重於灌能授權，以致員工的主體性不易養塑，公民意識感難以濡化，組織競爭力受到不利衝擊，乃成為再造之標的對象。

時序已發展至創建具企業創新文化的潮流，要求勇於嘗試、不怕失敗、願擔風險、敢於冒險犯難。組織之主事者定要說服員工，與其舊有的情感依附脫鉤，發展一套與原本互異的新依附，用以觸動員工的心靈。蓋心靈是主宰員工工作生活的中心，隨時隨刻需要感動、涵化及滋潤，才能讓他們有了新的情感投入，對未來充滿信心，對問題不致畏懼，對挑戰願意承擔，對組織情願付出，對社會想貢獻，對別人欲扶持。至於觸動心靈的策略有十項工具（Osborne & Plastrik, 1997）：

一、建制新符號

　　公共組織要建制新的組織符號,用以傳遞員工組織試圖形塑的感情文化,想望員工認同符號背後代表的時代精神及意義感。一旦員工受到新符號的感化,就逐步改變原本的情感依附,而漸漸找到新的情感依託。

二、訴說新故事

　　故事本有觸動心靈的功效,是以公共組織一旦發覺舊故事已失去新鮮感,喪失精神啟迪的功能,就需要鋪排新的劇碼,補充員工心裡的倚恃糧食,而將員工的心靈凝聚起來,使其抱持一套共同的價值、期望、希望及夢想,以免心靈因缺少新的滋潤而枯化,無法創造出新的經營理念、願景、價值觀及富建設性的倡議。

三、舉辦慶功宴

　　公共組織對員工及單位的成就,要不吝惜地加以公開肯定,是以可透過正規和自然的場合,表彰員工個人、工作團隊及整體組織的榮譽事蹟,強化領導者心想促成的成就導向文化,藉機慎重揭示:組織內的任何成功事件,絕對會引起注意與重視,以免枯萎員工奮鬥的毅力。

四、寬容失敗者

　　創新原本與不確定性如影隨形,所以每有失敗的風險存在。不過,公共組織的負責人,應利用失敗的機會,從中學習改進績效及驅策創新的

方向及關鍵，千萬不可藉失敗的發生，作為歸責及懲處的時機。蓋如此一來，銳意嘗試創新者，恐會防止受罰而淪為消極被動，信守老二主義，始終不可能展現員工內在的潛能、求好心切的動能。

五、舉行新儀式

公共組織利用時機，舉辦各項活動，藉活動的內容注入新文化的屬性。再者，週期性地對員工提供新的試金石，新的行事標竿及品質標準。而在這些活動的推行上，盡量採用參與式，容納員工的涉入，培養適應新文化的情感寄託。

六、優化工作場

公共組織要提升工作環境的品質，讓員工的尊嚴得以顯現，人性受到滋潤。與此同時，主事者亦應對員工保證：對他們的重視，以及對其工作優質的肯認。換言之，優質化的工作氣氛，相互信任的人際互動，拉近同仁間的感情距離、親密距離、社會距離、人際距離、人際距離及公共距離（Schein, 2004），足可觸動人的心靈，體認有情有義的共事，而更加賣力為組織效勞。

七、重置工作場

公共組織為了豐富化組織人的情感寄託，不致認為組織結構制式化的無情，而滋生疏離無力的現象，或可將員工生活的工作場社區化，強調一體感、團隊精神及顧客至上的服務取向，消除組織內員工異化的現象：漂

泊無居的心靈。

八、對員工投資

組織領導者以確切的行動證明：他們一向極為關注員工所倡導的各層面變遷，同時亦不時投下成本，用以培養他們創造變遷的能力。即言之，組織之創新，源自旗下的人力，所以非投入足夠的培訓經費，用以進行績效導向、終身學習、專業取向及優質民主的培訓，而達及追求卓越，開創新千禧年的變遷動力。

九、發展新關係

公共組織要在員工的工作團體間發展活力的新關係，以信任與合作為運作基礎，並對團隊生產的組織成果承擔共同的責任。今日組織內的員工已無法再單打獨鬥了，彼此相互依賴共存，非由信任產生信心不可，以合作產生綜合效應，以責任的承擔養塑一體感。

十、訴說新期待

由公共組織舉辦團體聯誼活動，並在活動中，由員工向別的工作單位訴說：他們期待不同的新作為。再由彼此互訴真誠事實，拉近彼此間的距離，消弭因不熟悉或互不認識而生的疑慮，最終改變彼此的情感依附。

員工的心靈是需要感動，內心深處的需求：歸屬感、受賞慾、平靜望與發展願，也需要得到滿足，用以積厚情感的動力，認同的立基，進而展現潛力的勝出，追求卓越的前提。

　　組織內的種種關切動作或手勢，適時的獎勵，強烈的創新鼓舞，表明失敗是成功的必經之路，均讓員工感到組織的溫馨，帶動漸趨枯萎的心靈。

　　十項感動心靈的工具中，寬容失敗至爲重要，亦是組織社會較易逆反的一項。蓋對失敗的寬容，乃是提供員工持續創新的信心，對不確定性產生安全感的藥劑。否則，恐懼失敗感會不斷流露，員工終究會失去一顆平靜的心，無能構思創新的產品。

第七節　活化思惟策略

　　每個組織自成立來，在經營者的歷史記憶及組織本身與外在互動的過程中，均會逐步累積一套主導變項（Argyris, Putnam & Smith, 1987）抑或主導觀念（Senge, 2006），用以塑造行動策略，而產生不同的影響。這套主導觀念，包括對自身組織、對別人、機關及世界的每一面向之印象、假定及傳述，一則協助員工將精力與能量匯聚，用以成就組織共同的目標；二則活化組織，爲員工鋪設可期待的夢想，滿足實現自認極富意義的內在驅力或需求；三則促進組織文化的轉型，棄置不合適的理念、定向及假定，而爲組織增強學習能力（Osbone & Plastrik, 1997）。

　　公共組織若一直由科層思惟主導，深受「老二哲學」的陰影左右，但求次佳化，甚至不敢授權灌能，並以結果論斷員工的責任，終使員工持續受到組織之宰制或俘虜。因之，在時序轉進後科層化社會之當頭，轉變組織思惟應爲當務之急，而其主要之策略類有十項（Ibid.: 276）。

一、假定呈現

由組織的員工齊聚一堂，逐一呈現組織賴以存立，但並未言示的假定，爾後再討論及評斷，其中究有哪些假定業已時過境遷，急需加以調整，以便配合品質的要求，創新的驅使與速度的講究，並強化組織能力，建立具特色的服務走向及難以超越的專業素養。

二、績效比較

建立標竿化的績效，用以評比不同組織的績效水平，淘汰以舊有的經營哲學行事之單位或部門，而未達及績效標竿者，且以此證明舊假定的時空錯置性，對績效突破的阻礙性，視野的狹隘性。換言之，公共組織要以最好的經營者作為標竿，嘗試以有系統、有組織的方式，學習他們的經驗，以期與之並駕齊驅，甚至將其超越。再者，組織亦可事先選定一組衡量指標，經由衡量而定位本身之所在地位，再與同類專業領域中表現最好者比較，得知差距之幅度，而為改造之標的，促使自己為了成為一流組織而努力。

三、應用語言

科層組織本就使用一些成語、觀念和隱喻，如其已經過時或陳舊，勢須加以替換，俾能提供員工新的試金石，脫離舊文化的桎梏，順利「航向」淨空的「中立區」，而逐步內化新的文化觀，順時順勢接搭組織內外環境的演展。組織為了生存空間，為了鞏固存在的正當性，不可一直在反芻舊的組織語言，以免驅使自己的式微。

四、參觀訪問

　　公共組織要提供員工觀察、體驗及接觸其他組織的機會，讓其浸淫在不同的文化境域中，了解它們的運作方式、員工的行為模式、產出冀欲結果的過程，而由這樣的親自感受經驗中，發覺原本自己所持思惟的局限性，有必要加以脫鉤，從而引入新的行事觀。

五、團體學習

　　由團體一起共同學習新的行事原則，從相互的交流過程中，認識到各自的「青暝」、各自的落伍，而將其調適掉。換言之，組成的學習團體，首先認定必須學習的標的，要與哪些人學習，要做哪些事，預期要學到什麼，再進行計畫性的學習之旅，學習到員工自己原本所欠缺的觀念，抑或改變過往不受認同的行事觀，增添引人認同的主流思惟，消弭他人的疑慮，形塑一體感。

六、立使命感

　　公共組織透過一項內部決定參與的過程，發展或建構契合時代脈動的使命白皮書，藉以向員工表述組織面對的挑戰及對應的作為，凝聚他們對基本使命的共同理解，免去方向感的闕漏、奮鬥目標的模糊。不過，組織之主事者要領悟到：這是一個講究組織參與的時代，任由由上而下的使命交代，恐難以造就共同的未來認識，順利帶動組織的轉型（McLagan & Nel, 1975）。

七、建立願景

公共組織要爲員工描繪將來試圖創造的景象，致使組織內各種不同的分工活動得以融會起來，不致猶留於各自本位的境況中。組織一旦有了共同關心的願景，就爲組織提供了焦點及能量，促使創造型的學習有了勝出的空間，振奮組織人擴展自我創造的意願，再將其匯整而產出不可計量的綜合效應（Senge, 2006）。

八、傳達指向

公共組織要對員工傳遞後科層化社會，組織所追求的價值取向、運營原則及信念體系，用以指引他們在工作場域的行動，以使員工脫離過往主導觀念的束縛。比如，提供公民所視以爲貴的結果、講究服務的優質、強化生產的功效、引導互動者對規範的信守、建立負責述職意識、以解決問題爲職志、擴大顧客選擇爲原則、鼓勵集體行動及活化評估等（Barzelay, 1992）。

九、教養載體

在組織內部教育及培訓引導變遷的人員，使其成變遷的種子或載體（carriers），逐步擴散新的組織文化。這些載體或爲組織文化變革的尖兵，新假定、景象及論述的闡述者或再社會化者，並由其引領導向新文化的形塑。

十、誘導新血

公共組織在進用新血之後，要對之進行入股性的管理，協助他或她體認組織的使命、願景與價值，用以形成一體的意識，同質的主導觀念，以為構思行動策略的基礎，成就共同期欲的結果。

思惟的活化或僵硬的轉型，組織才有可能確實改變行動策略，不致造成表象的情勢，或在行動上形式一番，而於驅動改革壓力緩和之後，又悄悄回復本來的慣性行為，從事行之如儀的行動。是以，改革要射入左右組織行動的文化，而非只觸及外表的行動本身，即只演練「單圈性」學習。

思惟之活化是視框反省的過程（Schon & Rein, 1994），即將原來的問題觀、環境觀、處理觀、價值觀及手段觀，徹底進行一番檢視，如發現其與時代脫節，不符合組織之新生秩序，與同業運行的取向有異，則要以前述十大政策工具來加以調適、鬆動及重構。

思惟轉變的過程非能一蹴可幾，主事者既要有恆心，更要有毅力，三要有堅持，否則極可能半途而廢，致原本之行動策略又藉機死灰復燃，而驅使組織漸入式微之途，失去與其他組織競爭的能力。

第八節　執行改造要求

公共組織在改變習慣、感動心靈及活化思惟之際，有十二項要求（Osborne & Plastrik, 1997: 280），對文化再造之成敗具有根本的影響。換言之，但憑改造策略之精心設計，只是改造的起頭而已，還要歷經有效執行的關注與落實，展現高度的執行力，才可邁向改造成功之途。

一、吸引員工參與

文化改造是主導觀念的再社會化，主事者不得試圖操控員工，而以明示的社會化方式，欲想一晝夜間加以轉變，而要以潛移默化的方式，論證變遷的需要性、迫切性及時宜性，爭取員工的支持。再者，不論在從事哪些改變，均會予以員工參與的機會，共同形塑改變的標的。

二、示範期欲行為

主事者要與員工同行，展示新文化的標竿，需要對應的行為，用以證明組織厲行改造的決心毅力，引發員工信任改造的必要性。換言之，要確證主事者明瞭變遷的作為，並在員工隨後為之之前率先示範，樹立學習的典型，跟隨的榜樣。

三、進行走動管理

在推動文化改造的過程中，主事者要身先士卒，持續不斷地投入，處處與員工為伍，時時與員工共事，不可神龍見首不見尾，致讓員工懷疑改造的意願，鬆懈改造的作為。

四、表明脫離過往

主事者要對員工發出強烈脫鉤過往的訊息，顯示現行文化之不合時宜、是新行動的阻礙、為競爭力滑落的因子，進而點出新立文化的屬性、內涵及作為。

五、善用先鋒力量

組織總有一些急先鋒，很快會擁抱文化改造的倡導，更期其他的組織人亦迅速同步加入改造行列。斯時主事者就要好好運用這股力量，先設法感動對改造持騎牆立場者，再逐步撼動抵制者的心防，變更他們對改造的不正確認知，並對其訴說：改造不致對其既得利益有所毫損，改造後的組織遠景。尤有甚者，主事者亦可應用他們製造初期的成果，並以成果對組織人進行呼應的行銷，進而指定他們重設組織系統及擔綱重要專案，教導他們如何協助其他的員工，同時驅動文化的變革，培植其成為領導人物，用以落實改造的角色扮演。

六、注入變遷新血

組織若並未有足夠的早期先鋒健將，可自外補入新血，強化傳遞新文化的陣容。而對舊文化的始終持有者，亦可提供優厚的提前退休機制，俾空出位子可注入新血，加速促成文化的轉型。

七、逐退恐懼循環

恐懼變革似乎是大多數科層文化存在的不良現象，比如員工害怕談論他們內心的想望，亦惶恐嘗試新事物，擔心受到批評或犯錯，憂慮嘗試他們所懼怕的變遷。主事者面對此時此景，先要謀定而後動。首先打破恐懼的循環，公開指出看不見的恐懼，再根除製造和持續恐懼的管理行為，最終鼓舞及形塑嶄新的行為。

而逐退或破解恐懼的祕方，在於提供正確的訊息，盡量讓每位員工

知悉：主事者所計畫的變遷過程，導致員工自始即熟悉所要的文化改造。尤有甚者，主事者更要提供積極的誘因，適時適刻獎勵員工表現期欲的行為，而且以容忍錯誤的方式，保護從事冒險者。

與此同時，領導者也要細思應對抵制文化改造者。蓋他們可能死忠抱持舊的行事觀，並到處毀謗組織的新方向，不參與新活動，進行反對變遷的游擊戰，所以不可忽視他們的殺傷力及對變遷的損害，總要設法讓其孤立無援，反證他們的不實說法，瓦解他們立基，使其無法產生牽制作用，破壞文化改造氣氛。

八、行銷成功個案

以成功鞏固成功。正當對文化改造持騎牆觀點者，看到先鋒者在擁抱新文化之後，展現成功的果實，騎牆派亦會見風轉舵，投入文化改造的行列。不過，主事者在行銷成功個案之際，猶要注意內部存在的不一致觀點，經由建設性的討論加以化解，千萬不可懲處批評或嘲弄變遷的員工。

九、厲行誠摯溝通

在推動文化改造之際，最忌諱不當的誤解阻礙了改造的進行，所以要對員工不斷地進行變遷的溝通與解讀，說明變遷的需要性，主事者對變遷的意願，及組織所擁有的變遷能力，以養塑支持變遷的氣氛，化解抵制的滋生（Zaltman & Duncan, 1977）。

十、彌縫人際區隔

公共組織向來執行分權、分工及分組的原則，繼而任派各類的職司人員。不過，職司人員間又有性別之分，種族不同之分，一直往上晉升或達及頂峰再也無法晉升的人員之分，永業或短暫政治任命的人員之分，行政、專業、技術人員及支持幕僚之分，工會官員或經理人員之分。這些人際的區隔，雖有管理上之便，或歷史傳承的理由，但亦是經常導致緊張的源頭。因之，在進行文化再造之際，主事者要具有包容心，盡可能跨越這些組織界限，接觸到每一階層的人，認出每項壓力且適時予以化解，建構合適過程，以利於界際的有效關係及相互理解。

十一、改革行政體系

釀造科層文化的行政體系，重在控制，強調權威、結構，專注成本之合理化，嚴守形式規章及程序，慣以抽象之公共利益搪塞公民所重視的成果，所以非常不利於企業精神政府之形塑，勢必要加以文化改造，以利創新作為之產生，冒險犯難精神之勝出。

十二、長期永續投入

由於文化改造過程相當緩慢，主事者在全部過程上，均要維持高度的參與心、投入情及責任識，以防止騎牆派在被說服之後，又因主事者的分心而變卦；抵制者預知投入的短暫性，而暫時性屈服，伺機復辟科層的文化。

文化改造的過程相當費時，主事者及後繼者之投入不可中斷，以免功

虧一簣。因之,永續經營而非臨時的起義,才能為改造找到一線曙光。因之,一曝十寒式的作為,每難以形塑組織的新文化,抑或認知、評價及情感取向。

　　主事改造者,在推動文化更調時,一定會碰到各種不同的狀況發生,事先要加以模擬,抑或記述各項情節的演展,預擬權變因應之策,化解可能的掣肘,說服騎牆派,同情或安排抵制者,用以移開擋在進程的障礙石。

　　人類對變遷總會有一些恐懼,也怕冒險會發生謬誤,相信公共組織的脆弱性,認為一旦改造付諸執行,極可能產生不可恢復的傷害,於是最好的政策就是等待觀望或維持一成不變(Brandon and Morris,1997)。凡此,均是改造之主事者必須設法消弭的不當心理,以鋪設變遷的坦途。

　　組織人通常不太能接受失靈之情勢,亦會竭盡所能防止其發生。不過,失靈亦有類別之分,實驗、試行之一時未成,並非真正的失靈,但一旦試行成功,則可對組織獲益無窮,斯時的試行就非常重要。主持文化改造者,不必害怕試行有了錯誤,只因吾人如未能偶而發生一些試誤,就不會更努力的試行。是以,失靈是不可接受的假定,很可能嚇跑企業精神及創意,形成不敢冒險一試的文化(a culture of "don't take a chance"),而這種文化在競爭逐步強烈之歷史時刻,恐無法支持成功的到臨。

　　主事者不得認為:姑不論變遷如何具有需要性,其總是對組織產生負面的影響。尤有甚者,他或她勢必要將變遷視為創造機會,絕非在製造問題。蓋一旦以變遷為問題的觀念形成,恐會衍生另外一些問題(Ibid.:37):

1. 延宕啟動必要的專案;
2. 全然喪失各種可能的機會;

3.降低資源的配置，導致專案的失靈；

4.無法接受有價值的變遷推介方案；

5.由於無法矯正已知的問題，而增加成本及浪費；

6.停滯和腐蝕組織人的技能。

結　論

文化導向的管理再造策略，與其他的策略不同。不過，兩者之間是可相輔相成的。核心、顧客、結果及灌能導向策略，一旦行諸於久，亦會逐步形塑新文化。與此同時，組織亦可進行習慣、心靈及思惟之改造，加速前四項策略的推動。

文化再造為管理再造的「底盤結構」，需要耐心的鋪設，點點滴滴的累積。而庫存於工具箱內的各項支工具，並沒有「全壘打」型，大都只是「保送」和「一壘打」而已，所以成功的改造文化，需要無數的「保送」和「一壘打」，不能心存一蹴可幾觀念。

領導的品質將決定文化變遷的成與敗。領導者的投入、堅持與信守變遷，願投資時間與部屬溝通願景，以身示範奉行變遷的推動，對文化之順時順勢改造，均有巨幅的驅策作用。一旦領導者的深入投入得到員工的信任，員工亦深信領導者願以全精力投入文化的改造工程，他或她才會獲致形塑員工習慣、心靈及思惟的權力或能源。

在文化改造之際，信任、授權灌能及團隊經營至為重要，不得認為員工是懶惰的、會騙的、不願負責及願單獨行事的。蓋上述這些認定一旦存在，員工與管理者就甚難建立良好關係，共同推動改造的任務。

組織文化在組織年齡愈大時，在生命週期到後半段之際，有可能由

強勢逐步地變爲弱勢，較注重內部的問題，強調短期的回收，產生員工工作不愉快而離職的問題，滋生各部門行動步調不一致，爆發嚴重的情緒問題。凡此，因文化產生病態的症狀，均在示警主事者該是文化改造的適當時機。

而在文化改造之前，對文化病症的診斷，主事者要學習文化解讀的方法，研究組織的外觀環境，閱讀組織的書面陳述，觀察組織對待陌生人之道，訪談組織員工，靜觀員工排遣時間的方法，了解員工生涯發展路徑，記載員工任職的長短，檢視組織討論的內容，留意組織流傳的軼聞及故事（Deal & Kennedy, 1982），均可將組織文化定性，再決定改造的策略。

組織文化是組織學習處理外部適應及內部整合問題時，創造、發現或發展而成的，所以組織在實際運作上不可全神貫注於錯誤之上，而要經由處理經驗學習、反省及調整較受認同的基本假定、價值觀及行爲取向，不致讓它們成爲永久的慣性，引起組織喪失立基於劇烈變遷的外在環境下。

公共組織亦不可假定假以時日，業績就會愈來愈好。蓋這樣的假定可能是一廂情願的，所據以論證的理據有時也不可靠。實際上，公共組織自然演化的結果，恐會因警戒心鬆弛或習於安穩，而日趨平庸；各種慣性也會日以繼夜、年復一年地侵襲；但以數字讓績效說話，而忽略組織的健全、員工的能力、文化優質及團隊凝聚的水平。因之，主事者定要尋找組織的實際狀況，進行假定的挑戰，翻轉平庸化的走向，才可保持組織的活力。

文化之改造，不僅要認定出該改造的標的，猶要要求成功有效的執行。蓋發覺文化問題之所在並不難，落實改造策略及工具才是眞正的難處。也唯有將兩者間的罅隙切實縫合，文化改造之遠景才可等待、想望及成就。

文化改造亦不必將過往完全歸零，因既已存在或留下的，必多少會對

未來產生影響。既然，過往無法完全割捨，改造當由現況的分析或掌控開始，即檢視目前，以決定將來所有要走的定向；脫離目前的文化觀而滲進新的文化世界，也要知悉目前的文化形成情形。因之，目前或過往是決定將來走向的基礎，它是一面鏡子讓組織人鑑往知來。

參考書目

一、中文部分

台灣日報，1999年6月13日社論：「企業家精神創造世界級產業領導者」。

林水波，1997。「開誠布公型的管理策略」，世新大學 公共管理新趨勢學術研討會發表論文。

林水波，1998年1月12日「隔週休二日與文化改造」，中央日報公論版。

林水波，1999。「台灣政府再造的緊要續階：鞏固討論型決策」，世新大學 民主行政與政府再造學術研討會發表論文。

林水波、莊文忠，1999。「企業精神：創新的本質與應用」，未發表論文。

鄭錫鍇，1999。BOT統理模式的研究，政大公行系博士論文。

鄧東濱，1993。人力管理，台北：長河。

二、英文部分

Argyris, C. R. Putnam and D. M. Smith, 1987. *Action Science*. San Francisco: Jossey-Bass.

Barzelay, M. 1992. *Breaking Through Bureaucracy*. Berkeley: Univ. of Cal. Press.

Brandon, J. and D. Morris, 1997. *Just Don't do It: Challenging Assumptions in Business*. N.Y.: McGraw-Hill.

Daft, R. L. 2006. *Organization Theory and Design*. Singapore: West Publishing Co.

Deal, T. E. and A. A. Kennedy, 1982. *Corporate Culture*. Reading, M.A: Addison-Wesley.

Deep, S. 1978. *Human Relations in Management*. Encino, CA.: Glencoe.

McLagan, P. and C. Nel, 1975. *The Age of Participation: New Governance for the Workplace and the World.* San Francisco: Berrett-Koehler.

Osborne, D. and P. Plastrik, 1997. *Banishing Bureaucracy.* Reading, M.A.: Addison-Wesley.

Ott, J. S. 1989. *The Organizational Culture Perspective.* Pacific Grove, CA.: Brooks/Core.

Rogers, E.M. 1995. *Diffusion of Innovation.* NY.: The Free Press.

Romig, D.A. 1996. *Breakthrough Teamwork*. Chicago: Irwin.

Scott, W.R. 2006.*Organizations*. Upper Saddle River, NJ: Prentice-Hall.

Schein, E.H. 2004. *Organizational Culture and Leadership*. San Francisco: Jossey-Bass.

Schermerhorn, J. R., J. G. Hunt and R.N. Osborn, 1991. *Managing Organizational Behavior*. NJ.: John Wiley and Sons.

Schön, D.A. and M. Rein 1994. *Frame Reflection*. NY.: Basic Books.

Senge, P.M. 2006. *The Fifth Discipline*. NY.: Doubleday Currency.

Zaltman, G. and R. Duncan, 1977. *Strategies for Planned Change*. NY.: John Wiley and Sons.

第八章 結果導向型的公共管理策略

前 言

在政治民主化洶湧而至的世代，公民權利意識不斷高漲的環境，公民躍躍欲試要展現主體性或積極扮演頭家角色的歷史時刻，世界各國競相提升競爭力，以向頭家述職爭取政治支持的潮流驅使下，掀起一股強烈的政府再造運動，試圖巨幅改變政府的組成基因，使其裝備能力，增強知識，強化決策品質與政策執行要領，熟練政府與受其影響的標的對象間的互動質素，進而成就效能、效率、適應及創新的價值，最終鞏固政府的生存空間與續存的正當性。

這項政府再造運動的核心構想在於，透過政府的中心目標、誘因機制、述職對象與內容、權力結構與運營文化的徹頭徹尾轉型，用以裝備前述各項號稱「好政府」的能力與條件，及達成政府存在務必要追求的價值（Osborne and Plastrik, 1997: 13-14; State Services Commission, 1998）。而再造所指涉的內涵，乃體認到傳統科層化的制度與結構，存有僵化、惰性、壟斷、目標錯置、權力集中、人員疏離與投入誘因不強的病灶（Barzelay, 1992: 118），無能因應後科層化社會的來臨，各方有心者及政府的主事者體會到情勢的嚴重性，戮力一心致力於制度之突破，企圖建構具有企業經營精神的制度，使政府擁有對應環境而創新的機制與動力，急民之所需、合民之所求，掌握時代脈動及與時俱進；得以持續而主動地改進生產及服務的品質，不必經由外在力量的催逼；創造與研發一個本身擁

有改革驅力的公共部門，能夠自視需要、自行認知與自覺更新的不可或缺性，而以實際行動付諸之。

總之，政府不能只在年度內做得比過往好，還要日復一日、年復一年做得更好。茲爲心想事成這項要求與期許，抑或成就比馬龍效應（Pygmalion Effect）（得到所要的），公部門非備有適應力不可，即有能力在新問題出現之際，就立即加以撲滅或克服。換言之，政府改造的中心旨趣在於，致令政府得以隨時備足戰力，以應付或承擔非吾人所能預知或掌握的各項挑戰，其不只改進今日政府的效能，兼又創造組織，使其具有改進明日效能的能力，用以契合內外在環境的的演化（Osborne & Plastrik, 1997: 14）。

而在舉世推行政府再造運動之關鍵歷史時刻，被美國柯林頓政府奉爲再造大師的Osborne及其同僚，一直以苦心孤詣的情懷，專心致力研究得出不少精深幽微的策略，成爲各國模仿或移植的對象（Osborne & Gaebler, 1992; Osborne & Rivera, 1998）。其中結果導向的政府管理策略（the Consequences Strategies）爲本章所要攻堅的對象，所要詮釋的標的，所要分析的鵠的、所要評析的目標。至於撰述的順序爲：一、績效瓶頸；二、追求價值；三、策略屬性；四、策略論據；五、策略類別；六、策略補強；七、策略禁忌；結論。

第一節　績效瓶頸

在科層制的制約下，形式推展政府改造運動的境域內，在講究技能、報酬、權威的上下層級的結構裡，不少的國家皆已出現績效突破的瓶頸，四處可見改善生產力的障礙（Evan, 1993; Shafritz & Russell, 1997），亟待

以本策略來加以調適與診治，此亦在在彰顯其所肩負的時代使命，展露其為人重視的理由。茲分析各項跡象彰明較著的瓶頸。

一、結構僵化的惰性

文官體系總存有令人心煩而又欠缺彈性的程序規則，阻礙組織之主事者，在發現或認知存有績效問題時，擁有充分的自由度，劍及履及地重新配置及組合員工的工作指派；公共人事管理制度又被一連串的、累贅的、不靈活的工作制度所干擾，以致主事者每每受技術的綑綁居多，戮力投入成就目的的動能較少；諸多程序性及結構性的法令規章，限制或延宕主事者以員工的績效程度，適時適地與適刻地加諸獎懲，釀至產生績效與給予獎賞的時間落差太大，不能因獎賞而滋生激勵的作用，亟待對應之策來化解、來彌縫與搭建兩者結合的橋樑（Shafritz & Russell, 1997）。

二、事不關己的心理

公共部門在推動各項職掌、提供服務或進行生產時，由於使用的資源並非屬於主事者所有，在運用及應用上恐就沒有如自己所擁有的情形那樣，總是那麼在意、那麼謹慎小心、那麼節制，以致產生以高昂的成本建設毫無對稱的工程或公共設施，比如台北木柵捷運線一般（劉寶傑和呂紹煒，1994）。何況，公共組織一向講究分工，注重各自的職司，每持有自掃門前雪（自理自己事務）的心理，並無太管他人的瓦上霜（工作任務），因而合超效應（synergy）不易衍生。換言之，在結構及分工森嚴的組織境域裡，成員公民意識並不怎麼發達，主動協助情形或行為也不多見，其結果績效之提升就常遇到阻礙石。

三、競爭結構的欠缺

由於公部門在提供服務上，抑或因執行公權力所致，每是居於壟斷的地位，向來欠缺競爭比較的對象，往往較缺乏動機以改善績效，又因顧客再怎樣不滿服務的品質，因並沒有其他替代機制，也沒有選擇機會的餘地，無法如蝴蝶一般，自由自在地隨意飛翔，停住於高興之處，逗留於所欲之所（O'Dell & Pajunen, 1997）。尤有甚者，公部門亦不太會因表現不佳而要承擔對應的風險，其生存與否也不見得與自己的表現具有直接的關聯性。精省一案就可清晰說明此點，國民大會的功能與績效亦同樣不能撼動其之屹立不搖一段很長的時間（呂盈良，1998）。更何況，政府管理者與員工所統支統用的資源，本非屬於他們所有，決策或管理上之任何失靈，諒皆不必或不太可能分擔成本，亦不太因自己的效率及效能行為，而得到顯著益處，當然在乎績效或施政結果的欲願就甚難彰顯（Hanke, 1987: 77-78）。

四、永續保障的依賴

在未推動結果導向的政府管理之前，或執政權向由一黨掌控之社會，任職者總擁有鐵飯碗，雖非具有金飯碗之姿，但只要大過不犯，每能受到永業的保障，於是在沒有丟掉工作的威脅下，若又未設計深層激勵的誘因機制，所表現出來的恐僅止於次佳化的境界（Bolman & Deal, 1997: 41; Deep, 1978: 143, 185-87）。

五、合產結構的傷殘

　　過往公部門的主事者每每大權獨攬，深以爲唱獨腳戲就能將戲演好，未能與人民或企業界建立合產的機制，致至兩界協力的績效無由而生，相互滋補，彼此截長補短的態勢受挫，相當妨礙到績效的增進。再者，組際、府際或單位際間的跨域管理不善，抑或各持本位主義，專注自己的先後議程，無暇他顧他造的催求，強調己身目標的成就，優於整體任務的獲致，其結果，整合性的公共組織作爲就零碎化了，績效當然就受到池魚之殃，有待組織的縱向與橫向間機制的協調，以減輕這類全局目標無能成就的現象（Bolman & Deal, 1997: 41; Deep, 1978: 143, 185-87; Peters, 1998）。換言之，團體或單位所追求的目標，恐會與較大組織所追求的衝突，或將自己的目標列於較優先的地位，致令組織目標的成就受到些許的困境。

六、激勵系統的疲軟

　　一項有效的負面激勵原則，管理學者認爲應遵守與屬行熱爐原則，即事前要警告、懲處要即時、懲處要一致及對事不對人（鄧東濱，1993：209-12）。不過，這些原則每在執行時刻就有脫軌或失聯的現象，即並未事先示警、懲處延宕不決、懲處程序亦會因人而異，每常有由下起的不公、不當情勢。再者，公務機關在積極激勵上亦存有階級之分，同工有時並不同酬，有時甚至有言賞而不與，或與之不對時、不符貢獻度，或賞由上而下，按職等官位高低而分，升遷則倚恃政治背景甚深（蔡秀涓，1998；Evan, 1993: 31），反而達致適得其反的效應。而之所以激勵系統會淪於如此疲軟狀況，績效之評估或個人之貢獻幅度不易測定所致。

七、績效評估的恐懼

公務部門常被認為：本身頗為不願進行生產力的衡量，但這種不願或恐懼感，先天有其原因存在，如深恐預算幅度受削減，人力資源受精簡，抑或得到其他由超支預算而來的懲處，而且公部門所生產的產品和公共財，又存有嚴重的衡定問題（Shafritz & Russell, 1997: 308-09）。這種恐懼績效評估的視框，並不十分具有合理性，更是多餘性，其駁斥本項立論的理由後詳。

八、層級體系的後果

在其他條件相等時，組織層級每會造成員工的工作疏離，工作疏離又不利於員工的組織投入，組織層級亦不能形塑員工對組織的投入情。不過，組織投入確實有助於組織效能的提昇，但是工作疏離又不利於組織效能之增進，於是組織層級確實有礙於組織效能的改良（Evan, 1993: 43-44）。而其中各概念之間的關係如圖8.1。由是觀之，公共組織本身若未能減輕科層制的制約，轉而走向扁平化的型態，則員工工作疏離感之陰影始終存在，冀求員工提高組織投入度，連帶造就效能之突破，恐非易舉。

從前面之論述可演繹而出十項陳述，足證政府改造之必要性、時宜性、迫切性及無庸置疑性。

1. 在過度科層體制之境域內，生產力之提升有其障礙石；
2. 結構惰性致使組織漸與時代脫節；
3. 資源公有不易凝聚惜用意識；
4. 競爭機制之引入，可以活化組織作為；

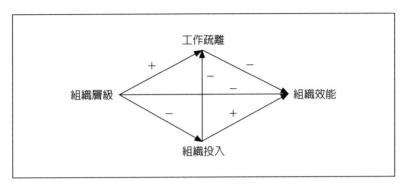

圖8.1　四概念間的關係

來源：Evan, W. M. 1993 Organization Theory: Research and Design. N.Y.: Macmillan, 44.

5. 契約訂定雇用期，並以表現度為續任之標竿，方不會使組織肥胖而浪費用人公帑；

6. 跨域管理非講究不可（陳敦源，1998）；

7. 活化正負激勵制度，致其積極效應有滋生空間；

8. 績效之適時測定，本在發掘問題，改變工作性質，逐步將工作演化以適合測定，或將工作列入市場競爭的境況中；

9. 員工對組織的參與心、投入情、權能感及責任識之養塑，對組織績效有積極正面的意義；

10.法規鬆綁、組織自由度之提升，以及組織之自治自律，是造就效能增進的有利前提。

第二節 追求價值

結果導向的政府管理策略，興起於前述績效瓶頸有待突破之歷史時刻，運作於人民需求日殷、對政府信任能趨疲（entropy）之際（Nye, Zelikow & King, 1997: Ch.3）。然而，本項策略心想事成的價值為何呢？有待予以釐清，以免採用者迷失方向。

一、追求統理的正當性

本策略強調政府要設定可欲又可行的結果，以為年度或明日推動的標竿，並於執行時奮力推動，不偷工減料、不推遲不掣肘，而產生可觀的後效，並透過各項傳播或公關機制，將其展示出來，政府當能得到強大的公共支持，而使持續統理的正當性屹立不搖，不致被凍、被精或被廢，或遭受全盤裁撤、部分終結與功能業務調整（Osborne & Gaebler, 1992: 154-55）。

二、致使資源的節省性

本策略既以結果的實現度做為配置日後的資源，其配置之準據甚明，機關的執行力亦無法遮掩，可導引資源的合理分配，進而師習企業機關的作法，賦予績效卓越的部門較多的資源或報賞，研究新技術、新策略，促進績效的改善與生產力的躍升，競爭力的強化，致讓資源當用則用、當省則省，毫不加以浪費。

三、促成賞罰的有據性

主觀認定的賞罰，每每不易得到當事人的心服口服，而持有高度的工作不滿足感，有所阻礙其內在潛力的發揮，引起外在社會資本的流失。不過，本策略鎖定結果的追求，實現度的評定，既定活動的履踐情況分析，以為獎賞的憑倚，當可免掉不滿、不平或懷怨。

四、經由知恥的逆轉性

在結果由公部門自行設定，或與服務對象商議決定後，如於一定時間之實踐，確認有失靈之處，吾人就可將其列為逆轉的對象，而達知恥、知病與知新的目標。因之，政府在設定年度欲行推動的結果或產出後，人們乃能知道其所為何事，並經由衡量的過程，分辨出成敗之處，有機會將敗逆轉成成之境。

五、致讓預算的合理性

政府的預算額量總有其一定的限度，無法大幅增加，是以合理的分配，本應依恃組織的結果實踐度而定。大凡過往實踐之後效益愈高者，亦應逐步增加工作及責任之幅度，以發揮組織之長，而適度對應分配愈多的預算，讓其擁有更高預算掌控權，人員的調度空間。

六、強化政府的負責性

政府原本要對民意機關負責，也要對人民述職，但最好的述職或負責

機轉乃是，以結果的實踐力觀之，並不冤枉政府的用心，亦未留政府推諉的可能空間。凡事有預定行動與實際行動作對照，既清晰又明確，足以提升人民呼求政府負責的願望（Bovens, 1998）。

七、經由鑑往的學習性

政府若不能經由結果的評估，就不會知道過往失敗於何處，何項結果困難推動，因素爲何，產生後遺的情況又如何。因之，當在鑑往無計可施時，失敗性的矯正學習，成功性的強化學習恐就欠缺空間。茲爲了鋪設鑑往的前提，落實結果的設定、監測與評估，乃爲一條正確可行的途徑。

八、量度結果的區辨性

政府平日均設有各項施政活動，所欲追求的結果、所要成就的後效，但經歷一段時間運營之後，總要透過評估的過程，區辨何者有成，哪項尚待努力，何者離期待猶有一段距離。有了這樣的區辨，才能給予對應性的獎賞，蓋如若吾人不能獎優，極可能是在獎勵失敗，刺激他人墮落；又如犯罪率上升快速，卻又給警方更多的經費，就是典型獎勵失敗的例證。因之，凡欲獎對所功，懲對所敗，非先知道成敗不可，不然，就在進行完全背反之事，無能獲致是非分明、獎優汰劣的作爲（Osborne & Gaebler, 1992: 148-49）。

九、心想事成的可欲性

公部門每有期待要完成之事，想欲促成的使命，但事情是否有成，使

命有無實現，可由評估來為之。一旦有成或加諸實現，定會累積經驗沉澱信心，有勇氣從事或挑戰更富時代意義的任務。總之，那份心想事成的喜悅，對激勵來茲有一股莫大的力量。更何況，公部門所定的結果，一旦得到預期之外的成功，其中一定蘊育了值得借鏡的寶貴教訓，非要藉由評估機轉加以呈現不可。

十、藉助評估的創新性

　　政府再造旨在將公共體系及組織徹底的轉型，使其創新的能力有了顯著的強化。而這項目標之成就，得賴評估對結果或後效的鍼砭，發現設定的不當性，抑或設定的水平不切實際，或結果本身涵蓋的層面太過狹隘亦不精緻，有待創新設定、重新搭排，進行合適的變遷，調適追求的重點或方向。換言之，由評估認識成敗，意在鎖住敗筆處，研擬新處置、新方案。因之，機關事先釐定成果，續階衡量進展，主事者就會知悉何種失敗或不足正在醞釀中，有必要加以割捨，或加以改進。如若經費又按機關的成果度來撥付，其可分配至效益不低的生產或服務上，也有可能將其轉至新策略的研發上。

十一、憑倚結果的回應性

　　公務部門可憑著結果的實現，做為衡定回應服務對象需求的幅度，並由本身的高回應力，合理地爭取到更多可運用的資源，提升更佳的服務品質，進而取得人民更強的信任。這種情形，在公部門與公民立下服務規章後，以規章的內容進行推動的指標，更能因回應度高而受公民的肯認，再賦予它更多的經費，逐步往良性循環的方向衝刺。

十二、能力形塑的應變性

　　好的政府要擁有知識、行優質化的決策、得能以有效執行決策及促成協調的能力，而這些能力之養塑，可經由評估結果的實現過程鞏固之。蓋這種評估是應用導向的（Patton, 1997），其可助相關人獲悉結果的合理性否，可行性幅度產生後效的情形又如何，建立良好的政府形象。換言之，政府在變遷不居的環境中，勢必以結果做爲評估的標的，用以認知自己能力如何，以爲鞏固或增強之基礎，順時順勢改弦更張使命的方向。

　　政府各部門年度事先預擬產出的行動與項目，就有了中心追求的標靶，履踐後再給予回溯性的評估，提供政府省思的機會窗，知悉待突破、待努力之處，長期以往乃能塑造良性的循環。

　　誠如Osborne和Gaebler（1992: 146）所言，政府一旦設定了欲求的結果，又對之加以適時適刻的衡定，定會引發各方的反應與關注。何況，政府總是要向允准其存立的頭家繳交定期的成績單，展示負責盡職的職志。

　　資訊與知識是下決策的礎石，結果的衡定乃是生產斯二者的主要來源。根據它們而爲政策持續或終止之決定，才不會有所偏差，既不再浪費有限資源於無績效的結果，又補強會生雞蛋的好結果、好後效。尤有甚者，有了結果實現度的知識，俾讓政治領導者得以徹底知悉，要將新經費配置於何方，有了一盞清楚的指示明燈。

　　成敗本是獎懲的依據，若不能掌握兩者之資訊，豈能奢求經由獎懲滋生激勵作用，開發員工的潛能。而誘因機制的轉型，正是本策略試圖更調的良性基因。更何況，主事者若不分青紅皂白，或不明成敗的眞相，就隨意加以獎懲，當會產生嚴重的惡性循環，一來合理化不爲者，二來吞蝕爲者的工作意志，導致組織績效快速進入寒冬之境，流失組織統理的正當性強度。

認識成功就能累積與傳承經驗，更能藉之鞏固與強化經驗；了解失敗並不可恥，其正是鑑往而知來者的利器，邁向正軌的催生器。因之，兩方面的認知，概皆不能隱瞞，應將其當爲供學習、再學習的動力。

當今政府處在財政嚴重緊縮的時代，能證明結果與後效的政府，才能贏得支持。換言之，當施政花費以結果做爲前提及充分與必要條件時，人民絕不會反對，反而強力協助支持之。如若政府拿不出顯著的結果，也不能因應人民的需求，則支持度必定滑落。

政府的施政絕不可獎勵失敗，亦不能只是單方的付出，蓋其所服務的對象亦應盡分內的努力，彼此相互承諾，合產改善困境，使其脫離依賴，成爲具有主體性及尊嚴的人。因之，政府要設定結果，重視反省，糾正偏離，獎優懲劣，不可一再獎助失敗，忽視問題的眞正根源，致讓問題的蔓延擴大。

第三節　策略屬性

結果導向的政府再造策略，本是強調政府要事先擬定一定期間之內所要做的事，然後再安排完成的方式、機制，催化得以管理的競爭經營作爲，設計各項誘因工具，致讓從業人員，擁有強烈意願，高度的投入感，盡心盡力完成原定的事（Osborne & Plastrik, 1997: 130-156）。比如，馬英九在競選台北市長時，預擬要讓「下一代更有創意、建構人性、多元的教育環境」，就立下十四項工作任務[1]，如順利當選，就要責成市府職司機

---

[1] 這十四項為：1.補助私立幼教機構；2.加強幼兒機構的評鑑與輔導工作；3.提高教職員編制減輕教師負擔；4.以專業分等取向調整教師待遇；5.設置教學導師制度；6.增加實習教師待遇；7.全面實施外文與師資教育；8.推動實施生命教育；9.八年內達成十二年國民教育目標；10.教育行政民主

關、公私合夥體、民間來完成之，並注視從業人員的心理與想望，適時加諸肯認、鼓舞及激勵，共同打造世界級首都。

　　這項策略之基礎，在運行結構上打算破除壟斷性，引進大量的競爭機制，藉著競爭診治效率及效能不彰的沈痾；更以簽訂契約的方式，根據績效擇定可簽約者，來注入比較的精神；再以設定優良的績效衡平量表、標準，進行績效的評定，以為獎懲的根據，並藉之激勵從業組織與人員。因之，本策略具有以下十種屬性。

1. **轉化性**：本策略試圖轉化公共體系及組織，使更多元化的機關或公司，得以進行公共生產，提供公共服務，不致再有公共組織獨尊的現象。

2. **競爭性**：針對原本政府壟斷的副作用，注入有限競爭的架構，讓人民有選擇權，於是政府非隨時保持競爭優勢，就無法形塑死忠的顧客，導致顧客有如蝴蝶一般，任意飛翔於各個提供者。

3. **彈性化**：在教育或訓練上發給標的團體代用券，讓其選擇就學就訓之場域，刺激各個場域的精緻化，而提升兩者之品質。

4. **企業性**：政府不再受傳統窠臼所束縛，能夠善用想像力和創造力解決問題，主事者願承擔風險與責任，同時注重形似市場機制的引入，同時兼顧經濟績效與服務品質的評估（Osborne & Gaebler, 1992; Osborne & Plastrik, 1997; 林水波、莊文忠，1998）。

5. **合產性**：本策略以最具績效的服務提供者來進行任務之推動，特別重視公私之間的協力合產，以共同分擔、利益分享完成單獨一方較無能為力之公共建設或服務。

6. **評估性**：先有結果之設定，只在呈現明確的方向，須配之以評估，方能

化，教育局長直選；11.成立兩性平等教育委員會；12.增加招收特殊幼兒名額；13.普設社區學院；14.設置多元文化教育中心(參閱自由時報第十一頁，民國八十七年十月二十四日)。

使組織任務一氣呵成，不致有間斷之虞。何況，評估又是任務變遷調整的標竿，是學習的準據，是述職的佐證，是合理獎懲、激發潛能的扣板機。

7. **自導性**：本策略建立以績效為導向的誘因機制，試圖消弭績效與報賞間的落差，讓組織擁有扣緊績效動向而調整努力度的自我驅力動能，不再沉溺於無回應、不能與時推動的境況下，而失去本身永續經營的正當性。

8. **相互性**：社會的優質化是「我為人人，人人為我」的工作，不能完全仰賴政府或人民一方來完成，彼此定要相互承諾、相互出力，方能帶來健全的互動關係。政府對人民有所要求，人民對政府也可要求，就得到相互回報與預期結果。

9. **解放性**：本策略為求獎勵的公平性，特別重視績效的評估，不獎勵失敗以助長其持續，於救濟金的發放，食物的補給，醫藥的保障，公共住宅的提供等，均希望解放受助者的依賴性，培養他們的自主性為目標。換言之，在他們的情況有所改變之際，就會停止享受待遇，強化或普及更多需要的人。須知，獎勵失敗和激化不負責任的舉措，正是滋養依賴的溫床，消磨人類改善本身生活的深層動機。

10. **成事性**：本策略至祈以績效的評估，促成各方的回應與注意，強化及補足資源以完成原本欲完成的結果。台北市政府在陳水扁團隊的領導及努力之下，在結果導向的牽引下，在九個方面[2]上均有令人耀眼的成就。

2　台北市政府，民國87年10月2日「三年多以來市政建設的主要成果」，其中所涵涉之九大方向為：1.交通改善方面；2.社會治安與公共安全方面；3.環境保育方面；4.教育方面；5.福利醫療方面；6.文化休閒方面；7.基礎建設方面；8.便民服務方面；9.國際化策略方面。

　　本策略在前述十大特性的支撐下，試圖成就政府再造的希望工程。由欲爲之事項，嚴謹地釐清政府奮力的方向，不給她開啓混水摸魚與亂中打戰的的機會窗，加上評估的啓動，俾政府得以展現述職，隨時改進、隨時接受敦促。

　　政府能力或競爭力之提升，除了要由經驗累積之外，善用民間社會的力量，發掘可用的社會資本，當是另類的重要途徑，亟待尋管道把它找出來。

　　評估不是在找碴兒，更不是在找麻煩、挑毛病，而是在發現問題，引發回應，促進興革，交代責任，與民建立建設性關係。是以，欲使本策略存有厚實的積累、推廣與使用空間，對評估要做上述觀，要速速調整過往不當的認識框與目的論。

第四節　策略論據

　　結果導向的政府再造策略，經由美國的倡議與導引，歷經多國的模仿、學習與移植，已有世界趨同的情況。台灣的行政革新方案、全面提升服務品質方案與政府再造綱領與推動計畫，亦均師習斯項策略的核心精神與行動計畫。何以，這項策略擁有這麼大的普及與擴大作用，產生世界各地聞風響應的連鎖效應，有六項堅強論據支撐。

一、權威論證

　　本項策略由名家Osborne及其同僚共同建構，且深受柯林頓政府的採用，由高爾副總統領軍，職司推動的工作，並由事實的報導或民意的表

述，肯認實效，以證明所生效價的可靠性，因而受到各國的青睞。

再者，這項策略承襲目標管理理論、工作動機論、政策評估論、全面品質管理論及民營化論的精髓，讓人在知識引用上較具信心，不對其加諸質疑。何況，當下力求實效的氛圍下，有權威專家、政治權威人物及權威理論的促銷下，當會產生快速蔓延的熱烈現象。

二、動機論證

本策略在實踐之後，政策行動者的價值目標與企圖，均有心想事成的印證，成就了增進效能、效率、適應及創新的價值，也履踐前述強化政府統理人民的正當性等十二項有意義的正功能，致使其擁有擴界、拓界迅速的場景。

何況，政府對各項策略之採行，本身的動力源自有形或無形目標的追求，以及不良後遺症不因採行而隨影而至。例如行政革新方案立下建立廉能政府總目標，廉潔、效能及便民三項支目標，並視其推展而逐步修正方案的內容，展現不斷追求革新的精神就是著例。

三、比較論證

本項策略先在美國地方政府、州政府試行成功，再延燒到聯邦政府的各部會大力推動。各部會每年均要明定行動綱領，並逐一審核其實踐度，以收努力焦點的集中，務必奮力加諸實現。美國的成功經驗，當然成為世界其他各國先後仿效的動力，而紛紛採納本項策略，乃有今日盛行的光景，真是應驗好事傳千里的佳話。蓋如果美國推行本策略的績效相當平庸，上層政治人物並沒有多大的使命感及投入度，本策略恐只是世界發展

史上曇花一現而已，豈能有今日的風行。

四、類比論證

結果導向的再造策略，最主要是注入企業界的冒險犯難、時時創新的精神。倡導者深信兩界的屬性雖有些許之差異，但頗有神似之處（徐仁輝，1998），政府界亦能移植企業界成功的作爲。蓋「企業界能，何以政府界會不能」呢？乃是常見的策略引用說詞。

何況，兩界所行之結果導向策略，其之間所存的關係，在本質上是類似的，正如空氣汙染防制政策之倡行，每每根據水汙染防制政策成功的案例而來；減少女性就業歧視之政策研擬，其內容及立論理由，亦師習種族歧視的點點滴滴，採行其成功的經驗，排除其失敗的內涵（Dunn, 1994: 119）。

五、倫理論證

本策略指出：政府過往種種獎勵失敗，不求失敗者順利轉型的作法，正是滋養依賴的溫床，製造更多的依賴人口，使其失去人類原本要有的主體性，同時增加社會其他人的稅賦負擔，是非常不倫理的行爲。何況，政府與人民的相互應許、彼此要求、共盡職責、同擔義務，方能健全兩造的關係。如若政府從不要求受助人民做什麼，政府恐就持續得不到任何的回報（Osborne & Gaebler, 1992: 149-50）。這樣的提示與不倫理性作爲的點破，乃是歐美紛紛轉向追求「第三條途徑」，意圖逐步養塑人民自理問題的能力，擺脫依賴的陣障，恢復人類原有的尊嚴，而將策略風行起來。

六、統計論證

美國聯邦政府的各個部會，每年都將完成的活動，節省下的經費有多少，提出亮麗的統計成績單，引發人民的永續支持，政府再回饋人民的支持。這項成果展示，非常吸引他國躍試之心，付諸行動的意願，乃蔚爲相互學習的風潮，紛紛加入改造的團隊。

本策略之概化於世界各地，乃在上述六大論證的推波助瀾下洶湧而成。蓋全世界均在面臨財政緊縮的時代，政府呈現不能治理的現象，失去往日深受信任的強度，乃亟思振衰起蔽力挽頹勢，乃群起學習結果導向的再造策略。

正當政府窘境出現之際，企業界卻傳來令人振奮的消息，諸多管理或再造成功的訊息傳開來，美國政府率先呼求轉進企業化，發現過往不當作爲，認定施政的誤失，乃採用一些企業界成功的作法，用資矯正政府的失靈，並得到史無前例的預算結餘效應，再以其回饋人民，得到人民的熱烈支持，而激化世界政策模倣的運動。

合理的論證擁有政策行銷的功能，若欲再造策略之被普及運用，縮小政府間的差距，快速進入地球村的時代，有賴倡導者在方法論證、因果論證、直覺論證及分類論證（Dunn, 1994; 張欽凱，1997）上加強，以構築更堅強的推廣基礎。

第五節　策略類別

結果導向的政府再造策略，所要再造的政府基因，集中於誘因機制的再造，致使過往科層體系的三種不良現象得以轉型：1.習於遵守規則，

現狀維持的積弊；2.壟斷或趨近壟斷的運營結構，養成不易對失敗負責的窘境；3.再而導因於傳統的員工誘因制度，並不太根據實際的績效成果，配置獎賞或懲罰，以致誘因之給與，毫無產生激勵或活化員工的作用（Osborne & Plastrik, 1997; 呂盈良，1998），再以轉型的體制促進政府績效的提昇，突破績效的瓶頸，重新贖回或重建公共的支持，找回顧客的信任，累積政府存在的豐厚基礎。至於本策略之類型有：

一、管理的企業化

由於公部門的壟斷性，缺少與其競爭的機構或體系，且本身並不太會有「死亡的威脅」，恐就會逐步流於惰性，疏於醒覺自身的處境，不能時時保持進步的情懷，維持優質化的顧客服務水準。鑑於這項可能不力求卓越、圖謀意義的管理作風與基因，已到了非徹底轉型不可的地步，於是提倡再造者，首先呼倡原本公部門以提供財貨或服務給顧客的機構，以類似企業化經營的方式來管理，自負盈虧，同時將經營的權利，開放給民間公司，使其加入經營競爭的行列，以利於提供的品質提升，顧客滿意度提高。如若競爭結構無力因應或虧本累累，就由其他的公司取代，或由原本的競爭者之一家予以購併。換言之，原本是國營事業，茲為改善其體質，經由立法方式，使其置身於競爭化的市場場域中，促其倚賴顧客的光顧、使用，以追求盈餘，同時並由服務品質的優劣，決定顧客的青睞、公司的營收，最終定位其浮沉（江岷欽，1998；Osborne & Plastrik, 1997）。

這類的作法有四個次類：

1. 公共組織公司化：將公部門轉換成公營事業，使其脫離原本的政府法規管制。公營公司集中於企業目標的追求，比如追求利益的極大化，以及對投資者的回饋。通常，這類公司有獨立自主的決策者，不受公部門的

宰制，決定組織的經營方向及政策，並以其績效對組織負責。再者，它們獨立運營於政府預算、人事、計畫與採購的體系之外。

2. **營企業循環基金**：公共組織運營的基金，不是來自於政府預算的編擬，或是人民納稅的款項，而是來自於顧客光顧的營收。這類再造形式同樣對顧客負責，但與公共公司不同，並沒有獨立的治理權。

3. **採行使用者付費**：對接受政府服務的顧客，徵收合理的服務費，使其不易養成白吃午餐或搭便車的心理；而這些徵收而來的費用，用來支付全部或部分提供服務所需的政府成本。

4. **內部管理企業化**：公共組織的內部，首先取消壟斷的地位，再應用公司化、企業循環基金的運營方式及使用者付費的工具，使其對所服務的顧客或業務機構負責（Osborne & Plastrik, 1997: 137）。

　　管理企業化旨在使用市場的本質力量，創造各種不同的結果，以展現令人激賞的績效。而這類策略有六種顯著的利益：

1. **直接對顧客負責**：公共企業的成敗完全取決於顧客的決定；

2. **激勵永續的改革**：由於競爭情勢始終存在，並沒有時間的限制，所以公共企業並無時間稍微鬆懈的空間；

3. **強化機構的結果**：如果公共企業對其顧客，提供絕佳的服務，表現令人激賞的績效，則其會輝煌騰達，反之就有萎縮或衰亡的可能；

4. **對組織授權灌能**：本項支策略授權灌能於公共企業，使其得能自主地作成長期的財務決定，以利其為顧客擴大化追求的價值；

5. **節省經費的支出**：管理企業化的行政易理、易管與易營，所以可省下諸多的開支，蓋因創造了競爭的場域，且並未陷於費時競標的行政管理過程中；

6. **簡化績效的政治**：一旦出現公共企業的經營績效不彰，不必以投票的方

式決定其生死或私營化，只要由競爭的市場爲之就可了，由顧客本身，而非由行政主管人員和政客來決定：誰提供最佳的交易或業績（Ibid., 138-39）。

「管理企業化策略之使用，無疑地會引發政治與市場力量的拔河或主導權的爭奪。蓋其雖爲公共的企業，但本身卻是完全的私營，所以其乃寄居於公私兩界的模糊地帶，一腳踩在公部門，另一腳則涉足於私部門，有時候這兩者競逐的力量，會使其運營的穩定性稍受影響」。

「這其中，有兩個基本的問題頗值吾人注意，一爲誰主公共企業浮沉，民選官員或經理人員？比如前者若不滿意於公共公司的定價政策，可否推翻市場而命令降價，換言之，究竟市場或政治力才是主控企業者」？

「第二個問題是，如何全然釋放市場力量？一旦企業面臨困境，抑或經營不善（即產生市場失靈）的現象，納稅者爲了不致讓其失靈，願意將其救出或贖回？在公共企業所提供的服務未能創造利潤之際，企業主能否停售它？公共企業是否也會喜好或欣賞，在私人競爭者上設下規則而使其本身得以立足於優勢的地位？公共企業的員工能否免於員額精簡或其他爲減低成本而做的管理努力之約束」？

「在面對這兩項因公共企業而衍生的基本緊張問題，許多公共領袖在應用管理企業化策略時，會出現兩端擺盪的應用情形。即他們會先將一項企業投入市場，但在運營的過程中，一旦遭遇市場失靈的情勢，茲爲鞏固政治利益，或表示政治關懷，其也會挺身介入。這樣一來，他們雖信仰市場的威力，但也怕其有運營失靈的空間，所以保留改變原來經營觀的權利」。

「在公共領袖懷著兩端擺盪的經營理念下，公共企業就形成一個連續體的現象，一端全由公共控制，另一端則明顯爲市場控制。不過，這兩者

之間，則會形成另一個不同的運營世界，以情境和政治的變化，而非以理性分析來進行企業的運營[3]」。

由上觀之，本策略有其優勢的一面，又存有令人隱憂的緊張問題。如何有效地加以應用，或許注入「尊重公民的企業經營精神」（civic-regarding entrepreneurship）[4]，並兼顧民主的方式，得以突破前述的緊張關係與不同運營世界的問題。

二、受管理的競爭

一旦因公共服務的特殊性質，致使原本組織無法被形構成類似私人企業的經營方式時，吾人亦可將斯類的服務提供，引入競爭的境域。比如，政府可積極地與熱誠地推動：契約性提供服務的競標工程，俾讓提供所付的成本因而降低，但素質又可以加以改進。

競標這項引入競爭精神的機制，並非只能一次減低成本而已，蓋在契約期滿之後，所提供的服務，承約者同樣又要歷經另一次的競標過程，參與者競爭的壓力始終存在，且一再發生。因為，每一次競標，提供服務的廠商或公家機關，總要承擔損益的風險，一再降低成本、提升品質，才擁有較高的競爭力，當然受益者是顧客與主事的政府機關。

競爭的功能不只在省錢，其亦能提供公共對政府的信任感。其理由乃，納稅義務人感受政府人員與私人公司，競相爭奪對他們提供可能的最佳服務，他們對政府的態度恐就會有所改變。再者，他們亦由此親身體驗

---

[3] 以上各段皆引自或改寫自Osborne & Plastrik（1997）科層制逐步消失中一書。

[4] 尊重公民的企業經營精神乃是針對企業經營精神而來，而其核心指涉，在於自主性與課責任間、個人遠見與公民參與間、祕密性與公共性間及風險擔負與公共財監護間要有所平衡，才不會妨礙民主行政與企業型政府同時落實的雙贏結局。參閱Bellone & Goerl（1992）及江岷欽和劉坤億（1996）。

到扮演真正頭家的角色，發抒主體性的榮耀。

　　其次，另一形式的競爭管理為：設定競爭的標竿，用以測量與評比公共組織的績效。而根據已定的標竿，進行績效評估之測評，再公布成績單、績效表及其他形式之計分。這樣的作法創造了組織間的心理競爭，引發公務人員與員工的榮譽心與追求卓越的欲望。這樣的績效評比，亦可做為經濟性報賞的基礎（Ibid.: 142）。

　　競爭的管理強調：不將每一項公共服務，進行激烈且可能斷喉的競爭。不過，如想促使這類競爭產生成效，政府就需公平地建制，與小心翼翼的管理。茲為了設計有效的競爭過程，要注意三件事情：

1. 創造各造信任的過程，不致令他們擔心是項過程遭受不正當手段的操控，而滋生作弊的現象；而為免於受操控現象的宰制，該過程的主理者務必是一個不偏不倚、沒有任何政黨傾斜者；
2. 設有審計單位，擔任獨立的守門狗角色，評估各個投標；
3. 設立申訴不平的機制，調查各項不滿的投標事件；蓋投標者深切需要一個公正的投標機制，用以客觀調查不平的案件，而消除參與投標者的不滿（Ibid.: 143）。

　　競爭的管理雖能增加效率，也面臨回應顧客需求的壓力，需要獎勵創造力與革新力，提升員工榮譽感與士氣，但其亦隱藏諸多競爭的陷阱，有如圖8.2一般。這個陷阱的核心為低球標的的開出，是在關心競標的顧客，苦於無資訊可進行任何監控工作；主持競標的機構或機關，未能提供公平競爭的場域；在進行招標、開標的過程中，產生了詐欺、圍標、綁標及貪瀆之情事；更由於各項事業的獲潤率有高低之別，以致於易於形成高利潤的事業有人標，利潤較低但非常重要的事業卻乏人問津，拖延決標的日期，以及事業之啓動；因而，壟斷現象就找到重現江湖的機會窗，社會

衡平的目標就可能漸行漸遠，徹底失去引進競爭機制原本所預期的或心想事成的遠景。這恐怕是政府再造者所要警惕的，所需謹慎為上的焦點。

　　競爭永是革新力量的源頭，只是這個源頭通常是過往政府所未能配備的（Osborne & Gaebler, 1992: 92）。其乃是本策略亟力注入政府的基因，不過在植入過程中，切要注意競爭的陷阱，千萬不可大意失荊州，致讓其悄悄滲入，而導致競爭效用的功虧一簣。

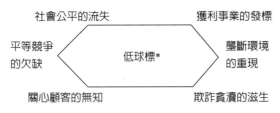

圖8.2　競爭管理所要防禦的陷阱

*所謂低球標，乃是低於常態與成本的標，因上述六種現象的產生而導致，不利於服務品質的保障，或將迫切的工程順利發標。
資料來源：Osborne & Rivera（1998: 61）。

三、對績效的管理

　　在服務的特性特殊，抑或勉強屬行前兩項策略將遇到政治障礙，論者基於人是績效或結果產生的前提，認為若能善用激勵的機制，將人的潛能適時激發出來，經由努力以赴的過程，造就可觀的公共組織成效。

　　績效管理並不對公共組織造成急迫性變遷的壓力，其主要的作為還是在維持而不在瓦解政府的壟斷地位，以致不致於對員工或政治人物構成大威脅。也由於私部門的競爭者並無介入運作的場域，所以員工不會失去其工作。同時，政治人物依然在配置公共資源，並非由顧客取而代決之（Osborne & Plastrik, 1997: 145）。

　　再者，績效管理要求公務人員，對其任職組織的營運結果與後效負責，根本無法找到代罪羔羊。不過，要發揮他們提升績效的動力，本策略要求政府之主事者，要裝備七個激勵的機轉，以誘發員工之願拼、愛拼與死拼：

1. 公開肯定員工表現；
2. 安排富挑戰性工作；
3. 讓員工享有成就感；
4. 給予對應工作利益；
5. 提供職位升遷機會；
6. 發給豐厚薪資福利；
7. 供負責盡職機會（Ibid.: 147）。

　　不過，本策略亦設有九項執行工具，促使前面七項機轉得以順時、順勢與順地運行：

1. **績效獎賞**：對員工成就給予非物質方面的肯定、嘉許與表揚，俾使員工知悉：他們的績效受到激賞，尊重與重視；
2. **精神鼓勵**：對員工或組織提供準物質性的報償，比如帶薪的休假及安裝新設備；
3. **額外分紅**：除了薪資之外，在員工或團隊達到特定績效時，發放給員工一次的獎金，但這份獎金並不成為員工薪資結構的一部分；
4. **利得分享**：員工工作如若符合特定的服務水平及一定的品質，組織就提供一部分的組織利得給員工，以讓員工知悉：自己已提升的生產力，因而獲致該得的經濟利得；
5. **分享節餘**：這是給予組織的節餘，以利將來之用，進而鼓勵組織樂於省錢；

6. **績效薪資**：以員工的績效程度設定薪資的高低，而非齊頭式平等的薪資制度；

7. **績效契約**：管理者與組織事先與主事者，簽定績效契約，以爲履踐的標竿，凡達及者就受獎賞，反之就得警告，絲毫並不存有推諉塞責的空間；

8. **效率負擔**：每年減少小部分的行政預算，但同時要求組織維持一定的產出水平，正由於每年均會減少一點預算，改進生產力的壓力始終存在；

9. **績效預算**：以績效高低分配機關年度預算的多寡（Ibid.: 146）。

上述九項工具之有效執行，進而產生誘導員工的功能，還要信守四項成功設計誘因機制的原則：

1. 千萬別低估心理誘因的威力；
2. 將誘因同時並用於個人與團體之上，用以擴大誘因的威力；
3. 同時運用正面與負面式誘因，只是要小心選擇及認定標的對象；
4. 以客觀的績效指標，而非管理者主觀的衡量，做爲實踐財政誘因機制的基準（Ibid.: 145-150）。

本支策略的中心意旨，在於抓住人類的內外在激勵基因，再設計多重的執行工具，屬行設計誘因的原則，以提高公共組織的績效。不過，激勵作用的發揮，關鍵在於評鑑的績效度，能否得到受評者的心服口服，以及跟隨評鑑而來的獎懲是否適時來到而定。

本支策略強調獎懲與績效之間的因果關聯性，即認定組織與員工對衡平性非常敏感，既不願意要求超過貢獻的報賞，也不能忍受低於績效貢獻的獎勵。因之，公平客觀的績效評定，爲其天下第一原則。

本支策略意在立下績效標竿，以爲員工信守的標的，非若如前兩項支

策略一般，重於競爭機制的引入，還是停留公部門壟斷的情境。不過，這或許是最爲廣用的策略，只因政府所提供的服務，許多項目因公權力行使的因素，無法純由民間機構參與，所以識者斷不可加以忽視。

　　本支策略傳遞員工無誤的績效訊息，述明那些結果爲組織所重視，並對達致結果者加諸報賞。換言之，主事者詳細說明期待完成之事，再設計各項誘因機轉，牽引員工行爲取向，以備完成原定之目標。

第六節　策略補強

　　本再造策略的三種類型，其兩種偏向於企業性政府的植構，不過鑑於公部門所提供的業務與服務，所鎖定要解決的問題，由於需兼顧的層面較多，更不能過度地冒公共風險，所以有其一定的適用範圍，如欲將其擴大應用，恐怕要不斷演化公部門的本質問題，調適其服務對象的視框，增強電子化處理問題的能力（林水波、莊文忠，民國87年）。

　　在這兩類策略履踐的過程中，公共組織有時會產生極速精減與裁員的現象。蓋每當公共組織未得標或契約未能簽成、市場股份流失時，其爲了維持生存空間，勢必會雇用較少的人力。不過，這項精減的反彈力量恐怕也不小，非要小心處理不可，而如若處理不當則尾大不掉的情形就會很嚴重。目前有八項原則，可作爲處理這類問題的標竿。

1. 對員工施與再訓練，並儘可能將其安置於其他政府的工作部門；
2. 將其他機關空缺出來的職位儲入「工作銀行」，俾益於流失工作者之續階性找尋；
3. 要求私人得標而簽約者，優先聘雇這類脫臼性失業者──因失標或公司

化而失業者；

4. 要求私人承約者，付給這類人員合理的待遇與福利，而且不低於過去所領受的程度；

5. 幫助公共經理人，將其所主持之組織私營化；

6. 保持即將取得年金資格的既得利益者，要求由私人承約者維護負擔其成本；

7. 提供提早退休的優惠或各方兼顧的離職配套；

8. 提供轉職協助（Osborne & Plastrik, 1997: 135）。

　　總之，處置不因被解雇而須離職、轉職或調職的員工，是一項非常艱鉅的再造工程，也關鍵再造的成敗，主事者非要謹慎處理不可，俾人類的尊嚴得以維持，非如其他動物一般受他人不當宰制、操弄，或因處置不當至其安全感驟失而憂心忡忡，導致情何以堪局面的出現，均不是好的結局。

　　第三個類型已普遍於公部門使用，只是其更加的精緻化，試圖改變過往沉澱已久的不良誘因基因，特別強調誘因的可實踐性、施與的適當時機、對接受誘因者的心理掌握、員工對衡平的敏感度、以及以客觀的績效評估為分配獎懲依據。蓋有了基因的轉型，才不至於產生費錢而激勵未生的窘境。不過，政府績效之提升，不僅要注意激勵機制的健全，猶得注意其他管理術的講究，比如全面品質管理就是一例，全面倫理管理又是另一例，績效管理週期的設定亦有其所在的地位。

一、輔以全面品質管理

　　本策略在講究結果之實踐，績效之滋生之餘，當要講求品質或品味，不致令人覺得粗糙或嘔心，過於忽視人性而得不到認同，而又流於另一波的

形式主義裡。何況，在風尚淡化後，恐又回歸原來的地步，所以全面品質管理的兼顧就非常重要了。因其是公私兩域皆可相容並用、和平共存的策略，不致因跨域而失去支撐的水土，而有橘逾淮變成枳的困境。至於，其核心旨趣，乃在貫徹Deming（1986）的十四項組織脫離危機的方針指引：

1. 品質改進永不止息；
2. 適時援用嶄新觀念；
3. 停止依賴事後檢測；
4. 徹底排除以價取向；
5. 知識領導轉化思維；
6. 組成團隊消除本位；
7. 解除組織白色恐怖；
8. 採行領導代替控管；
9. 建立永久社會資本；
10.根據系統找尋問題；
11.永續訓練組織員工；
12.創造永續經營目標；
13.全員投入轉型需要；
14.強化員工教育自律。

尤有甚者，個人績效的評估，決不可傷害到員工的尊嚴，有礙其主體性的培塑，是以公共組織的主事者不僅要重視團隊，更要經營具生命力的組織，建構社區化的工作場所，活用民主原則，讓每一位員工找到歸屬感，形塑社區意識（Nirenberg, 1993）。

總之，結果之完成，績效之出現，手段要人性化、人本化及活絡化，讓員工的潛力得以發揮，挫折感因而消失；消弭同僚不可理喻的行為，俾

員工的困難立場不易滋生；立下組織長期奮鬥的目標，足以引發同仁認同；促使優質化之境得以順勢而生，消除不斷的工作壓力感（Ibid.: vii）。

二、強化全面倫理管理

　　組織存在的基本目的在於服務人，如其未能視破這項基要的原則，不僅喪失了立基的正當性，也會毀滅存在的基本權利。因之，在講求效率、效能、創新及適應之時，人的至高價值，絕不可因追求經濟價值而受到絲毫的損毀。至於本項管理有五大創新原則值得注意：

1. 組織具有崇高的道德及倫理責任，要對待員工如像全人一般，承認人在感情上的複雜性、精神上的衝動性，以及認知上的需求；
2. 組織具有崇高的道德及倫理責任，要製造優質化的產品，傳輸優質化的服務，以配合社會各界的需求，而其追求的初始目標是服務人，不只是運送其所銷售之產品與服務而已；
3. 組織擁有崇高的道德與倫理責任，務必將其提供的產品及服務，傳送至確實需要的人，逐步減輕其依賴度，恢復其主體性；
4. 組織負有崇高的道德與倫理責任，務必在科技的使用及研發上，要盡到善用社會及環境財的任務，不致使其受到無情的摧殘，造成人類原本不必負擔的沉痛代價，是以組織要有環境情懷，隨時準備處置危機的心理，事先讓事故斷掉生機；
5. 組織負有崇高的道德與倫理責任，務必要幫助及服務將來世代，不得只顧當代人的享受，而犧牲未來世代的權益（Mitroff, Mason & Pearson, 1994: 130-31; Pauchant & Mitroff, 1992）。

　　總之，處在當下的公共組織要：關懷顧客，確在市場上注入人文精

神；關懷組織的人文化，使其成功與獲利隨理想與價值共舞；關懷尊重同事，養塑同理思考、移情感化；重視誠摯、正直及體恤之心，以使員工養成命運共同體的情感；尊重員工的主體性，致力賦給工作場域的人，擁有工作意義感及工作的喜樂（Ibid.: 132-33）。

三、建立績效管理週期

　　績效評估與管理固然是本策略的關懷點，但其成效之發揚，重點在於系統化的整合，不在於散彈式的打鳥，是以其務必是全面性，講究控管、審計及評估組織績效的各個層面。至於核心的要素含有六：

1. 清楚述明可量度的組織目標；
2. 有系統的使用績效指標、組織績效量表，以評估組織的產出；
3. 應用個別員工的績效評估資訊，來調和自己的努力，使其將焦點集中俾便配合總體組織目標之成就；
4. 應用績效薪給的誘因機制，報賞員工的超水準作為；
5. 年度管理及預算編排之際，配以適度的人力及財政資源配置；
6. 在每項計畫結束之後，予以常態性的評估，評定目標的實現度，指出優越或失靈之因，俾以協助另一個新週期的啟動（Shafritz & Russell, 2008）。

　　前述這些關鍵要素之納入與實踐，理性建立績效管理週期表（如圖8.3），以利於管理議程的明確化，議程的優先順序化，每個議程所要做之事預定化。

　　這個週期表不僅提醒主事者，應該何時作成哪些決定，更是一個概念架構圖，顯現活動間的邏輯互動性、活動的順序性，以及結合所有相關的

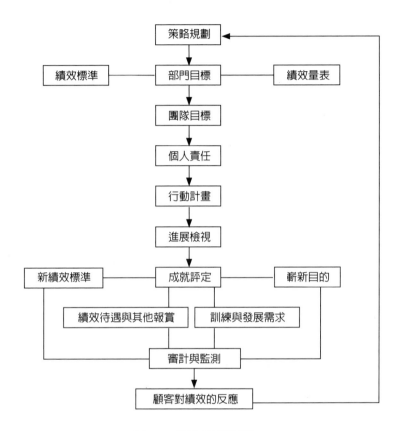

圖8.3 績效管理週期

來源： Shafritz & Russell, 2008: 322.

說明：

1. 顧客對公部門績效的感受，可強化或調整公部門的行動策略規劃；
2. 部門目標、團隊目標與個人責任的釐清，並據以提出行動計畫，以為績效衡定的基礎；
3. 績效評估的續階計畫，乃是激勵功能發酵的根源，組織斷不可評估後就行動中斷；
4. 客觀的評估與與受評者懇切溝通，方可帶來往後行動的順勢；
5. 系統化而非單層面的評比，方能避免正反面暈輪效應。

管理活動成為具相互關係的活動系統。尤有甚者，這個具邏輯性的績效管理週期表，會明確地指出：哪些類的決定，要由哪些管理人員來定，須在何時決定（Ibid.: 298）。

　　不過，週期表之訂立，意不在包裝，而在有計畫下，隨時程之演變而從事應該做之事，所以行動、行動、再行動，方可達及期許的目標。因之，每個階段的主事者務必靜穩將事，漂亮出擊，絕不馬虎、誓不含糊，方可成就想望，達至願景。

第七節　策略禁忌

　　本策略既然是政府再造、科層制轉型的主要策略，在推動三大類型的運作措施，以及實踐三大補強管理術時，要注意本身所蘊存的禁忌，不得加以踐踏，更不可予以置之不理，乃須隨記於心，謹慎遠離，方可走出策略的困境，邁入成功再造的途向，化解組織危機，成就非常事功。

一、不可為達目的不擇手段

　　本策略同時注重手段與目的的正義性，並不許可以不良的手段成就最終的目的。換言之，合理正當的目的，無法正當化不良不義的手段。

二、不可不知分寸隨定績效

　　績效水準高低之訂定，要能對應組織與人員的裝備與人力，不可過高或過低，以免過與不及。換言之，再造的變革要採實用漸進主義

（Denhardt, 1993: 177），不給員工過度的壓力，而要以富創意、合人性的途徑進行變遷之，將員工、服務對象及其他人的個人觀點與利益納入考量，以免引發不利變革的意外發生。同時，主持再造者在有了方向之後，逐步測試、探索為人所認同的再造方案，爾後再加以全力以赴。

三、不可背離民主價值追求

政府再造在追求更高的企業價值之餘，本身不可或忘民主價值的同時追求，不可逃避課責，不可獨自專斷而忽視顧客或公民的參與，不可決策秘密化而避開輿論媒體與頭家的監督，不可濫用、誤用與過度使用公共財，或將其流入於私領域內（Bellone & Goerl, 1992: 131-132）。

四、不可經濟考量主導一切

經濟價值的成就雖不可或缺，但絕對不是公共組織奮力追求的唯一，其要解決的問題有公共利益、倫理及公共風險者（林水波、莊文忠，1998），非能以泛經濟化加諸上述問題的不解決理由。何況，如若一切導向經濟價值的追求，則人性化、人本化及主體性活化就無由滋長了。

五、不可課予員工額外負擔

本策略的推動，可能會造成員工提前離職的問題，是以，其合理權益之維護不得不講究，因這種變動非可課責其身的。如因此項策略造成員工產生失去工作的恐懼感，則是不具人性的作法，難以受到社會的認同，將會推遲到達成功彼岸的時程。這類因政府再造而面臨的員工提前離職問

題，主事者斷不可加諸忽視。蓋政府本負有免除人民失業威脅之責，員工又非形成今日政府問題之元兇，他們絕對不必擔負再造之代價。設計各項處置安排，正是人性化的實踐，也是政府責無旁貸的燃眉之事。何況，政府這樣做，實在好處多多：廣泛推動競爭機制、減少員工的強烈抵制，並在員工不致損失工作或權益受損的境況下，讓組織文化的改變，有了較為容易的機會（Osborne & Plastrik, 1997: 133）。

六、不可以忽視民意的引入

政府再造以求政府職司之事樣樣順遂，斷不可視之不明，不覺民氣、民力與民意之可用，蓋在上該三者的引入與合產的成就至為驚人。政府再造本是一項全民化的運動，那可由政府單挑大樑，本可聚合眾力成就之。因之，發掘與善用這一份寶貴的人力、財力資源，以收事半功倍之效價。

七、不可以致讓媒體的失職

媒體本是民主國家有效運作的第四部門，並負起部內的社會責任，不可虛擲版面、任意揮霍有限的承載力，但是要擔負起監督政府再造的責任，適時適刻牽引、導正再造之偏差，使其兼顧民主與經濟價值的追求。

八、不可以任意衷情於一策

本策略之三大策略，以及本文補強的另三項策略，彼此之間並不衝突，可同時兼而採之，以產生可貴的綜合效應或發揮乘數效應。其中全面品質管理，既尊重人性，又關懷社會，並可資助其他各個策略，解救績效

疲軟、品質下滑、人心疏離之病，讓組織運營走出困境、轉危爲安。

九、不可以粗糙結構來運營

　　本策略在公部門上，除了績效管理及三大補強之策外，其他兩策均未達普化地步，須按提供服務的性質做契合性、對應性的組織結構安排，且在斯項安排時更要與組織邏輯一致（Hatch, 2006），盡可能減低結構間的互動交易成本。

十、不可以亂點鴛鴦之譜

　　政府之職能有決策、規劃及要求順服之分，更提供供全體消費的公共財，凡此均不能適用管理的企業化原則，只能適用於服務職能的履踐上。而組織只要能夠充分量度其績效，就可採行受管理的競爭策略。不過，在推動這項策略之際，如主事者想要私人公司加入競爭行列，就非信任其服務的能力不可。然而，過程權、安全及隱私維護、暴動之處罰、公平對待之保護，政府雖可以簽約外包之方式爲之，但一般大眾還是比較偏好政府來治理，並覺得這樣爲之較爲妥當（Osborne & Plastrik, 1997: 152）。

　　遵行以上十項策略禁忌，旨在鋪設策略成功執行的軌道，以免本項策略在運行之際脫軌。因之，主事者勢必以嚴肅的心情加以深刻體會，事先防止無止盡的延宕，讓再造有名無實，逐步邁入口號政治、形式政治、作秀政治之中，導致最終的窮忙一場。

　　任何策略均有其禁忌，主事者不能不信邪，非要硬闖不可。因之，事先的認知與溝通，參與各造相互諮商與養成人際有效互動技能之外，實踐

者要裝備有：

1. 強健的過程管理能力與策略管理技巧；
2. 問題解決能力；
3. 與人共同工作能力；
4. 管理同僚能力；
5. 設計與評估能力；
6. 有效統合優質化的新工具與技術（Shafritz & Russel, 2008）。

結　論

　　本策略之推出有其時空的背景，更持有所要致力探索的目標。從以上各節之分析，與在策略上的更加精緻化，其已為政府提出願景，設計行動方針，剩下的只是政府推動意願及有效實踐的決心。

　　政府的任何藉口，均將帶來無止盡的延宕，滋生更多的抵制空間，堆疊更高的推動成本，腐蝕自身的統理正當性，阻礙國際競爭力的揚升。

　　政府再造的5C（care, consequence, control, culture and customer）策略，各項策略所研發的政策工具，彼此可以匯合，唯要注意其中的不可適用性，與應有的工具分際（林水波，1999）。

　　再者，策略之應用，更要與機關的特性契合對應，不得李代桃僵或張冠李戴。比如績效管理可用於政府各項職能之履行上，而管理的企業化就能只適用於服務性的職能，受管理的競爭在決策與管制功能上全然不能適用，順從性之職能只能部分適用，服務性之職能則可完全適用（Osborne & Plastrik, 1997: 151-52）。

　　本策略基本上「並不排斥人民對政府的依賴，但訴求以政治手段與成

功典範，因勢利導的重新為政府尋找定位，以引導行政革新的方向，本質上是屬牽引性的策略選擇」（江岷欽，1997）。

　　然而，本策略之有效推動，也要講究另類策略，所以形成諸多後設的策略，即策略中的策略：

1. 溫：溫和地運行，不得大躍進，以實用漸進主義為馬首是瞻；
2. 良：主事者以善良的、道德的情懷為之，不為要詐之事，不做虧心之事；
3. 恭：主事者以恭敬的、嚴肅的態度引導之，絕不馬虎、浮燥；
4. 儉：本策略以節省經費、提高服務品質為致力之目標；
5. 讓：本策略對待須提早離職的員工，既謙遜友好的，又兼執理性的，絕不可損及其應享有之權利；
6. 定：本策略至盼在鎮定的氣氛下，好好規劃設計突破績效瓶頸之韜略；
7. 靜：本策略要求涉入者誠靜，相互對話、達成共識，並不製造糾紛、引發衝突；
8. 安：本策略要讓受衝擊者個個心平安，倚靠決策者或由大家做最好的安排，不必心慌，更沒有必要怒氣沖沖；
9. 慮：本策略要參與者思深慮遠，靜穩從事，不懼事之到來，不躁事之進度，不逞時間與性質不宜之事，不慌亂而有過度浪漫之憧憬；不僵化時程與策略之運用，但要能分時推移及與境變遷；
10. 得：本策略提供令人稱羨的願景，但望推動搖籃之手，時刻注視其進展，使其永續行使在正軌上，而得到豐厚的成果。

　　最後，本策略之運行要有企業精神，既尊重公民，又強調策略的民主化，同時兼修效率、效能、適應、創新、尊嚴、主體性、權益保障的價值。不過，推動者心要誠、穩、和與願，方能搭建果效輝煌的立基（niche）。

參考書目

一、中文部分

江岷欽，1997。「企業型政府與工作減化：美國全國績效評估委員會成功經驗之啟示」，經濟情勢暨評論，卷二期四。

江岷欽，1998。「政府再造的五希策略」，研考雙月刊，卷22期4: 19-30。

江岷欽、劉坤億，1996。「企業型官僚理念的省思」，空大行政學報，期六：124-135。

呂盈良，1998。五C政府改造理論在台灣民營化政策上的應用，台大政研所碩士論文。

林水波，1999。政府再造，台北：智勝。

林水波、莊文忠，1998。「民主行政觀的政府再造策略」，未發表論文。

徐仁輝，1998。「公私管理的比較」，刊載黃榮護主編公共管理，台北：商鼎。

陳敦源，1998。「跨域管理：部際與府際關係」刊載黃榮護主編公共管理，台北：商鼎。

張欽凱，1997。政策論證的程序規範與策略，台大政研所碩士論文。

鄧東濱，1990。人力管理，台北：長河。

蔡秀涓，1998。我國政府部門升遷現象之研究：從組織政治觀點分析，政大公行系博士論文。

劉寶傑、呂紹煒，1994。捷運白皮書：4444億的教訓，台北：時報文化。

二、英文部分

Barzelay, M. 1992. *Breaking Through Bureaucracy*. Berkeley: Univ. of CA. Press.

Bellone, Carl J. & Goerl, G. F. 1992. "Reconciling Public Entreprneurship and Democracy," *Public Administration Review*, 52(2): 130-134.

Bolman, L. G. & Deal, T. E. 1997. *Reforming Organizations*. San Francisco: Jorsey-Bass Publishers.

Bovens, M. 1998. *The Quest for Responsibility*. Cambridge: Cambridge Univ. Press.

D'Dell, S. M. & Pajunen, J.A. 1997. *The Butterfly Customer.* N.Y.: John Wiley & Sons.

Deep, S. 1978. *Human Relations.* Encino, CA.: Glencoe Publishing Co.

Deming, W. E. 1986. *Out of Crisis.* Cambridge: MIT Press.

Denhardt, R. B. 1993. *The Pursuit of Significance.* Belmont, CA.: Wadsworth Publishing Co.

Dunn, W. N. 1994. *Public Policy Analysis.* Englewood Cliffs, N.J.: Prentice-Hall.

Evan, W. M. 1993. *Organization Theory.* N.Y.: Macmillam Publishing Co.

Hanke, S. 1987. *Privatization and Development.* San Francisco: Institute for Contemporary Studies Press.

Hatch, Mary J.2006.. *Organization Theory.* N.Y.: Oxford University Press.

Mitroff, I. I., Mason,R.O. & Pearson,C.M. 1994. *Frame Break.* San Francisco: Jossey-Bass.

Nirenberg, J. 1993. *The Living Organization.* Homewood, Il.: Business one Irwin.

Nye, J. S. Jr., Zelikow, P. D. & King, D. C. 1997. *Why People Don't Trust Government.* Cambridge, MA : Harvard Univ. Press.

Osborne, D. & Gaebler, T. 1992. *Reinventing Government.* Reading, MA: Addison-Wesley Publishing Co.

Osborne, D. & Plastrik, P. 1997. *Banishing Bureaucracy.* Reading, MA: Addison-Wesley Publishing Co.

Osborne, D. & Rivera, V. 1998. *The Reinventing Government Workbook.* San Francisco: Jossey-Bass.

Patton, M. Q. 1997. *Utilizatization-Focused Evaluation.* Thousand Oaks: Sage.

Pauchant, T. O. & Mitroff, I. I. 1992. *Transforming the Crisis-prone Organization.* San Francisco: Jorsey-Bass.

Peters, B. G. 1998. "Managing Horizontal Government: The Politics of Co-ordination," *Public Administration,* 76: 295-311.

Shafritz, J. M. & Russell, E.W. 2008. *Introducing Public Administration.* N.Y.: Longman.

State Services Commission, 1997. "Strategic Human Resource Capability Issues in the Public Service," http://www.ssc.gove.nz/Documents.

第九章 討論導向型的決策：政府再造的另類思維

　　政府再造本是一項長遠而艱辛的工作，更是世界各國政府為有效因應二十一世紀來臨的挑戰，而自我裝備的重任。其成就事功之必要條件，有人認為是：政治領導、推展技巧、誠摯投入與堅毅不拔（Osborne & Plastrik, 1997）。尤有甚者，其之所以有機會乘風破浪而迄及效率與效能的目的港，還需所有參與再造者：民選公職人員、機關管理人員、各級政府員工及政府經常互動的顧客或公民，得能配合再造之需，重新社會化自己的行為模式與行為取向，內化企業精神，注入競爭的經營理念，一舉提高政府服務之優質，迎接二十一世紀的國際競爭環境（Osborne & Plastrik, 1997: 67；江明修，1999）。

　　自從政府再造開展以來，各種再造措施紛至沓來，如英國由效率稽核運動始，歷經財務管理改革，再步入續階改革時刻，更由「公民憲章」續階前面的「續階改革」，凡此均在：優質化服務品質，提供多元化的服務選擇機會，確保有限財源的有效使用，建構政府與人民合意的服務項目與標準，進而提升政府的形象（蘇彩足，1998；Rhodes, 1997）。而之所以以續階的方式進行永續經營的再造工程，諒是每一階段經反省與體悟之後，總存有見解短視、透視死角、認知盲點、範圍受限、以假當真、以真當假、因果失聯與策略極限的現象，延緩了成就前述目標的期程，得需增強關注力、投入情與責任識。

　　見解短視等八大再造陷阱，致使再造成就只達及次佳化之境，而有待

政策突破，緩步推向最佳化之途。不過，陷阱之陷入，雖有眾多原因可資鋪陳，如被改革者身兼改革者的使命，但改造決策過程的程序價值，諸如科層理性、對民述職、決策回應及決策滿意（Hult & Walcott, 1990），並未受到應有的重視，以致再造的實質正義未能臻及理想。

　　台灣亦為全球化中的一員，一直承襲不同的行政改革（江明修，1995），試擬再造公共性政府，同時並進推動：組織再造、人力及服務再造及法制再造，而圖優質化所提供的政府服務：

1. 公平、超然和具專業；
2. 積極、主動和有效率；
3. 便利、及時和有禮貌（政府再造推動委員會，1998）。

　　不過，這些優質化的目標雖頗有崇高的正當性，但極可能受到決策過程之程序正義不足所打折扣，而流於符號化、形式化、空洞化、文書化及應付化的窘境。因之，在逐步建構與遂行三大再造計畫之餘，注意及一種討論型的決策過程，不論於設計、執行及評估階段，均能奉遵本型決策，致力追求程序價值之履現，或可對政府再造形塑亮麗的遠景，而非只重蹈過去應付時局、追求時尚的窠臼而已。

　　因之，吾人認為，台灣在有心推動政府再造之任務，且積極展開佈建工作之歷史時刻，最緊要的續階工作乃在於，以實踐程序價值是瞻，鞏固討論型決策是賴，充分體認斯型決策的梗概、宏旨、作法及機制，俾補救實質價值產出之口，營造政府再造的春天。而在論述本型決策之前，對過往另型決策（一言堂化）的特質與窘境，則有必要加以描繪，以利再造之主事者破譯而出。所謂的破譯，即防範、譯出與解除（車明正、薛佩玉，1997），一言堂化的決策情境，進入討論型的決策空間，而豫排該型功能釋出的軌道。隨後論及本型決策之屬性、原則及功能，再分析討論的核心

行動，表述和其可能的挫折，最終論究鞏固的諸策略。

第一節　過往決策窘境：一言堂化

一言堂化的決策情境，通常泛指參與該情境的成員，彼此間由於團體凝聚力很高，於是決策進行期間，團體成員特別致力於一致性意見的追求，慎防異音的出現，如稍一不慎而有異音呈露，職司者一則充耳未聞，二則立即消毒、消音，以免動搖其他與會者的立場；是以，與會者並不務實地評估每一項行動的效益與成本、優勢及劣勢，而盡量言明團體的無誤性、共識的重要性、集體的合理性以及一致的價值性（Janis, 1982; 'T Hart, 1990）。

在這種情境下所作成的決策，其思深慮遠的品質恐必受到嚴重的影響，而可能導致最終的政策失靈。舉其要者有七（Janis, 1982；林水波，1993）：

一、方案的不全

在那種情境下，對可資選擇的方案，未能充分經由權威、洞識、方法、理論、動機、比較、類比、倫理、團體、統計及指標等十一個角度搜尋、組合、分枝及創設出來，因而減少其可資抉擇的空間（Dunn, 2007: 385-410）。

二、目標的蜃樓

每個方案原本均有所要兌現的目標，而在一言堂化的境域內，由於重要對話付諸闕如，以致未能務實地檢視其是否具有可成性、可受性及可擔性，每有抉擇出海市蜃樓似的目標。

三、風險的不顧

參與的成員，每有衷情偏好的政策抉擇，但往往對其可能引發的風險或不良的後遺症，並未予以周詳地分析、推估、檢視與預防，全在與會者一廂情願的樂觀假定下，以迅雷不及掩耳的方式作成選擇。

四、方案的單思

與會者為了節約決策時間，對原先已受排斥的方案，在經過一段的時程之後，雖然客觀情勢顯然有變，但並未重新將其列入再議議程，進行再度的評估，以勝出在情勢轉型後，可能產生的正面價值。蓋在那種決策情境下，再議原先方案總被認定是浪費、累贅及沒有必要的。

五、資訊的偏擇

與會成員對決策所必須依據的資訊，總有其匱乏性，一來並未盡力蒐集完備，二來更有選擇性的偏好，完全捨棄可能與與會者認知不同、背道或有異的資訊，當然波及決策的品質。

六、資訊的篩選

　　決策之際，與會之決策者對所搜資訊之處理，向來秉持一套的作風，以固定的視框、視角、視點、視域或視觀來過濾、篩選現有的資訊。大凡與視框不符的資訊一律加諸排除，速求見解的交集化，目標的趨同化，行動的一致化，進而忽視其與外在環境是否契合，抑或呈現對目的、手段、決策主題、客體以及系絡產生無知的現象，乃致造成謬誤的決策，或作成與主題失聯、觸犯禁忌的決策，甚至陷入遲疑未決的困境中。

七、備案的闕如

　　由於決策者對所述或擬斷的方案，過於自見、自是、自伐及自矜，換言之即自信滿滿，並不認為會潛存任何可能的缺失，於是通常具權變性、勢須性或彌補性的備案，其妥適合理之研擬，就為參與者以為是累贅的、盲腸的、多餘的，因而也就將其付諸闕如了，不再進一步費心了。然而，事先預料的情境畢竟是主客觀綜合的建構，時有無法接受實際測試（reality test）的境況發生，所以事先模擬多樣的情節變化，而設計出相對應的方案，以應一時之需，本是理所當然的。不過，在決策者那麼有自信下，乃就免去這項備胎的研擬工作。

　　在一言堂化的決策情境制約下，由於與會成員的思惟，偏向好同惡異，速求一致的交集，以致潛在的盲點、無知與偏狹，無法透過對話、互動及交流的過程，適時將其引出，並及時加以矯正，而種下政策可能大挫敗之因子，隨時均有失靈的情勢產生，而增加治理體系及人民的負擔（Bovens & 'T Hart, 1996）。

　　尤有甚者，在這種過度高估的決策團體裡，由於成員思惟的封閉性，

與會者又受有不得表示異聲，抑或勢必追求一致的壓力，否則就受他譴或自譴，每會因而產生諸多偏見，促成無可避免的政策大挫敗。凡一心想政府再造有所突破者，鞏固長久以來己立的機關正當性者，恐要設法遠離這種決策的思惟誤區，擺脫前述七大不當觀念的緊箍咒，換新決策的指導原則，藉以免於戴上觀念緊箍咒的苦難。

第二節　本型決策特質

政府再造政策所涉層面至廣，又要師習私領域行之有效的策略，將其移植至公領域來，屬行核心、結果、顧客、灌能及文化導向的策略，本身實為鉅大的基因重組工程（Osborne & Plastrik, 1997），非能全以工具理性是尚，極大化分析為主導，而需設下諸多層面的策略，有賴於論證、對話或討論的過程，進行議題聚焦、價值設定、可行論斷及政策評估的分析不可（Majone, 1988），以達公共慎思或論述的境界。吾人在據相關文獻之歸納後，本型決策共計有十項特質。

一、對話理性

政府再造不能完全由科學理性加以完成，因其所要解決的問題，乃是人類間彼此互動的問題。所以，相對上較為合理的對應之道，乃將科學理性人性化，以討論重構政策的推理過程，並由專業人士及政策對象互動，尋找政策理性與互動正義，揚棄專斷集權的宰制，致決策較能趨近實際場景（Myerson, 1994）。

二、政策參與

本型決策強調政策利害關係人的參與，以形塑參與者入股或投入政策的意識，而爲有效而成功的執行開拓一條終南捷徑（Schneider & Ingram, 1990）。蓋決策由標的對象自身之參與所作成，若有異議已在作成前得到表述，那能在執行階段又反悔呢？何況，標的對象直接或間接的參與決定與採取必要配合的行動，對政策目標的成就，多少均會造成衝擊。這種人民意願參與的政策執行行爲，不論是對政令的順服，對政策訴求或建議的正面回應，應用所提供的各項政策機會，從事個人和志工的行爲，均有助於政策目標之成就。尤有甚者，這種參與行爲或可減少對強制力的依賴，政府的涉入及成本。

三、論辯主導

決策之作成，不能光由單造爲之，定要經由多方的論辯，逐步消除歧異凝聚共識，才作成雖不完全滿意，但猶可接受的政策方案。

四、焦點集中

在進行討論型決策時，茲爲爭取討論的有效性，時間的節約性，論題的中心化，必定事先設定議論的焦點，建立共同的基礎，形構合致的瞭解與價值，以免流入永無止境的紛爭中。這種將焦點的中心化，才能進入公共愼思或論域的場景，以普遍利益之問題爲論述的中心，並事先對政治社群正面對的主要問題之本質，有了廣泛的共識，才能俾益於論辯之運作（Bozeman, 2007）。

五、知識互賴

本型決策假定：參與決策者過往政治社會化而養塑的價值觀，手段觀及情境論，獨到與盲點兼有，有賴他人所形塑者來增強或破譯，而經由面對面的討論、交換與融合，或可創造出新知識，理出較為感知時空的決策。換言之，本型決策，不盲從於自我判斷，不只相信已有的知識，不為自負所蒙蔽，更不過於崇拜經典，而要接受、吸收和消化他人的推理，分析與會者的見解，認真考量他人舉述之客觀事據，綜合理出相對上較為合理的擬斷。

六、自主交流

與會討論者各自有主體性，不致受他人思惟之掌控，也不對全體一致之見解存有虛無的幻想，但求由共同的基礎始，盡情地進行觀念之交流，從中相互影響，而逐步建立互為主體性的政策內容。

七、視框反省

政策爭論的問題，在每人受制於原本視框的束縛下，若不能提供一個公共論域的機會，讓彼此的視框有了交流的可能性，進而進入省思的境界，願拋開本位的立場，而由宏觀整體的利益著眼，致使複雜難理的問題，出現解決的轉機。因之，個人、團體與機關的行動框，即行動信念、價值及透視，本為其導出政策立場的源頭，如能互動、交流及對話，進而反省，才有勝出視框調適，抑或認同別人較為中肯的視框，以利於決策之作成，問題之解決（Schon & Rein, 1994）。

八、視野重構

　　既然每個決策參與者擁有健全度不夠的視野，甚至掛上些微的無知面紗，有待他人或他機關的論述來相互揭露，再重構相互可接受的政策視野，對應整體社會文化的認知觀、情感觀及評估觀，理出合致的政策思惟、意識、意義、方向與行動。

九、規範設定

　　為了討論在有秩序之況下進行，首先要設定一些規範，用以引導討論的進行，決定認定或建構問題的種種條件，理出議程的優先順序，關注對應時空情境的問題，才不會決策出與時空有落差的權益律令與資源配置。

十、四大過程

　　本型決策要透過四大過程：對話、反省、洞識與熟慮。由相互的對話，體會自身的不足，進入反省檢討的境域，以洞識該如何將意見、觀念及論述合流，再將合流的政策見解，作最後的思深慮遠而下終局之決定。

　　政府再造經緯萬端，牽涉不少的假定，必須進行跨域的管理，組織文化的調整，所以非能由單純的工具抉擇就能竟其功，而須由涉入者進行討論，從討論中學習、吸收及濡化思惟，導出新而合理的論述，而為決策立下順暢的立基。

　　時代在變，潮流在變，環境也在變，過往養塑的視框若未能適時調適，恐會有脫節的目的論與方案觀，歷史夢幻的問題認識論，與環境失聯的最大化分析，亟待對話來打通前述的死穴或罩門，開放思惟之禁錮，而

融入柳暗花明的視野，創造出共識性的政策配套。

　　一言堂的決策情境，無法促成再思，更不可能讓獨立自主的主體：個人、團體或機關，以不偏不倚的態度，將己身的需求與利害考量，引進公共決策的論辯與協商過程，用以形成相對上較爲合理的共識（楊深坑，1995）。

　　對話、反省、洞識與熟慮是討論型決策的四大過程，亦是論辯民主的精髓，更是人類溝通理性成熟發展的前提，決策擺脫經濟拘累的思惟，抑或工具理性的主宰。

第三節　本型決策原則

　　政府再造本是一項大轉型與基因重構的工程，不能單獨由上而下，抑或由下而上的方式，片面形構再造之層面及落實措施，而必須透過制度化的機制，進行集體及互動的過程，由具代表性的與會者，透過溝通、對話與論辯之程序，共同構想策略方針、目標及工具，抑或省思想原來科層思惟模式、建制結構與運作工程，究竟存有哪些應興應革之領域。然而，不同的決策者，擁有各異的身分認定，持有有別的理念，且對經研發而可用的政策工具保存殊異的品位，非進行有效的溝通，眞正交流的對話，政策主張支持理由的論辯，恐會陷入決策的僵局，釀致決策遲緩，甚至是脫軌失序的狀態，而使面對的問題慢性化、擴大化、嚴重化。是以，P. Healey（1993）就特別呼求，透過論辯的過程來從事政策的規劃，他並指出規劃理論的轉型方向：往溝通、對話、論辯與說理方向發展，俾以順利整合異端、化解無謂衝突、建立共識，開啓富遠景的政策規劃之途。

　　因之，以Healey（1993）之論述和吾人的觀點，本型決策要關注十五

項原則，並以之作爲決策過程中，各方參與者要屬行的價值規範。如此方能形塑理想的言談情境，發揮言談的功能，導引共識決策之作成，具回應性決策之勝出，鋪下成功執行之順境。

一、多面考慮

每項決策之衝擊面均甚廣，不能只由科學、理性衡定之，要注意政策生存的實際世界能否契合政策本身的內容，亦即政策的實踐性，是以各角的各自切入點，應在提出後加以對話與整合。

二、尊重視角

每個決策者每有特殊的決策取向，擁有個別的意義系統、習慣使用的知識類別，以及個殊的推理與評斷方式，各角應對之加以尊重，但各角要以公共價值融合不同視角。

三、相互鑑賞

各角相互溝通、對話與討論的決策，應重視各自內部及角際間的討論，彼此傾聽、承認及支持觀點，藉以思索各方皆可接受的內容，任何一方不可有主宰或壟斷決策權之念。

四、積極創造

這個模式的決策，旨在透過溝通、討論過程，推出大家合意的政策內

容，建構行動計畫規劃的場域，並由場域中認定衝突之所在，進而加以立即地化解。

五、論證整合

在溝通與討論的過程中，各角提出政策訴求，支持訴求的理由，及反對他角的訴求之理由，並透過了解、鑑賞、體驗及判斷的過程，得出何種融合性的訴求，最有利於公益的推動。

六、反省批判

在論證的過程中，各角要由政策的理解性、完整性、妥適性及真實性四個標準，反省或批判自己的政策配套，以釐清政策方向及行動計畫。

七、相互重構

各角應體認到，原本自己堅持的政策偏好，在表述及對話之後，恐會暴露出盲點或偏誤，有必要進行重構，一套對各方皆有益的政策內容。

八、以理定案

各角的政策訴求，在經歷批判及去神話化之後，各角間增強對何謂合理性政策的了解，排除任何壓制及宰迫的力量，而以論證之優越、觀念之前瞻、說理的清晰、隱喻的生動、形象的純真及情節的合理，作為最終決策的準據。

九、高掛爭論

在討論或對話的過程中，如遭遇高度爭論或衝突的情勢，應立即將其高掛，俾以冷卻，伺機再重新安排對話時間與空間，以免破壞有效言談的情境，大家思深慮遠的機會，而作成不良的決策，只在消耗稀少的資源，但不濟於問題之解決。

十、意氣泯除

要達及建設性的討論或對話，無法允准與會者為批評而批評，抑或為反對而反對，蓋這種情形一旦淪入，理性對話就會演變成意氣之爭，未能以平心靜氣、定靜安慮的方式進行，進而破壞說理性的融合，和諧感通的議事，釀致不歡而散、有議未決的結局，甚至陷於歹戲拖棚引人憤怒的場域。

十一、和音為上

參與決定者之言談，旨在引人認同己見，行銷己意，提倡政策主張，所以要以和音為之，以論據說服，以可行性鎖住關注焦點。如若以亢強之音為之，尖銳語氣鋪陳，往往就會破壞那份議事的寧靜，引發與會者按捺不住的情緒，而以同樣的方式互叫，極易吹皺一池春水弄亂原本有序的議事進程，難以塑造共識形成的氣候。

十二、互信導向

　　參與討論或對話者之間，要能得出有效而可靠的決定，彼此之間的信任至為關鍵。質言之，對話的各方要有虛懷若谷的精神，在聆聽各方的立場、觀點或訴求之後，加諸同情、關照與綜合，逐步澄清待決問題的本質，立下各方雖不太滿意但猶可接受的決定。尤有甚者，與會者絕不能處處表現出專斷的作風，不信任他人的論述，蓋對話或討論之所以有建設性，主要在於接納各方的主體性，俾能創建具相互主體性的見解，致決定順利為之。

十三、講究美適

　　討論或對話的內容令與會者回味無窮，感到舒爽、愉快，絕不無的放矢，更與社會主流民意緊密契合，很快就得到他人的浸染、感化與認同。此外，討論者或對話者在表述時流露出的中肯態度，且以親切的人際關係營造支持群，一不吹狂風，二不提偏離中道的論點，三不表露趾高氣昂的架勢，試問在這樣美適的環境下，任何不快與不適的狀況均被降到最低，哪會有衝突延宕的決定情勢呢？

十四、按部就班

　　重大決策作成前的討論或對話，最怕節外生枝，不按原定議程進行，任由與會者溢出議題，並以表演政治秀的方式盡情演出，恐會將對話或討論氣氛變為相當的凝重，破壞議事的心情，無能藉由意見交流的過程，促成同理性的理解，在有效而合理的時程內達成決定共識。因之，事前議

程的妥適排定，與會者堅守議事的倫理規範，并然有序按部就班地進行對話，不為猜忌且情緒性論述，不作無故藉口或託辭並不完美的述說，不表露斤斤算計且顯然不當或狡猾的話語，以免傷及言談的誠摯情境。

十五、貢獻導向

關鍵決策之有效之作成，本賴決定者的貢獻，與會者的知識智慧。於是，對話者或討論者要以對社會貢獻之心，提供富見地的觀點，講究論述的倫理，表述有學理基礎、符合情境特質、對應歷史脈動、反應民意的方案。換言之，對話不在要嘴皮、惡意批評，與不當指責，而在貢獻才智，揭露理想，提出對案，將問題適時解決。

討論式的政策制定已為當今決策的主流，但要發揮其原初正面的功能，就得以建設性而非破壞性的方式為之，謹守上述十五大原則，方能搭建起一幅美麗的決定遠景。

左右十五大原則的原動力，根源在乎誠信、謙謹、自制、包容、穩健及溫和。蓋在這些動力的觸及與推動下，決議的創意性、兼顧性、長遠性及認同性，才能順時順勢滋生，不致造成時間的虛擲、舊問題的延宕與新問題的併發。

而在講究討論或對話作成決定之際，同時不能忽略對話的基石：解決問題的方案。是以，參與對話者所要關注與投入者，乃在建構、設計心中滿意的方案，再將其鋪陳於與會者面前，進行交流、歸納與組合，配合決定當局所擁有的財源，決定一定期間內所要做的事。

第四節　決策討論基礎：表述行動

　　討論型決策的基礎在於：與會者的表述行動。而每位表述者，進行各項表述行動之後，又會引發其他與會者的意會，形塑或帶動說者與聽者間的正面、中立或負面關係，建構決策作成或否決的多數聯盟。是以，在運營討論型決策之際，討論者除了要提出：表達主要意義的表述外，特別要注意命題表述，可能引發意會效應的說辭。於是，一則要以理性說理，二來要運用同情共感語調，三來要信守論述規範，不為任何的人身攻擊（張欽凱，1997）。

　　至於討論之際，討論者據以表述的行動，一般可分成五大類，意在鋪陳一項新社會實相的存在，讓其他與會者進入交流、論辯及相互影響的場域中，冀盼得出豐碩的整合或共識的火花，設定政策的方向、內容、職司機關及執行期程和策略。

一、主張性表述（assertives）

　　這項表述是由理據支持的陳述（Ford & Ford, 1995）。比如有人主張：台灣要「超越專家政治的迷障」，而謂：「當台灣社會已經逐漸邁入民主協商的時代，專業政治的決策運作模式，不但已經愈來愈無法負荷公共政策所導致的衝突與化解，而且這種思考模式本身事實上正是問題的根源（吳泉源，1999）。而專家政治之困境，更可由一波又一波民眾與政府公權力相對抗的衝突事件，諸如核四、鹿港杜邦、美濃水庫、香山海埔地開發、拜耳、七股濱南工業區與棲蘭山伐木等得到明證（同前）。這類主張性的表述，每立即成為與會者交換意見的單位，彼此討論的核心，成為最終綜合的要素之一。

二、要求性表述（directives）

這項表述在討論對話中，試圖要求爲達哪項目的而要立什麼法，或要求爲使該法成功，則需採取哪些政策工具。比如「政府再造爲時勢所趨，民心之所望，鑑於機關組織之良窳，影響政府整體施政效能，茲爲建立中央機關組織共同規範，提升行政效能，特要求制定中央政府機關組織基準法」。又如，「以建立共同願景、潛能激發及團隊學習之方式，重建組織文化，提振人員士氣」（政府再造推動委員會，1998）。再者，爲圍堵第四級病毒之侵襲，有人要求衛生署：「教導民眾認識果實蝙蝠形狀、生活習性、洞穴所在地的分布與應注意事項；同時準備妥抗RNA病毒藥劑以防緊急需要（金傳春，1999）」。總之，本項的表述，言談者要求傾聽者以作爲或不作爲行爲，對其表述有所反映。而要求性的表述，本是任何組織或社會用以成事或造就事功的一項重要工具。

三、承諾性表述（commissives）

聽者對言者的表述認爲：相當中肯、合理與可行，而願接受言者的政策主張或要求，承諾於將來一旦政策合法成立之後，願爲一定的配合行動。這類表述行動乃爲與會討論者，用以建立政策協議的基調。比如，立院朝野委員對公務員週休二日之協商，於1999年4月16日達成共識，將修改公務員服務法，從2000年1月1日實施公務員全面週休二日。不過，中央及相關部會則對斯項共識或持保留承諾態度，茲爲顧及行政、立法兩院的和諧，雖暫時贊同將週休二日列入法律條文，但主張須事先評估利弊得失，再研究實施週休二日的時機。蕭萬長院長更謂：國內景氣剛開始好轉，政府與民間企業首要任務應提升經濟景氣，且由於週休二日對於生產

力、競爭力均會造成某種程度的影響，此時不是討論施行全面週休二日的時機。經建會更衡酌主客觀條件，認為最快也要到2004年才宜實施全面週休二日。人事局則贊同全面週休二日列入法律條文作為目標，但實施時機宜有彈性，2000年1月1日已可預見是不適當時機。由此可知，行政部門對全面實施週休二者並未對立院許下肯定的承諾，但要求以理與以情來三思。

四、情感性表述（expressives）

這類行動表達了個人對政策的感情或偏好，對政策延宕的抱歉或憂心，期待重大政策問題得以迅速解決。台北市都市發展局於民國88年5月分開始，展開跨世紀新台北人系列活動，試圖引燃台北各階層市民對台北的期許與熱愛，跳脫體制與學界的原始框架，共同打造台北未來的藍圖。這列活動包括：1.「聽見台北」活動，即由市民透過廣播，傳達市民認為最應留存的聲音；2.「看見台北」活動，是由國小學生擔任解說員，帶領視障者由市府出發，沿途巡禮至圓山飯店，讓視障者透過孩子直覺的描述「看」見台北，從街道、建築到橋樑，從孩子單純的「看」法中，浮現真正的台北夜景；3.「想像台北未來」活動，舉辦國中國小學生會話及作文比賽，讓台北未來的主人翁，畫出心目中理想的台北城；4.「說出台北」活動，由老外的演講比賽之舉行，透過外國人創意的語彙，說出自己家鄉的城市經驗，提供台北成為國際之都的參考。總之，市府要推動「台北有夢，大家來作」，試圖由各方人士之聽看說想，描述期許與熱愛，再將由此導出的理想，研擬可行政策加以落實（自由時報，1999）。

五、宣示性表述（declarations）

這種表述含有政策的啓動與終局期程，創造一套新的運作條件或情況。比如，在資源有限情況下，爲契合施政需要，機關或其內部單位具下列各款情形之一者，應予調整或裁撤：1.階段性任務已完成或政策已改變者；2.業務或功能明顯萎縮或重疊者；3.管轄區域調整或裁併者；4.職掌應以委託或委任方式辦理較符經濟效益者；5.經專案評估績效不佳應予裁併者；6.業務調整或移撥至其他機關或單位者（中央政府機關組織基準法草案第十二條）。

而爲建構精簡並具效能的政府，有效控制組織不當膨脹，具有下各款情形之一者，機關之設立不得爲之：1.業務與現有機關職掌重疊者；2.業務可由現有機關調整辦理者；3.業務性質由民間辦理較爲適宜者（中央政府機關組織基準法草案第十一條）。

這五種表述行動構成決策與會者的溝通工具，用以促成政策之變遷或興革。不過主張性、要求性、承諾性及宣示性的表述，可聯合作爲政策創制的對話，藉以喚起聽者注意及何事能爲或應爲；主張性及情感性的表述，可作爲了解性的對話，即表述者提出主張、呈現理據及證明、檢證假設、抒發信念與情感，與維持主要論點，俾讓與會者進一步瞭解政策變遷的方向及其對政策的認同度；以要求性及承諾性的表述行動，促成政策作爲，實現冀欲的政策成果；而以主張性、情感性及宣示性的表述行動，進行終局性的對話，以免陷入無謂的紛爭中，讓與會者形塑一種和諧感，由受制個人偏見的泥沼中，經由對話過程，將其釋放，從中解構脫離，以能警醒而面對新情勢之演展（Ford & Ford, 1995）。

各種表述行動之可接受性，除了表述之命題讓人稱羨肯定、認同之外，猶須以誠摯之心，磁性之調，關注之情，投入之切，同理心之究，將

與會者可能隨之引發的意會、延伸及推展效應，導向正面的催化功能，盡可能剔除會釀成扭曲的表述。

尤有甚者，任何處在討論情境中的人，在呈展任何表述行動時，必須滿足四項有效性訴求：1.言說令人理解之物；2.對聽者提供讓其理解的言說、論述或數據；3.進而以其言說、論述或數據，讓言說者成為可讓人理解的對象；4.從而獲致與與會者之間的相互理解（張欽凱，1997）。如此一來方能促使表述行動取得與會者諒解、支持、同情與認同的成效。

第五節　本型決策功能

本型決策雖早受重視，也在相對程度不同下，一直為相關國家所奉行，但在奉行之際時受外力或政治力之汙染，以致形成半調子或虛假性的討論，無法發揮其固存的功能。因之，在進行鞏固策略設計之先，事先陳述其正面功能，用以健全化決策者的心防，開啟及擴大本型決策應用的機會窗。至於討論或政策言談的功能可由下列十二個方向鋪陳之（Barber, 1984）。

一、感受自己的不足

從討論的互動過程中，由與論者的各項表述行動，方知自己視野的狹隘，見解的淺薄，知識的不足，非常有待補強與充備。

二、體認他人的長處

在與論者的表述交流中，除了覺知自己的渺小，不能自矜、自伐、自見及自是外，更體認出他人政策願景的亮麗，按藍圖行事的科學，言談的豐富，語調的情深，論證的合理，而挺身願支持斯類的政策見解。

三、欣賞合夥的效應

在與論者不同表述的交流過程中，時見意見一致所發出的共鳴火花，在各有見解短長的建設性交會中，意見的碰撞、組合、吸納，極可能產生意想不到的綜合效應，形塑參與者同情共感的協議。

四、認清單眼的盲點

在一言堂的決策情境中，與會者內心雖不太認同其他人的意見，卻不加進一步探究，採取睜一隻眼閉一隻眼的消極態度；有時對某些意見深深感到懷疑，但經由遊說後，懷疑之心防又受到撞破，只好勉強贊同；而當其他與論者詢問意見時，斯時又無法針對自己的看法以有系統的方式提出，以致不能對最終的決策有所獻替，無法優質化決策（李玲瑜編譯，1998）。換言之，單眼的思考可能想法太片面、創意太平常、權變計畫大鬆散，有待建設性的討論加以化解。

五、鑑賞傾聽的功效

在與論的情境中，有時與論者浸潤在傾聽的境界中，探求真實的政策

見解，互換立場、角色和經驗，呈現相互的理解與信任，詮釋或解譯他人的表述行動，進而聆聽到被忽略的聲音，接納互異的透視，蒐集更關鍵的資訊，拓展決策視野。

六、認知久長的花明

即席或即興式的決策，每因考量與討論的時間有限而致思慮不周，前瞻不足，邏輯不謹，專業理性及人民回應兼顧不夠的決策，有了產出的空間。然而，在採用討論型決策後，設有較多的對話時間，進行政策之正反論證，或有可能導出較為合理的政策選擇。蓋在單人思路困窘陷入山重水複疑無路之際，嗣經思惟解放式的討論或對話，在多方腦力激盪下，找到「柳暗花明又一村」的方案配套，正有如下了一場即時雨般，解決了決策瓶頸的窘境。

七、明知交流的重要

在多人相互至情的討論過程中，機關或單位所面對的問題受到認定、界定及交流，以為解決設下標的。何況，在雙向的溝通互動下，對問題情境有了較為深刻的了解，對所要實踐的目標也能較為妥適的整合，並在共識目標下與會者彼此間有了更清晰的體會，增加那些目標獲致踐履的可能性。尤有甚者，有效的交流後，合作、協調、創意的勝出及持續地突破，均將如影隨形而至（Romig, 1996）。

八、無使私心的宰制

重大決策最忌諱決策者之私心，盡將公共利益棄置一旁，而一心一意追求現時、短暫性的利益，但可在往後帶來無謂的麻煩或後遺症。比如，當初一票制的設定，致讓黨紀的不彰，不分區之代表或委員分贓化、酬庸化、派系安撫化，無法提升修憲或立法的優質。不過，決策在理想的言談情境下，並在誠信、謙謹、自制、包容、穩健及溫和的對話場域內，有創意性、兼顧性、長遠性及認同性的決策，事先鋪設得以產出的運轉軌道。

九、神會開闊的收成

當決策者於決場境中，以開闊的心胸，坦然匯入各方具建設性的意見、思惟及看法，再與自己過往庫存的記憶盡情地相互碰撞，或可得出意想不到的解決方案，感受那份突破瓶頸，通過障礙的收成，當可去除心中的疑慮、不當的建構與過度的憂天。蓋個人若只關在自己思惟的牢籠裡，只邁進眼前的視域內，當難觸及海闊天空的思惟翰海。因之，參與討論者的言談，可以做為「你的眼睛、你的腳與你的手」，帶彼此走向豐厚的決策收成。由此可知，善用確實的討論型決策，讓與論者成為最美麗的組合。

十、注重對話的突破

突破是克服決策惰性，適應嶄新情境，增強國家競爭力之道，更是政府再造所要企及的境界。蓋政府要鞏固治理之正當性，在結構上、流程上

及思惟上就非能墨守成規，非賴有效的突破不可。而突破之路雖有不少，透過討論，以收集思廣益之效，或許是一條可行之道。尤有甚者，與論者若是一組相當具有權能感的團隊，彼此心胸開啟，相互激盪與相互學習，當能建立持續經營突破的團隊。

十一、形塑換新的機會

政府再造之旨趣，在於更新政府的運作基因，重塑結構、流程與思惟，成就之道之一，諒由私部門取經最多，但這種取經法有一個嚴重的陷阱，即極易將公私領域同型化。然而，求助於內之共事者以共同的對話，形塑換新的組織運作策略，亦能產出無與倫比的組織績效。台灣萬芳醫院在邱文達院長領導下，各方積極參與，貢獻己見及心得下，立下優質的管理決策，屬行八項品管工具，成為全國第一家獲ISO認證的公立醫院（謝宏媛，1999）。

十二、造成改惡的可能

在討論過程中，與論者可能受他人的精闢見解，說理性的權威所折服，而改變自己原先短視、狹窄及微現的見解，讓自己成長，更給予團隊和諧感通的觸媒，建立深厚情誼，形成生產力雄厚的團隊。誠如P. Drucker（1993）所言：當今的社會是知識及組織的社會，而這樣的社會之有效運營之道，為經由有效可靠的互動而產生的互動知識，對偏誤的扭轉，對無知的揭露，對方向的導正，對偏好的回轉，均有破譯的功能。

政策言談在民主過程上有了上述十二項重大的功能，從相互言談上，歷經真誠的傾聽，開放心胸、尊敬異聲及從事反省，當能由意見交流轉化

過程，勝出較具回應力的決策。

　　須知每位決策者並非全能者，更非無所不知，無能不曉者，茲為彌補這樣的不足，透過互惠、雙向、自主及豪放的方式，相互表述傾聽，深化對複雜問題情境的了解，激發富想象力解決途徑之思考，不再侷限於過往途徑之增增減減。

　　十二項正功能之勝出，深繫與論者之熱烈參與，盡心投入，擁有價值感與意義感，深懷解決問題的責任意識，不將討論形式化、單人主宰化、一言堂化、情緒化及失序化，正可奠定收成的利基，鞏固發展的底盤結構。

　　吾人不是對醫院有這樣的刻板印象嗎？即面無表情的護士，令人不舒服的藥水，毫無裝飾的白色牆壁，只是不斷對患者提醒著生老病死的無奈（謝宏媛，1999）。然而在院長的拼勁及品質管理的決策下，萬芳醫院的用心與努力，絕對讓你（我他）有種「誰說醫院都是一個樣？」的新感受（同前）。而由這一個成功案例，增強吾人對討論型決策的信心，有利職司者要負起推動的重擔，速速脫離類如統籌分配款決策那樣的窘境。

第六節　本型決策挫折

　　討論型決策雖有前途令人嚮往的十二大功能，但其有效實踐，吾人總不能天真以為，必會無比的順暢，不會面臨一些挫折，產生一些困難。蓋過往之決策情境，討論之情時而見之，但因主導權恐常落在主持者身上，與論者的言談、論調及建言時受忽略，有時成為只是意見的出口而已。因之，為求本決策之制度化、實質化，首先需述明其挫折的類型，以為事先之示警作用，致讓運用本型決策者得有規避預防對象。

一、創制型

本型挫折之產生，乃在與論者進行主張、要求、承諾及宣示性表述行動後，原本心想與論者定會聞聲呼應，作成採取必要行動的決定（Ford & Ford, 1995）。但事實上，表述之後並沒有任何作為產生，不能引起一系列的考慮、規劃，以讓他人的了解、認同及支持。這項挫折之所以出現，可能提議創制者，並未對主其事者，或自認自己是該創制案成立的實際關鍵者，傳遞主要的創制訊息。比如，倡導公投立法者，對公投可能引發的疑慮，始終不能有效加以破解。而倡導者在作公投之鼓吹時，思惟之廣度不夠寬，恐始終局限於此時此地的眼前結果，未能追蹤制度發展的趨勢，測度住民追求的主流價值；又無法高瞻遠矚看全局、看發展，既不任意割斷歷史、不忘古之明訓，也能預見未來。凡此，均是公投立法之後又入鳥籠困境的原因。

二、了解型

本型指涉：表述者在說明及詮釋自己的表述後，未能在與論者間形塑共同的了解，進而產生令人滿意的政策變遷方向之情境陳述（Ford & Ford, 1995）。蓋為求理解的言談，本來旨在形成決策者之間，對於應為何事，為何要做，何時、如何及由誰來做的理解及協議。不過如若這項挫折一旦發生，則意圖變遷的舉措就會受到停止。換言之，預定追求的政策目標，如若相當模糊及一般性，並非焦點具體明確，其他與會者恐不明究理要採取何種政策行動，討論也就無法持續進行下去。吾人須知：適合推動政策變遷者，總被一群表達、討論及論辯變遷方向及內涵的人包圍，希望前者得能明示地論及變遷的實質，既涵蓋各項主張，又牽涉其對政策主

張的情感偏好與認同度，以為政策變遷鋪陳一幅清晰明確的藍圖，致使與會者得以按圖索驥，來到政策的目的港。即言之，尋求與會者瞭解的完整討論，勢須將政策支撐的假定、追求的意圖及將來的期程，予以清晰化的陳述，得到同理性的理解，而為往後必要行動鋪設一條坦途（Ford & Ford, 1995）。

三、作為型

縱然與會者間，透過對話或討論，得以形塑對政策的共同理解，也達成未來政策作為的協議，但光有理解及協議本身，並不足以產生具體的行動，因斯二者恐只是行動的必要條件而已，並非充要條件。因之，從事表述行動者，不能在理解與協議造就後，就停止表述行動，才不會形成功虧一簣之憾，猶要積極進行具體行動的表述，建立行動方針、時程及作為。換言之，與會者要在具體行動上溝通表明、做出各項行為要求、指定負責對象後，才會開始進行各自分內的工作。即言之，理解性會談後，若未能進入作為性會談，由於前者並未能產生任何可靠的作為，所以可能終止、顯著延緩或挫折一項構圖優質的變遷努力。因此，吾人應知悉：政策變遷的延宕，並非全部來自抵制或試圖顛覆變遷者之行動所致，而是源於與論者，並未展露作為性的表述，明確指陳哪些事項必須於何時、並由何人所要採取何種行動所導因的（Ibid.）。

四、動員型

這個型之挫折乃與會者，未能妥適應用行動型的會談，要求、邀請或呼籲他人採取必要行動，蓋他或她深信他人業已知悉，或應該知悉要為

何事（Ibid.）。他或許可能並未了解，直接地、特定地及實際地要求他人做一些事，較之並無任何要求之情況，在本質上更有可能啓動行動的。再者，縱然決策者對相關人士提出行動的請求，卻未進一步鋪陳冀欲的行動成果，或達成冀欲成果的最後期限，這項省略依然會妨礙有效行動之推展，行動者只能盡其在己，盡早將要做的事完成而已，至於他人是否主動配合，則非其所能問。因之，在以行動表述，要求行動作爲，而作爲或期欲變遷的滋生，非透過要求及承諾的表述行動不可。換言之，有人要求別人做事，但也要告訴他們，他亦將參與該事的做成，讓兩造同受感召或動員來成事（Ibid.）。

五、終局型

推動變遷者，有時對推動的政策專案，並未對其他參與者表示具體且周全的終局性論述，如未肯認已完成的政策作爲，說明參與者究竟已做了哪些貢獻，抑或指陳自作爲啓動之後，組織或環境究竟發生了哪些變化，於是涉入推動者恐會以爲：他或她的種種貢獻，並未受到應有的鑑賞，而深感沒有一絲價值，而對組織未能引起不同的變化（Ibid.）。總之，在某一變遷的努力作爲之後，如主事者未能有任何類型的終局性表述，恐會引起參與者的辭職、犬儒思惟和其他形式的抵制，致使未來的變遷努力，較難以推動。這種沒有終局性表述的挫折，雖然有時不能具體觸及，或肉眼看不到，但下次再推動變遷努力時，參與者所表現出的不合作心態，就可間接測知了。於是，一位聰明的組織決策者，若已備好要推動一項新的政策變遷方案，而不能得到其他參與者的鼎力投入，恐要立即對過往推動的作爲作一番終局性的表述，一來論功行賞，二來決定過去與未來要負的責任，三來表示感謝之意，四來表明過去的變遷努力業已完成，將於不久的

將來立即推出新的方案。

　　本型決策的各項表述行動，均會有產生挫折的時機或情勢，主事者應於討論或對話的過程，適時醒覺各項產生挫折的源頭，採取契合的克服策略。前述五項表述行動，分別可用以啓動政策變遷，增進政策瞭解，促使政策作爲及宣示政策變遷的成就。而要達成這四項政策過程，每個過程均不可或缺，更要有內容詳實的會談或論述，不得將其形式化、空洞化、敷衍化或作秀化，以免會談或討論的挫折、崩解與故障。

　　啓動、了解、作爲及終局性的會談，各有其要領，需要關注的焦點，也要特別注意續階會談或討論銜接，不得在各階段間有了斷層，以致會談的中輟，政策過程的終結。

　　總之，政策形成與變遷的各項會談及活動，在實際運作的場域，以及複雜的人際網絡上，均會產生上述五大對話的挫折。大凡推動政策之變革者，抑或職司政府再造運動者，應該要了解，改革與再造二者均要透過持續不斷的溝通、對話及會談，從中體悟可能產生故障的關卡，並由累積的處理經驗，精通各項化解良方，逐步增強斯二項的能力，並以妥適契合要旨的會談，進行必要的挫折管理。

　　由上觀之，自創制、了解、作爲及終局性的會談之角度來透視，倡導政府再造及政策興革，本是一項動態及流動的現象。而且，雖然這類冀欲性的變遷，自創制性會談始，也可能收尾於終局性的會談，但每一類變遷均有其獨特性，每類的會談順序及動態均會有所不同。是以，傳統對變遷的線性體認，如自期初至期尾，由解凍到再凍，由規劃入執行，恐是一項過度簡單化的思惟，而要另由非線性，如曲線圓線及同步的視域觀察變遷形成的演化過程。不過，推動變遷者，得以獲致成功的關鍵，在於認清或感知情境變化或歷史演化，而爲相對應的創制、了解、作爲及終局性的會談，不致因過於離譜或脫節，而阻礙冀欲變遷的實踐（Ibid.）。

第七節　鞏固本型決策

　　科層制組織在面對新舊世紀的遞嬗，過往行諸久遠的體質，以及習以爲常的運作方式，已逐步出現窘境，諸如本位主義、威權領導及官僚作風，有礙政府有效、立即及妥適因應時局的演化，所以改造之潮流一直主導各國的政府施政，期以脫胎換骨，既能鎖定自己的核心使命，又能與私部門及第三部門共事合夥，造就令主人滿意的施政成效。台灣一直扣緊這條改造的主軸，相繼推出不少的改造措施，試圖達及優良治理的指標：政治治理的正當性、政治責任的明確性、行政能力的專業性與法律人權的肯認性（The British Council, 1997）。

　　不過，政府再造之使命、所涉層面、策略設計及執行韜案實在經緯萬端，非一人或一機關所能單獨成事，得賴全方位、全局性的配合與動員，經由集思廣益的過程，即靜穩的討論型決策過程來方向啓動、了解養塑、行動激發，以及成果鑑賞（脫離過往導引新的方向）。這項在台灣初始或猶不習慣的決策模式，實在有必要加以鞏固及強化，使能鎖住政府再造的動力，導引其行於正軌上，不致中輟，甚或流於形式主義，而在媒體承載不在時，又回歸原來少數人宰制決策的景象。至於鞏固之策略，可由五個層面突破。

一、鍛鍊公共德行

　　討論型決策之有效實踐，與論的公共企業家具有公共德行實居於關鍵的地位。蓋具有這樣的德行，才較有可能於討論、對話或會談之際，進行建設性的相互傾聽、維持理想的言談情境、切實鎖定主要議題與遠離爭論

不休的窘境。有關其類別粗分如下（林水波，1997）。

1. 不屈不私：公共企業家要有不受威屈，不爲徇私的德性，而站在公益的立場，當可得到強健輿論的支持，獲致他角的尊重；

2. 虛心傾聽：輿論的決策人員，實在沒有專斷的立基，非盡力傾聽他角的意見、聲音不可，而由傾聽進行相互學習、相互融合，建立有意義的互動關係；

3. 關懷體恤：決策衝突或僵局之產生，在於各造決策者陷於本位的思考窠臼之中，沒有同理心的情懷，替對方設想的態度，是以爲滋潤和諧感通的決策情境，與會各角要有關懷體恤情，排除不當的對立輕視；

4. 虛靜穩健：未來改造決策所遭遇的問題，均是結構相當不好的問題，非賴各角之決策者，建立虛靜穩健的關係（deliberative relationship），以利各角之價值及觀念的表達，進行創造性的綜合；

5. 容忍接納：各造本就有不同的政策偏好，但均要深信彼此均追求比較上較佳的政策路向，且期由相互教導、相互說服的過程獲致之，於是容忍異聲、接納異見爲達致較佳政策路向的寶貴德行；

6. 歷史感知：各角在作決策時，若能感知歷史的演展、時代的的脈動、環境的變化與民意的歸趨，則原本彼此間的歧見，或可經由感知作用的發酵，一舉將其掃除，而俾益於共識的建立；

7. 合夥共產：在平權呼求下，參與決策之各角無法獨享決策權，非以合夥、共產、權力分享的精神，經營決策的作成不可。各角間對不同的觀點、論爭及異聲，應以論壇的方式，找尋各訴求的內在矛盾點、彼此共通點之所在，以爲共同奮進的指標；

8. 人文社群：各角爲追求共同的政策目標，有效解決改造所面對的問題，要經由制度進行理性論述，從事政策言談，消除不當誤解，形構成命運

共同體，共同肩負決策職能，推動具遠景性的政策（顧慕晴，1996；Kahane, 1996; Kingdon, 2003; Kobrak, 1996）。

公共企業家本要肩負重大的社會責任（Kobrak, 1996），對決策的統整性、兼顧性、妥適性及合理性要扮演居中策應的角色，所以如能不斷鍛鍊而具有上述八項時代所趨的德行，決策過程恐不再生肢體衝突、惡言相向的窘境，進而提昇政府的形象。

這八個德行若再配合：自我省察、心情駕馭、自我激勵、自我克制、與人為善及樂觀進取等六種情緒智商，當可發揮和諧感通的效應，衝破不良結構的限制，締結輝煌的改造績效（林水波，1996）。

德行催化制度的運行，奠定討論型決策的空間，但決策者本身要由符合身分規範的薰陶，經驗的累積，領導者的典範樹立，社會正義輿論的壓力，選民的公民德行來塑造之。

二、將公聽靜穩化

公聽會之舉辦已成為決策作成前的法定過程，如立法院職權行使法就有專章，就特別規定舉行委員會公聽會的種種要件及過程。行政程序法第十章也對聽證程序作了十三條詳細的規定。兩者將聽證制度法制化之主要目的諒為：

1. 增進人民了解，致使行政行為推行順利；
2. 得到支持援助，化解可能的各項抵制；
3. 統合政府人民，使兩造融為一體，形塑合夥共產關係；
4. 防止恣意行為，在雙方相互對話達成協議共識，以免公務員單方的不當行政行為；

5. 擴大民眾參與，保障人民權益，避免政府單方作成片面的行政行為。

　　不過，程序的規定固然重要，亦是達及程序正義之必要條件，但還是要將其靜穩化，方能切確實踐聽證的原始目標。至於靜穩化之指標有六（Lascher, 1996）。

1. **積極參與**：參與本是靜穩思考的前提，凡是政策問題的當事人、主事者及利害關係人，在接到聽證通知之後，要盡可能排除一切萬難，準備參與表述，用以表明自己的立場、見解或主張，以及所知而已存的解決方案。

2. **多元視角**：參與者要具多元化的素質，不得有意排除某些論點，尤其是那些可能受到政策不利影響者，更應將其納入參與公聽的行列，致令公聽所組合的意義，受到較高的肯認與支持。

3. **建構論證**：以公共之善來論證與會者的政策主張，比如由功利主義鋪陳，政策推動對一般人民之效益；由義務論指出基本權利的維護，不受任何政策興革的毀損。

4. **提供資訊**：參與者在論證之際，應盡可能提供可信、開放、公平、契合、可驗、導航、嚴謹及有效的資訊，配之以支持的立論，導出合理的政策結論。

5. **進行評斷**：在公聽進行中，對其他與會者之論證，可提出不同的立論、資訊及主張，而由所有與會者進行消化、評比及統合。換言之，聽證要安排正反兩方的論辯，設立公共論壇，以利方案之澄清、了解及抉擇。

6. **盡情辯論**：不同政策主張的與會者，定要進行徹底性的辯論，讓相互疑點得到澄清，合理性得以驗明，抉擇受評為理性。

　　總之，決策作成之前，相關機關強化聽證之舉行，並扣緊前述六項靜

穩化指標,在積極上可集思廣益、加強溝通了解、促進參與意願及提高決策之優質化;在消極上,可防止嚴重偏私、杜絕無理專斷與確保依法行政(法務部,1999)。是以聽證在台灣既已法制化,就要將其具體落實,而在落實途上往向靜穩化。

三、將情境理想化

經由討論過程而形成的決策,要達及優質化的目標,則討論的情境若非具有理想性,恐就不易勝出,而有流於意氣之爭、情緒之鬧、交集之缺、歹戲之拖及意願之失。至於理想化情境的指標為:

1. **功績的信守**:參與互動者不論多麼複雜,牽涉多大的利害幅度,各角在作成重大決定時,以理、以政策或制度的功績或效價作為抉擇的依據,不以隨意的交換、本位利益的考量與短期功能的追求為準據,而且準據更不任意搖擺、相互矛盾及掩護虛偽,進而弄亂了互動的秩序。
2. **平靜的互動**:各角在決策及立法互動上,並不相互刺激、激怒,完全以平等相維的態度相互對待,虛靜謹聽各方意見,再加上融合形成最終的決策,不致因各角間的衝突對立不斷,僵局僵持不下,干擾到人民的平靜生活(Weiss, 1986)。
3. **互信的打造**:複雜互動有效運作的前提,在於各角得以建立互信,一則整合不同的歧見;二則減輕互動的複雜度,不致造成不當的誤判與曲解,增進不確定性的客忍度;三則提供合作的潤滑劑,推動富創意的突破,以應付詭異多變的外在環境(Mixztal, 1996)。
4. **期望的揭露**:決策者間優質化的互動,也要試圖揭露主權者的期望,並在決策作成過程上,納入滿足期望的機制(Miller, 1992)。換言之,主

權者可由各角過往優質化的互動，體認品質保證的政策定會產出，更可由政策的執行，讓政策的標的對象感到滿足。

5. **典範的治理**：決策者互動的優質化，定要遵守一些決策的傳統、典則及程序，以使互動有序、決策有義，而非任一角可以專斷獨行，或以宰制他角的心態進行決策，而得能脫離思惟的誤區，擺脫謬誤的糾葛。

6. **自由的維護**：各角的地位近乎平等，不能斷然斷定誰的優於誰的，而是允准各角擁有足夠的自由度，在本身權限的範圍內，得以獨立自主的方式進行己身的決定。

7. **對話的順暢**：優質化的互動不全以表決為決策作成的唯一機制，而是容忍理性的對話，不作任何限制溝通，以致各造考量他造見解，反省評斷其可稱許之處，再將其融入自己的思惟，而得出決策的方向、本質及法則。

8. **衝突的管理**：各角對政策的走向，恐會有殊異的透視角度，於是政策形成的過程中，難免會有衝突爭論的時段，但彼此可經由正式或非正式的機制或管道進行建設性的管理，不致釀成破壞性衝突，延宕決策之形成（Deutsch, 1973; Rahim, 1992; Ross, 1993）。

討論情境的理想化，讓與論者沒有心理負擔，更堵住參與者亂發情緒性言論的空間，俾以免掉彼此之猜忌與互不信任，加速議題討論的進展，終使決策問題的建構、方案的研擬與認同得到共識，而為執行立下啟動的空間。

綜上所述，一個言談情境之理想程度，要以參與者信守八大理想指標之幅度而定。如大家信守度愈高，則討論型決策的鞏固愈強。因之，八大指標之陳述，乃是預擬努力的方向與重點。

而在營造理想化的言談情境，主要企圖當在：透過對話、溝通與相

互公民性傾聽的過程，盡量排除任何專斷自是的論述，全然本位自利的衡酌，解脫單以權力名利競逐的窠臼，產出參與者互有主體性的問題解決方案，既不偏任何一方，又不袒任何一造，而能以公共利益為方案抉擇之準據。

在理想化的情境下，前述企圖又得以一一實現，則相關利害關係人之間，心胸因而開誠布公，並不深具戒心、相互排斥、互不信任、勾心鬥角及時相發難衝突，加速政策變遷共識的建立。

四、將民調靜穩化

以民調作為政策維持、變遷、終結及創新的基礎，本是政策演化的常態，亦是對話型或討論型的決策模式。不過，民調極易受到操弄及誤用，而產生誤導的影響，可能致至決策者對問題之認定、方案之評比與方案之抉擇，產生以假當真或以真當假的嚴重謬誤。於是，近來在J. Fishkin（1991, 1995）極力倡導下，經由英國與美國之試驗，建構了靜穩化的民調制度。這項制度有七項特點：

1. 樣本的代表性：蓋民調每以樣本來推論母體的問題意識，方案偏好及價值評估，所以樣本若不具代表性，就會出現不當的解釋及推測。
2. 樣本的充分性：以樣本之意向推論母體之見解，要有充分的樣本，才可較為準確地推測。而且樣本之「死亡數」，若所占率偏高，當然就易失去推測準頭。
3. 問題的浸淫性：接受民調的人民，事前要有充分的時間沉浸於系爭的問題，一方面供有相關且平衡性的資訊，以利其閱讀，而非事前對所調查之事一無所知，就要強人所難，希期得到他或她的見解。

4. **觀點的互動性**：被選爲民調者，可利用彼此互動之時間，討教不同的專家及政治人物對問題的看法，以增強自己的見解，抑或整合或調適受調者原先恐有偏誤的視點。

5. **時機的合宜性**：民調之公布，在時機上要求妥當性，不宜將未具信度及效度的民調結果隨意公布，以免混淆視聽，尤其在受調查者猶未知悉所調的各項知識時，其所即席反應出的答案，實在值得商榷。

6. **設計的中立性**：民調的問題不可有引人答題的傾向，以及順應社會之偏好而擬定的題目，蓋斯二者所測出的結果，是問題引導的結果，而非受調者眞正內心的感受，當然不能將其認爲是民意的歸趨。

7. **解讀的審愼性**：政策民調如能決定最終的決策取向，則相關人士對民調結果的解讀，不能有前後弔詭，以及部分疏忽的現象。因之，對民調結果之探究，應盡以理性、中性及事實來相互交換意見。

　　民調是另一種政策的討論方式，決策者在面對各項民調結果，要以其靜穩度決定使用的情形，不可將其誤用、濫用抑或不當使用，而導致決策的錯誤。

　　受訪者的知識，抑或對問題有了充分的認知與了解，才有能力來回答問卷的內容，而且主事者對其言明：其意見的重要性，關係到一項政策的作成與否，才能提高其參與表示意見的意願。尤有甚者，主事者儘可能提供一切機會，讓受訪者有機會來表達他們的政策見解。由是觀之，在上述三者的合聚下，民調方較爲可靠。

五、將決策論證化

　　決策形成之前，若能由正反雙方舉辦公共論壇，並對彼此間的立論理由進行合理性的評比，再作成最後的政策結論。而在取得較高的合理性之

際,輿論者要講究四項策略(張欽凱,1997)。

1. **洞察生態**:輿論各造要深入理解政策對象的願景,感知歷史的脈動,既體認過去之所以如此,更要前瞻未來的政策使命,而理會出踏實與創新的均衡性,建構出既無愧於當代人民,又無忝於後世子孫的政策決定。

2. **同情共感**:輿論者基於形塑共同感的政策確信,包容異聲,尊重異論,不以強權或優源壓制輿論者,而以有利於整體社群的取向,進行思深慮遠。

3. **理性表述**:洞察生態有助於優質論證內涵的廣度及深度,同情共感增強立論主張的可受性,而理性表述意在建立說理性權威,說服輿論者對政策主張的認同與支持。而輿論者在解讀別人之論證時,要明辨主張,釐清所用資訊,細查支持主張的假定,認清有無反證所在,再考量主張的可信度,爾後再下最終的決定。

4. **倫理規範**:參與公共政策的論述者要遵守倫理規範,流露誠摯之心,值得信賴之格,不時反思己見的合宜性與否,信守程序正義原則。

　　不同立論理由的交會,並在兼顧情理法勢的妥適應用下,所得的政府再造主張及實踐措施,可能較具本土的契合性,立基假定的妥當性,全面問題的掌握性,政策願景實施的可能性。

　　論證意在建立說理性權威,一則表示對人民的尊敬,二則適時表露對他們的關懷,以激勵他們為對應政策的行動。因之,論證者平日要儲存知識,啟迪洞識,豐富經驗,養塑審慎行事觀,才有益於斯項權威之建立。

　　論證之靜穩化,在一定的程序講究下,試圖避免即興式、躁進式、浮誇式、妥協式、短利式、片面式及專制式的決策風格。蓋上述風格對決策之優質化,實在於事無補,反而會產生破壞作用。

　　然而,每位在參與公共政策論述的過程上,要以帶來實質的貢獻為職

志，對自己的論證風格要有一定的自我期許及要求，確切認知：論述不在逞強，不在自見、自是，不在編造歪曲事實的主張，不在嚴重示警主張的後果。

鞏固討論型決策，自鍛鍊決策者的公共德行始，再以靜穩為主軸，尋求公聽、民調、論證及情境達到靜穩化的目標。

而在資源稀少及有限的時代，任何決策的錯誤，均會形成可怕的後遺症，甚或無可逆轉的後果或生態狀況，所以非盡求靜穩不可。

政策變遷的實踐，盡可說是一項溝通，對話或討論的過程，以溝通來啟動、來了解、來作為及來鑑賞，非由靜穩來鞏固底盤結構不可，以免各項政策挫折的產生。

結　論

台灣政府再造類皆有其定向及內容，並逐步在推展過程中，但因國際政府再造不斷推陳出新，更積極不斷追尋第三條路徑，以嶄新的視野來形構治理模式。是以，在這重大治理結構轉折的歷史時刻，可能會有不少的續階性決策要作成。不過，決策情境已非如過往，但由上而下，僅憑專家就可作成決策之時代已過，非速速進入討論型決策的講究不可。

美濃水庫之興建與否，非常清楚地顯示：專業政治的決策模式，即依賴專家學者或科技官僚所導出的理性、科學與中立的事前政策評估，政治菁英再據以作成的模式，似乎漸進失去其權威性，並不能化解政策因有人反對而形成的衝突。與此同時，政府單方之呼求，要民眾重視科學專業知識，遵從理性的抉擇，任何決策務必不可泛政治化，以免延宕政策作成，對於爭議或衝突之管理，亦有施展不開的窘境（吳泉源，1999）。面對此

情此景，實有必要超越專家政治主導的迷失，強化對話理性的追求，讓政策利害關係的當事者群聚一堂，依討論型決策的屬性及原則，達致富遠景性的決策共識，激發他們對政策之期待或盼望，引起執行的幹勁，目標成就的機會。

　　討論之能產生積極正面的火花，在於表述行動一定要有方向感，不得如無頭蒼蠅一般，任意飛翔，不知要求何物。因之，啓動政策變遷型、增進政策了解型，督促適時適刻行動型及讚賞終局型的表述，均對決策過程之平順，加上了潤滑劑，逐步步向政策目標之途。

　　政策方案之能受到認同，每每受到：言者與聽者的關係密度、所欲解決問題的本質、問題發生的情境系絡及對話的優質度所影響。於是，政策所要追求的權威，除了專業性外，還要鞏固誓約性、共識性及常識性的權威，方可讓政策達及高度之正當性，而後三者權威之獲致，溝通、對話、互動與論證是要扮演關鍵性的角色（林水波，1995）。

　　具正當性的政府，自古以來就要在政策上融入主權者──人民的意志。在過去幾十年內，西方學界一直論述靜穩性民主，且直接或間接衝擊決策的作成模式。這項民主認爲：立法及決策要有公民的公共討論，追求理性立法、參與政治及公民自理的理想。因之，在這個風潮的推動下，靜穩性的決策成爲人民嚮往的標的，希在公聽、言談情境、民意調查及決策論證上趨向靜穩之途。

　　而在進行有效的討論過程上，與論者要屬行公民性的傾聽，用以交換立場、角色和經驗，幫助互有主體性決策之作成，所以斯類傾聽非加以養塑不可，並且信守：1.不責備相左的意見；2.尊重與論者的發言；3.細心了解論點所在；4.融合各方不同意見；5.懇切指教對方論述；6.承認自己可能有誤；7.以耳非以口行傾聽；8.認同與論者的平權。

參考書目

一、中文部分

江明修，1995。我國行政革新政策之研究：民主行政的觀點，國科會專題研究。

江明修，1999。政府再造之理論辯證與策略析評，國科會專題研究計畫。

自由時報，1999年4月19日，「台北有夢，大家來做」。

吳泉源，1999年4月20日，「超越專家政治的迷障」，中國時報時論廣場版。

金傳春，1999年4月19日，「防疫總動員　圍堵第四級病毒侵襲」，中國時報時論廣
　　場版。

卓明正、薛佩玉，1997。用計與防計，台北：漢欣。

李玲瑜譯，1998。複眼思考，台北：時報。

林水波，1993。強化政策執行能力之理論建構，台北：行政院研考會。

林水波，1995。「行政首長應有的決策視野：追求政策權威」，行政首長與主管應
　　具備的決策理念研討會發表論文。

林水波，1997。「優質化總統、行政院與立法院互動關係的策略」，刊載陳璽安主
　　編，民主憲政與政黨政治，台北：國家發展研究文教基金會。

法務部法規委員會編，1999。行政程序法，台北：法務部。

政府再造推動委員會，1998。政府再造推動計畫。

張欽凱，1997。政策論證的程序規範與策略，台大政研所碩士論文。

楊深坑，1995。「哈伯瑪斯的溝通理性、民主理論及其在公民教育上的意義」，張
　　福建、蘇文流主編，民主理論：古典與現代，台北：中研院中山人文社科所。

謝宏媛，1999。「萬芳醫院靠八項品管工具得第一」，商業週刊，期595：
　　108-110。

蘇彩足，1998。各國行政革新策略及措施比較分析，台北：行政院研考會。

顧慕晴，1998。「縣市政府行政人員行政倫理強化之研究」，中國行政評論，卷七
　　期三：103-130。

二、英文部分

Barber, B. R. 1984. *Strong Democracy*. Berkeley: University of California Press: 178-198.

Bovens. M. & 'T Hart, P. 1996. *Understanding Policy Fiascoes*. New Brunswick: Transaction.

Bozeman, B. 2007.*Public Values and Public Interest: Counterbalancing Economic Individualism*. Washington, D. C.: Georgetown Univ. Press.

The British Council. 1997. *Governance and Law: Briefing Issue 4*. UK: The British Embassy High Commission: 2-3.

Coldicuit, S. 1992. "Ignorance and Knowledge Regarding Humans' Purposeful Interventions in Environments," *Knowledge and Policy*, v. 5, n. 2: 3-28.

Drucker, P. 1993. *Post-Capitalist Society*. N.Y.: Harper Business.

Deutsch, M. 1973. *The Resolution of Conflict*. New Haven: Yale University Press.

Dunn, W. N. 2007. *Public Policy Analysis*. Englewood Cliffs. NJ: Prentice-Hall.

Ford, J. D. & L. W. Ford. 1995. "The Role of Conversations in Producing Intentional Change in Organizations," *Academy of Management Review,* v. 20, n. 5: 541-570.

Healey, P. 1993. "Planning Through Debate: The Communicative Turn in Planning Theory," in F. Fischer & J. Forester, (eds.) *The Argumentative Turn in Policy Analysis and Planning*. Durham: Duke University. Press: 233-253.

Hult,. K. M. & C. Walcott. 1990. *Governing Public Organizations*. Pacific Grove. CA: Brooks/Cole.

Janis, I. L. 1982. *Groupthink*. Boston: Houghton Mifflin Co.

Kahane, D. J. 1996. "Cultivating Liberal Virtues," *Canadian Journal of Political Science*, v. 29, n. 4: 699-727.

Kindon, J. W. 2003. *Agenda, Alternatives, and Public Policies*. N.Y.: Harper Collins.

Kobrake, P. 1996. "The Social Responsibilities of a Public Entrepreneur," *Administration & Society,* v. 28, n. 2: 205-237.

Lascher, E. L. 1996. "Assessing Legislative Deliberation: A Preface to Empirical Analysis," *Legislative Studies Quarterly*, v. 21, n.4: 501-519.

Majone, G. 1988. "Policy Analysis and Public Deliberation, " in R. B. Reich, (ed.) *The Power of Public Ideas*. Cambridge, MA.: Ballinger: 157-178.

Miller, G. J. 1992. *Managerial Dilemmas*. Cambridge: Cambridge University Press.

Misztal, B. A. 1996. *Trust in Modern Societies*. Cambridge: Cambridge: Policy Press.

Myerson, G. 1994. *Rhetoric, Reason and Society*. Thousand Oaks: Sage.

Osborne, D. & P. Plastrik, 1997. *Banishing Bureaucracy.* Reading, MA.: Addison-Wesley.

Rahisn, M. A. 1992. *Managing Conflict in Organizations.* Oxford: Clarendon Press.

Rhodes, R.A.W 1997. *Understanding Governance.* Buckingham : Open University Press.

Romig, D. A. 1996. *Breakthrough Team*. Chicago: Irwin.

Rose, M. H. 1993. *The Management of Conflict.* New Haven: Yale University Press.

Schneider, A. L. & H. Ingram, 1990. "Policy Design: Elements, Premises, and Strategies," in S. T. Nagel, (ed.) *Policy Theory and Policy Evaluation.* N.Y.: Greenwood Press.

Schön, D. A. & M. Rein, 1994. *Frame Reflection*. N.Y.: Basic Books.

'T Hart, P. 1990. *Groupthink in Government.* Rockland, MA.: Swets & Zeitlinger.

Weiss, P. 1986. *Toward a Perfected State.* Albany: SUNY Press.

國家圖書館出版品預行編目資料

公共管理析論／林水波著. — 初版. — 臺
北市：五南, 2011.08
　　面；　公分.--

ISBN 978-957-11-6316-1（平裝）

1.公共行政 2.行政管理

572.9　　　　　　　　　　100011131

1PTO

公共管理析論

作　　者 — 林水波(133.3)

發 行 人 — 楊榮川

總 編 輯 — 龐君豪

主　　編 — 劉靜芬　林振煌

責任編輯 — 李奇蓁　陳姿穎

封面設計 — P.Design視覺企劃

出 版 者 — 五南圖書出版股份有限公司

地　　址：106台北市大安區和平東路二段339號4樓

電　　話：(02)2705-5066　傳　　真：(02)2706-6100

網　　址：http://www.wunan.com.tw

電子郵件：wunan@wunan.com.tw

劃撥帳號：01068953

戶　　名：五南圖書出版股份有限公司

台中市駐區辦公室/台中市中區中山路6號

電　　話：(04)2223-0891　傳　　真：(04)2223-3549

高雄市駐區辦公室/高雄市新興區中山一路290號

電　　話：(07)2358-702　傳　　真：(07)2350-236

法律顧問　元貞聯合法律事務所　張澤平律師

出版日期　2011年8月初版一刷

定　　價　新臺幣360元